新
HSK
기출모의
문제집

新HSK 기출모의문제집 4급

지은이 박용호, 杜欣, 王翠镯, 徐佳宁, 李倩
펴낸이 임상진
펴낸곳 (주)넥서스

초판 1쇄 발행 2018년 10월 25일
초판 5쇄 발행 2024년 4월 1일

출판신고 1992년 4월 3일 제311-2002-2호
주소 10880 경기도 파주시 지목로 5
전화 (02)330-5500 팩스 (02)330-5555

ISBN 979-11-6165-151-4 13720

www.nexusbook.com

新

HSK

기출모의
문제집

박용호 · 杜欣 · 王翠镯 · 徐佳宁 · 李倩 지음
한국중국어교육개발원 감수

4급

넥서스

　　뒤돌아 보면 HSK 시험의 역사는 1984년 北京语言学院(현재의 북경어언대학)의 HSK 개발팀으로부터 시작됩니다. 1992년 12월 26일 중국국가교육위원회에서 HSK 시험을 국가급 시험으로 공포하고, 그 후 지속적인 연구 개발을 거쳐 초중등, 고등, 기초 시험의 구성이 최종 완성된 시점이 1997년이니, 이를 기준으로 삼는다면 만 20년이 훌쩍 지난 셈입니다.

　　필자의 중국어 공부 역사는 공교롭게도 HSK의 역사와 함께합니다. 1984년 대학에 입학하면서부터 본격적으로 중국어를 공부하기 시작했기 때문입니다. 초기에는 1~11급 체계로 치러지던 시험이 2009년 11월부터는 1~6급 체계의 新HSK로 바뀌어 현재까지 이어지고 있으며, 2010년대에 들어서는 지필 시험과 더불어 온라인 시험까지 시행되고 있는 것을 보면 HSK 시험도 시간의 흐름에 따라 많은 변화를 거듭하고 있는 것 같습니다.

　　초기에는 수십 명에 불과했던 응시생도 이제는 매년 20만에 육박하는 인원이 응시할 정도로 많이 늘었습니다. 국내 시험 주관 기관도 10여 개로 늘어났고, 시험 횟수도 19회(2018년 온라인 시험 기준) 실시될 정도로 많아졌습니다. 아직 HSK를 대체할 만한 시험이 없기 때문에, HSK는 중국어 능력을 테스트하는 공신력 있는 시험으로서 앞으로도 지속적인 성장이 예상됩니다.

　　2010년 필자가 소속된 〈한국중국어교육개발원〉에서는 국내 최초로 新HSK 1급부터 6급까지 전 과정을 아우르는 모의고사 문제집인 〈How to 新HSK 모의고사〉 시리즈 전 10권을 넥서스에서 출간한 바 있습니다. 그 후 여러 출판사에서 수많은 HSK 문제집이 출간되었습니다만, 책이 두꺼운 데 비하여 문제는 겨우 5회분 안팎으로 빈약한 경우가 대부분이었습니다. 불필요하게 자세한 해설보다 다양한 문제를 통한 실질적인 시험 준비를 희망하는 응시생 및 지도 교사들은 늘 불만이었습니다. 문제집 본연의 목적과 기능에 충실한 모의고사 문제집의 필요성, 그것이 이 시리즈를 새롭게 기획하게 된 이유였습니다. "아직 대한민국에는 문제집다운

모의고사 문제집이 없다. 응시생의 입장에서 문제집다운 문제집을 만들자!"라는 목적 의식에서 이 불친절한 문제집이 탄생하게 된 것입니다.

따라서 이 책은 자세한 해설이 없습니다. 그 대신 무려 15회 분량의 충분한 문제를 실었습니다. 이제 여러분은 자신의 현재 실력을 테스트할 수 있는 가장 경제적이고 효율적인, 진정한 의미의 모의고사 문제집을 만난 셈입니다. 문제 해석은 출판사 홈페이지에서 무료로 다운로드해서 참고할 수 있으니 금상첨화! 이제 이 한 권의 책이 여러분의 성공적인 삶의 동반자이자 중국 시장을 노크하는 새로운 도구로서 널리 활용되기를 기대합니다.

어휘 범위가 1,200개인 HSK 4급을 준비한다는 것은, 이제 여러분이 본격적인 중국어의 세계에 발을 들여놓았음을 의미합니다. 또한 현실적으로는 ① '2015 개정 교육과정'의 중국어 교육과정 전체를 포함하는 학습 수준을 달성하고, 이제 ② 중국 대학의 유학생 최소 입학 조건으로, ③ 기업에서는 중국어 실력을 인정하는 기준선으로, ④ 대학 입시에 있어서는 특기자 최소 전형 요건 등으로 중국어를 활용할 수 있는 분명한 학습의 목표점을 가지게 되었다는 것입니다. 본 교재가 여러분의 꿈을 본격적으로 펼쳐 가는 데에 있어서 초석이 될 수 있기를 기대합니다.

끝으로 팀장으로 고생하신 杜欣 교수와 王翠镯, 徐佳宁, 李倩 선생님, 그리고 최고의 연구진 李东妮, 李峰, 吕媛, 孙艳洁, 王丽华, 王美琪 선생님들께 감사드리며, 언제나 한결같은 최고의 편집자 권근희 팀장과 출간을 허락해 주신 신옥희 전무님께 감사를 드리며, 바쁜 삶 속에서도 흔쾌히 번역에 참여해 준 김홍주, 김성자, 정세진, 조민혜, 성보현, 변인자, 정아라, 홍유진, 최은진, 심혜인, 박진희, 김유리 선생님과 교정에 참여해 준 李梦哪 선생님께도 감사드립니다.

집필진 대표 박용호 드림

이 책의 활용법

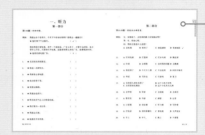

모의고사 15회분 풀기

실제 시험을 치르는 것처럼 시간을 재면서 15회분의 문제를 풀어 봅니다. 듣기 문제를 풀 때는 무료 다운로드한 MP3를 들으며 풉니다. 부록에 수록된 답안지를 잘라서 답안 체크 훈련도 함께 합니다.

정답과 듣기 대본으로 채점하기

부록에 수록된 정답과 대조하여 자신의 점수를 확인합니다. 듣기 대본은 듣기 문제 정답을 확인할 때 참고합니다.

해석으로 복습하기

무료 다운로드한 문제 해석을 참고하여 틀린 문제를 꼼꼼히 분석하면서 완전히 자기 것으로 만듭니다.

MP3와 해석 다운받기

1 **www.nexusbook.com**에서 도서명으로 검색하면 MP3와 문제 해석을 다운받을 수 있습니다.

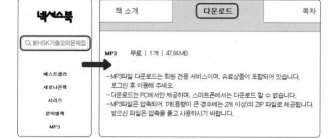

2 스마트폰으로 책 뒤표지의 **QR코드**를 찍으면 MP3를 바로 들을 수 있습니다.

차례

부록

新HSK란?

시험 소개

- HSK(汉语水平考试)는 중국 정부 기구인 '중국 국가 한판'이 중국 교육부령에 의거하여 출제 · 채점하고 성적표를 발급한다.
- HSK는 제1언어가 중국어가 아닌 사람의 중국어 능력을 평가하기 위해 만들어진 중국 정부 유일의 국제 중국어 능력 표준화 시험으로, 생활 · 학습 · 업무 등 실생활에서의 중국어 운용 능력을 중점적으로 평가하며, 현재 세계 112개 국가, 860개 지역에서 시행되고 있다.

시험 구성

- HSK는 'HSK 1급~6급' 시험과 'HSKK 초급 · 중급 · 고급 회화' 시험으로 나뉘어 시행되며, 각각 독립적으로 실시되므로 해당 등급에 대해 개별적으로 응시할 수 있다.
- HSK는 HSK 6급, HSK 5급, HSK 4급, HSK 3급과 중국어 입문자를 위한 HSK 2급, HSK 1급으로 각각 실시된다.

HSK(필기 시험)	HSKK(구술 시험)
HSK 6급	HSKK 고급
HSK 5급	
HSK 4급	HSKK 중급
HSK 3급	
HSK 2급	HSKK 초급
HSK 1급	

시험 방법

- HSK 지필 시험(纸笔考试) : 기존에 진행해 오던 시험 방식으로, 종이 시험지와 답안지를 사용하여 진행하는 시험
- HSK IBT 시험(网络考试) : 컴퓨터를 사용하여 진행하는 온라인 시험

시험 등급별 어휘량 및 수준

등급	어휘량	수준
HSK 6급	5,000개 이상	중국어 정보를 쉽게 알아듣고 읽을 수 있으며, 중국어로 구두 또는 서면의 형식으로 유창하고 적절하게 자신의 견해를 표현할 수 있다.
HSK 5급	2,500개	중국어 신문과 잡지를 읽을 수 있고, 중국어 영화 또는 TV프로그램을 감상할 수 있다. 또한 중국어로 비교적 완전한 연설을 할 수 있다.
HSK 4급	1,200개	광범위한 분야의 화제에 대해 중국어로 토론을 할 수 있으며, 비교적 유창하게 원어민과 대화하고 교류할 수 있다.
HSK 3급	600개	중국어로 일상생활, 학습, 업무 등 각 분야의 상황에서 기본적인 회화를 진행할 수 있다. 또한 중국 여행 시 겪게 되는 대부분의 상황들을 중국어로 대응할 수 있는 수준에 해당한다.
HSK 2급	300개	중국어로 간단하게 일상생활에서 일어나는 화제에 대해 이야기할 수 있으며, 초급 중국어의 상위 수준이라 할 수 있다.
HSK 1급	150개	매우 간단한 중국어 단어와 문장을 이해하고 사용할 수 있으며, 기초적인 일상 회화를 진행할 수 있다. 또한 다음 단계의 중국어 학습 능력을 갖추고 있다고 판단할 수 있다.

시험 용도

- 중국 대학(원) 입학·졸업 시 평가 기준
- 한국 대학(원) 입학·졸업 시 평가 기준
- 중국 정부 장학생 선발 기준
- 한국 특목고 입학 시 평가 기준
- 교양 중국어 학력 평가 기준
- 각급 업체 및 기관의 채용·승진을 위한 기준

시험 성적

- 시험일로부터 1개월 후 : 중국 고시센터 홈페이지(www.hanban.org)에서 개별 성적 조회 가능
- 시험일로부터 45일 후 : 개인 성적표 발송
    • 우편 수령 신청자의 경우, 등기우편으로 발송
    • 방문 수령 신청자의 경우, HSK한국사무국에 방문하여 수령
- HSK 성적은 시험일로부터 2년간 유효

新HSK 4급 소개

응시 대상

HSK 4급은 매주 2~3시간씩 4학기 정도의 중국어를 학습하고, 1,200개의 상용 어휘와 관련 어법 지식을 마스터한 학습자를 대상으로 한다.

시험 내용

HSK 4급은 총 100문제로 듣기/독해/쓰기 세 영역으로 나뉜다.

시험 내용		문항 수		시험 시간(분)
1. 듣 기	제1부분	10	45문항	약 30분
	제2부분	15		
	제3부분	20		
듣기 영역의 답안지 작성 시간				5분
2. 독 해	제1부분	10	40문항	40분
	제2부분	10		
	제3부분	20		
3. 쓰 기	제1부분	10	15문항	25분
	제2부분	5		
총 계	/	100문항		약 100분

*총 시험 시간은 약 105분이다.(응시자 개인 정보 작성 시간 5분 포함)

성적 결과

HSK 4급 성적표에는 듣기, 독해, 쓰기 세 영역의 점수와 총점이 기재된다.
각 영역별 만점은 100점 만점이며, 총점은 300점 만점이다. ※ 총점이 180점 이상이면 합격이다.

	만 점
듣 기	100
독 해	100
쓰 기	100
총 점	300

1. 听力(듣기)

第一部分

제1부분은 총 10문항이고, 모든 문제는 한 번씩 들려준다. 먼저 단문을 들려주고, 다른 사람이 그와 관련된 한 문장을 읽는다. 이 문장은 시험지에도 제시되어 있다. 제시된 문장이 단문의 내용과 일치하는지 판단하는 문제이다.

> **예**
>
> 我想去办个信用卡，今天下午你有时间吗？陪我去一趟银行？
> ★ 他打算下午去银行。　　　　　　　　（ ✓ ）
>
> 现在我很少看电视，其中一个原因是，广告太多了，不管什么时间，也不管什么节目，只要你打开电视，总能看到那么多的广告，浪费我的时间。
> ★ 他喜欢看电视广告。　　　　　　　　（ ✕ ）

第二部分

제2부분은 총 15문항이고, 모든 문제는 한 번씩 들려준다. 먼저 두 문장으로 구성된 대화를 들려주고, 다른 사람이 그와 관련된 질문을 한다. 시험지에 주어진 4개의 보기 중에서 질문의 답을 고르는 문제이다.

> **예**
>
> 女：该加油了，去机场的路上有加油站吗？
> 男：有，你放心吧。
> 问：男的主要是什么意思？
>
> **A** 去机场　　　　**B** 快到了　　　　**C** 油是满的　　　　**D** 有加油站 ✓

第三部分

제3부분은 총 20문항이고, 모든 문제는 한 번씩 들려준다. 4~5개의 문장으로 구성된 대화 또는 단문을 들려주고, 다른 사람이 그와 관련된 1~2개의 질문을 한다. 시험지에 주어진 4개의 보기 중에서 질문의 답을 고르는 문제이다.

> **예**
>
> 男：把这个文件复印五份，一会儿拿到会议室发给大家。
> 女：好的。会议是下午三点吗？
> 男：改了。三点半，推迟了半个小时。
> 女：好，六零二会议室没变吧？
> 问：会议几点开始？
>
> **A** 两点　　　　**B** 3点　　　　**C** 3:30 ✓　　　　**D** 6点

2. 阅读(독해)

第一部分

제1부분은 총 10문항이다. 문제는 1~2개의 문장으로 구성되며, 문장 가운데에 빈칸이 하나 있다. 보기 중에서 빈칸에 들어갈 알맞은 단어를 골라 완전한 문장을 만드는 문제이다.

> **예**
>
> A 范围　　　B 举　　　C 反对　　　D 坚持　　　E 结束　　　F 除了
>
> 她每天都(**D**)走路上下班，所以身体一直很不错。

> **예**
>
> A 丢　　　B 请假　　　C 温度　　　D 忍不住　　　E 故意　　　F 安排
>
> A：今天真冷啊，好像白天最高(**C**)才2℃。
>
> B：刚才电视里说明天更冷。

第二部分

제2부분은 총 10문항이다. 제시된 3개의 문장을 순서대로 배열하는 문제이다.

> **예**
>
> A：可是今天起晚了
> B：平时我骑自行车上下班
> C：所以就打车来公司　　　　　　　　　**B A C**

第三部分

제3부분은 총 20문항이다. 먼저 단문을 제시하고, 그와 관련된 1~2개의 질문을 한다. 4개의 보기 중에서 질문의 답을 고르는 문제이다.

> **예**
>
> 她很活泼，说话很有趣，总能给我们带来快乐，我们都很喜欢和她在一起。
>
> 　　★ 她是个什么样的人?
>
> A 幽默 ✓　　　B 马虎　　　C 骄傲　　　D 害羞

3. 书写(쓰기)

第一部分

제1부분은 총 10문항이다. 제시된 여러 개의 단어를 잘 배열하여 하나의 완전한 문장을 만드는 문제이다.

> **예**
>
> 那座桥　　800年的　　历史　　有　　了
>
> ＿＿那座桥有800年的历史了。＿＿

第二部分

제2부분은 총 5문항이다. 문제마다 사진 한 장과 단어 1개가 제시된다. 제시된 사진을 보고, 주어진 단어를 사용하여 문장을 만드는 문제이다.

> **예**
>
> 　乒乓球　　＿＿她很喜欢打乒乓球。＿＿

시험 진행 과정

1 시험이 시작되면, 감독관이 다음과 같이 말한다.

> 大家好! 欢迎参加HSK(四级)考试。
>
> 여러분, 안녕하세요! HSK (4급) 시험에 참가하신 것을 환영합니다.

2 감독관은 응시생들에게 아래 사항에 대해 주의를 준다. (이때는 응시생의 모국어 기타 유효한 방법을 사용할 수 있다.)
(1) 휴대전화의 전원을 끈다.
(2) 수험표와 신분증을 책상 우측 상단에 놓는다.

3 그 후, 감독관은 다음과 같이 말한다.

> 现在请大家填写答题卡。
>
> 지금부터 답안지를 작성해 주세요.

감독관은 응시생의 수험표를 참고하여(이때는 응시생의 모국어 기타 유효한 방법을 사용할 수 있다.)
연필로 답안지에 이름과 국적, 수험 번호, 성별, 고사장 번호, 연령, 화교 여부, 중국어 학습 기간 등을 기재할 것을 지시한다. 화교 응시생이란 부모님 양쪽 혹은 한쪽이 중국인인 응시생을 가리킨다.

4 그 후, 감독관은 시험지를 배포한다.

5 시험지 배포 후, 감독관은 응시생들에게 시험지 표지에 기재된 주의 사항을 설명해 준다. (이때는 응시생의 모국어 기타 유효한 방법을 사용할 수 있다.)

注　意

一、HSK (四级) 分三部分:
1. 听力 (45题, 约30分钟)
2. 阅读 (40题, 40分钟)
3. 书写 (15题, 25分钟)

二、听力结束后, 有5分钟填写答题卡。

三、全部考试约105分钟 (含考生填写个人信息时间5分钟)。

6 그 후, 감독관은 다음과 같이 말한다.

请打开试卷，现在开始听力考试。

시험지를 펴세요. 지금부터 듣기 시험을 시작하겠습니다.

감독관은 응시생들에게 시험지의 봉인을 열라고 말한다. (이때는 응시생의 모국어나 기타 유효한 방법을 사용할 수 있다.)

7 감독관은 듣기 녹음을 방송한다.

8 듣기 시험이 끝난 후, 감독관은 다음과 같이 말한다.

现在请把第1到45题的答案写在答题卡上，时间为5分钟。

지금부터 1번부터 45번까지의 답을 답안지에 기입해 주세요. 시간은 5분입니다.

감독관은 응시생들에게 답안을 답안지를 적으라고 알려 준다. (이때는 응시생의 모국어나 기타 유효한 방법을 사용할 수 있다.)

9 5분 후, 감독관은 다음과 같이 말한다.

现在开始阅读考试。考试时间为40分钟。

지금부터 독해 시험을 시작하겠습니다. 시험 시간은 40분입니다.

10 독해 시험이 5분 남았을 때, 감독관은 다음과 같이 말한다.

阅读考试时间还有5分钟。

독해 시험 시간이 5분 남았습니다.

11 독해 시험이 끝난 후, 감독관은 다음과 같이 말한다.

现在开始书写考试。考试时间为25分钟。请用铅笔直接把答案写在答题卡上。

지금부터 쓰기 시험을 시작하겠습니다. 시험 시간은 25분입니다. 답을 바로 답안지에 연필로 작성해 주세요.

감독관은 응시생들에게 답안을 바로 답안지를 적으라고 알려 준다. (이때는 응시생의 모국어나 기타 유효한 방법을 사용할 수 있다.)

12 쓰기 시험이 5분 남았을 때, 감독관은 다음과 같이 말한다.

书写考试时间还有5分钟。

쓰기 시험 시간이 5분 남았습니다.

13 쓰기 시험이 끝났을 때, 감독관은 다음과 같이 말한다.

现在请监考收回试卷和答题卡。

지금부터 시험지와 답안지를 걷어 주세요.

14 감독관은 시험지와 답안지를 점검한 후, 다음과 같이 말한다.

考试现在结束。谢谢大家！再见。

이것으로 시험을 마치겠습니다. 여러분, 감사합니다! 안녕히 가세요.

新汉语水平考试
HSK（四级）
模拟考试 1

注　　意

一、　HSK (四级) 分三部分：

　　　1. 听力 (45题，约30分钟)

　　　2. 阅读 (40题，40分钟)

　　　3. 书写 (15题，25分钟)

二、　听力结束后，有5分钟填写答题卡。

三、　全部考试约105分钟 (含考生填写个人信息时间5分钟)。

一、听力

第一部分

第1-10题：判断对错。

例如：　我想去办个信用卡，今天下午你有时间吗？陪我去一趟银行？

　　　　★ 他打算下午去银行。　　　　　　　(✓)

　　　现在我很少看电视，其中一个原因是，广告太多了，不管什么时间，也不管什么节目，只要你打开电视，总能看到那么多的广告，浪费我的时间。

　　　　★ 他喜欢看电视广告。　　　　　　　(✗)

1.　★ 北京的东西很便宜。　　　　　　　　(　)

2.　★ 他是一名大学生。　　　　　　　　　(　)

3.　★ 我准备去看电影。　　　　　　　　　(　)

4.　★ 南方经常下雪。　　　　　　　　　　(　)

5.　★ 他要去购物。　　　　　　　　　　　(　)

6.　★ 我要办信用卡。　　　　　　　　　　(　)

7.　★ 明天的天气让人们容易生病。　　　　(　)

8.　★ 我打算当一名记者。　　　　　　　　(　)

9.　★ 我想去长城。　　　　　　　　　　　(　)

10.　★ 他现在开车回家。　　　　　　　　　(　)

第二部分

第11-25题：请选出正确答案。

例如：　女：该加油了，去机场的路上有加油站吗？

　　　　男：有，你放心吧。

　　　　问：男的主要是什么意思？

　　　　A 去机场　　　B 快到了　　　C 油是满的　　　D 有加油站 ✓

11.　A 打羽毛球　　B 打篮球　　　C 打乒乓球　　D 踢足球

12.　A 打球　　　　B 去唱歌　　　C 去问男的问题　D 去跳舞

13.　A 要迟到了　　B 今天不上课　C 不会迟到　　D 时间不够用

14.　A 考试　　　　B 写作业　　　C 打游戏　　　D 复习

15.　A 女的很久没吃东西了　　　　B 这个小吃不好吃
　　　C 女的喜欢吃辣的　　　　　　D 这个小吃有点儿辣

16.　A 去学校　　　B 回家　　　　C 去医院　　　D 去商店

17.　A 售货员　　　B 导游　　　　C 顾客　　　　D 记者

18.　A 口语难　　　B 语法难　　　C 听力难　　　D 写作难

19.　A 打电话　　　B 和同事聊天　C 看电视　　　D 大声说话

20.　A 早上　　　　B 中午　　　　C 晚上　　　　D 不清楚

21. **A** 和男的见面 **B** 去银行取钱 **C** 去吃饭 **D** 去喝东西

22. **A** 地铁很安全 **B** 地铁很方便 **C** 路上堵车 **D** 不会开车

23. **A** 去理发 **B** 整理房间 **C** 去买东西 **D** 去骑马

24. **A** 手机丢了 **B** 买手机了 **C** 借手机了 **D** 打电话了

25. **A** 瘦了 **B** 胖了 **C** 买新衣服了 **D** 变美丽了

第三部分

第26-45题：请选出正确答案。

例如：　男：把这个文件复印五份，一会儿拿到会议室发给大家。

　　　　女：好的。会议是下午三点吗？

　　　　男：改了。三点半，推迟了半个小时。

　　　　女：好，602会议室没变吧？

　　　　男：对，没变。

　　　　问：会议几点开始？

　　　　A 2:00　　　　B 3:00　　　　C 3:30 ✓　　　　D 6:00

26. A 女的要去上课　B 今天天气不热　C 今天很凉快　D 周日人少

27. A 电视　　　　B 盒子　　　　C 洗衣机　　　　D 冰箱

28. A 坐出租车　　B 坐地铁　　　C 坐公共汽车　　D 走路

29. A 牛奶　　　　B 糖　　　　　C 巧克力　　　　D 什么也没加

30. A 上学　　　　B 看书　　　　C 找工作　　　　D 打电话

31. A 很大　　　　B 很便宜　　　C 有点儿小　　　D 有点儿远

32. A 桌子　　　　B 字典　　　　C 铅笔　　　　　D 书

33. A 便宜　　　　B 不好吃　　　C 健康　　　　　D 丰富

34. A 办公室　　　B 房间　　　　C 别人家　　　　D 桌子旁边

35. **A** 参加会议　　　**B** 整理材料　　　**C** 打印材料　　　**D** 找经理

36. **A** 衬衫　　　**B** 书　　　**C** 雨伞　　　**D** 裤子

37. **A** 总是下雨　　　　　　**B** 没有衬衫
　　C 没有雨伞　　　　　　**D** 每天都要担心儿子

38. **A** 为了以后看　　　　　　**B** 为了说给别人听
　　C 为了把它忘记　　　　　**D** 他喜欢

39. **A** 记得不高兴的事　　　　**B** 多写点东西
　　C 多和家人说话　　　　　**D** 记得愉快的事

40. **A** 互联网　　　**B** 写信　　　**C** 电子邮件　　　**D** 打电话

41. **A** 更加复杂　　　**B** 更加容易　　　**C** 更加少　　　**D** 更加慢

42. **A** 安静　　　**B** 有名　　　**C** 干净　　　**D** 美丽

43. **A** 河旁边　　　**B** 河底　　　**C** 水中　　　**D** 河中间

44. **A** 吃蛋糕　　　**B** 唱生日歌　　　**C** 聚会　　　**D** 吃面条

45. **A** 怀疑　　　**B** 支持　　　**C** 反对　　　**D** 讨厌

二、阅读

第一部分

第46-50题：选词填空。

<blockquote>
A 参加　　B 邻居　　C 偶尔　　D 坚持　　E 喝　　F 但是
</blockquote>

例如：　她每天都（　D　）走路上下班，所以身体一直很不错。

46.　你想（　　）什么饮料？果汁、咖啡还是牛奶？

47.　虽然离演出还有一个小时，（　　）观众几乎都到了。

48.　下个月学校要举办汉语比赛，有人想要（　　）吗？

49.　搬家后，我认识了李华，他是我的（　　），就住在我家楼上。

50.　他周末一般都在家看书，（　　）也会和同学出去玩。

第51-55题：选词填空。

A 睡觉　　B 吸引　　C 合适　　D 通知　　E 旁边　　F 温度

例如：　A：今天真冷啊，好像白天最高（　F　）才2℃。

　　　　B：刚才电视里说明天更冷。

51.　A：请问，你（　　）的座位有人吗？

　　　B：没有，请坐吧！

52.　A：今天下午没有课，你打算出去玩儿吗？

　　　B：不了，我实在太困了，所以想在家（　　）。

53.　A：你收到老师发的关于放假的（　　）了吗？上面都写什么了？

　　　B：上面说从1月7号开始放寒假，2月14号正式上课。

54.　A：我这两天看了一本小说很有趣，叫《西游记》，你可以看一看。

　　　B：我已经看过了，我也很喜欢这本书，里面的故事很（　　）我。

55.　A：这件衣服穿起来怎么样？

　　　B：大小挺（　　），就是有点贵。

第二部分

第56-65题：排列顺序。

例如：　A：可是今天起晚了

　　　　B：平时我骑自行车上下班

　　　　C：所以就打车来公司

B A C

56.　A：这种态度值得肯定

　　　B：尽管小明生病了

　　　C：他还是继续工作

57.　A：今天我和朋友出去玩儿

　　　B：然后去看了一场电影

　　　C：我们先去逛了商店

58.　A：他的汉语水平很高

　　　B：不仅能写出很多汉字

　　　C：还能正确地翻译中文的文章

59.　A：再也吃不下去了

　　　B：今天晚上做了很多饭菜

　　　C：我们只吃了一半

60.　A：后来，我慢慢地适应了

　　　B：比如吃饭时不会用筷子

　　　C：刚来中国时有很多事情我都不习惯

61.　A：如果你要做这件事

　　　B：否则就别开始

　　　C：就要保证做完　　　　　　　　＿＿＿＿＿＿＿＿＿＿＿＿

62.　A：她为了学好汉语

　　　B：每天都去公园和中国人说话

　　　C：我有一个韩国朋友　　　　　　＿＿＿＿＿＿＿＿＿＿＿＿

63.　A：我给她买了一只小狗

　　　B：我不在家时它可以陪着她

　　　C：昨天是妈妈的生日　　　　　　＿＿＿＿＿＿＿＿＿＿＿＿

64.　A：因为这样做能使我冷静下来

　　　B：人都有紧张的时候

　　　C：那个时候我会听音乐　　　　　＿＿＿＿＿＿＿＿＿＿＿＿

65.　A：中国有56个民族

　　　B：其中人口最多的是汉族

　　　C：其他民族有的人数多，有的非常少　＿＿＿＿＿＿＿＿＿

第三部分

第66-85题：请选出正确答案。

例如： 她很活泼，说话也很有趣，总能给我们带来快乐，我们都很喜欢和她在一起。

  ★ 她是个什么样的人？

  A 幽默 ✓   **B** 马虎   **C** 骄傲   **D** 害羞

66. 第一次见面时，她的脸红红的，低着头，说话的声音也很小。

  ★ 根据这句话，可以知道她当时很：

  A 高兴   **B** 生气   **C** 伤心   **D** 害羞

67. 九月一到，天气就开始冷了下来，树叶也变黄了。

  ★ 这句话说的是哪个季节？

  A 春天   **B** 夏天   **C** 秋天   **D** 冬天

68. 起飞后，我向窗外看去，地面上的人越来越小，慢慢变成了一个小黑点。

  ★ 根据这句话，可以知道我在：

  A 坐火车   **B** 坐飞机   **C** 坐船   **D** 坐出租车

69. 马上就要考试了，每个人都在认真学习，图书馆里到处都是人，一个座位都找不到。

  ★ 根据这句话，可以知道现在图书馆：

  A 人很多   **B** 没有人   **C** 人很少   **D** 人不多

70. 弟弟的房间总是很乱，妈妈就让他自己收拾房间，想让他养成好习惯，可是他总是不听妈妈的话，现在还是那样。

★ 根据这句话，可以知道现在弟弟的房间：

   A 很干净　　　B 很大　　　C 很乱　　　D 很脏

71. 我和他本来计划8点在公园见面，没想到路上堵车，我9点才到，比他晚了一个小时。

★ 根据这句话，我和他见面时：

   A 他提前到了　　B 我提前到了　　C 他迟到了　　D 我迟到了

72. 我后天要去上海出差，家里的小狗没人照顾，你能帮我养几天吗？

★ 根据这句话，我去上海是为了什么？

   A 旅游　　　B 工作　　　C 养狗　　　D 看你

73. 水果糖有很多种，有葡萄味的，有苹果味的，还有西瓜味的等等。

★ 这句话说明了水果糖在什么方面的区别？

   A 样子　　　B 质量　　　C 价格　　　D 味道

74. 今天下午，我正在咖啡店看书，没想到突然下雨了，我很着急，不知道该怎么回家。

★ 我为什么着急？

   A 天黑了　　　B 没有咖啡了　　C 下雨了　　　D 书没看完

75. 昨天朋友给我打电话，说他生病住院了，我马上赶去照顾他、陪着他，今天早上才回家。

★ 根据这句话，可以知道我昨天晚上在：

   A 我家　　　B 朋友家　　　C 市场　　　D 医院

76. 很多人都喜欢看成龙的电影。因为很有意思。比如说《尖峰时刻》里，成龙的表演经常使我笑出声来。

    ★ 根据这句话，成龙的电影是：

    A 有趣的　　　　B 一般的　　　　C 无聊的　　　　D 没有意思的

77. 每个人都希望成功，可是很少有人了解怎么样去获得它。成功不仅需要努力，还要能坚持下去，如果你做不到，就有可能失败。

    ★ 根据这句话，不成功可能是因为：

    A 没有方向　　　B 没有坚持　　　C 没有理想　　　D 没有目的

78. 健康对一个人来说很重要。要想身体好，就要多运动，平时注意早睡早起，养成好的生活习惯。

    ★ 根据这句话，如果想要身体健康，需要的不包括：

    A 多运动　　　　　　　　　　B 早睡早起
    C 多吃东西　　　　　　　　　D 养成好的生活习惯

79. 南方的天气不像北方那样干，这是因为有很多河流，而且经常下雨，所以空气中也有很多水分。

    ★ 根据这句话，南方：

    A 经常下雨　　　B 很热　　　　C 很干　　　　D 很漂亮

80-81.

    一个病人从房间里看见窗外有一棵树，树上的叶子在风中不停地掉下来。病人望着眼前的风景，身体也一天比一天差。她说："当叶子全部掉光时，我也就要死了。"一位老人知道了这件事，晚上来到病人窗前，把他用笔画的叶子挂在树上。最后的叶子一直没掉下来。因为生命中的这个绿叶，病人竟然活了下来。

    ★ 老人做了什么使病人活下来？

    A 在树上挂真叶子　　　　　　B 来到病人窗前
    C 在树上挂假叶子　　　　　　D 陪病人说话

★ 这个故事告诉我们：

A 人都会死

B 人要有希望才能活下来

C 自然对人的影响

D 生病要去医院

82-83.

以前有一个人，他认为有一个地方的人走路的动作很好看，所以他就带着钱去那个地方学习怎么走路。学习了一段时间之后，他发现自己不但没有学会那个地方的人走路的动作，而且忘了以前自己是怎么走路的，只好爬着回家了。看见他的人都哈哈大笑。

★ 这个人要学习什么？

A 走路　　　B 说话　　　C 生活　　　D 笑

★ 他最后怎么回家的？

A 跑回去　　　B 走回去　　　C 爬回去　　　D 飞回去

84-85.

一位年轻人问门采尔："为什么我画画，只需要一天，可想卖了它却要一年？"门采尔说："请你试着变化一下态度。你花一年时间认真地画画，也许一天就能卖出去。"年轻人按照他说的做，果然把画卖出去了。

★ 根据这个故事，我们可以猜出年轻人的职业是？

A 医生　　　B 司机　　　C 售货员　　　D 画家

★ 这个故事告诉我们：

A 要多试不同的方法

B 认真才能做好事情

C 要选择好职业

D 卖东西要快

三、书写

第一部分

第86-95题：完成句子。

例如：   那座桥   800年的   历史   有   了

<u>那座桥有800年的历史了。</u>

86.   我们   地铁   去的公园   乘坐   是

87.   他们   准备了   为我们   节目   精彩的

88.   桌子上   一本   放着   护照

89.   想   音乐   当   我   老师

90.   她   名字   写在   把   本子上

91.   妈妈   买   去商店   衣服

92.   她们   旅行的   商量   正在   事情

93.   北京的   怎么样   气候   觉得   你

94.   学校   已经   三次   京剧   举办了   活动

95.   小明的   流利   比   了   以前   汉语

第二部分

第96-100题：看图，用词造句。

例如： 乒乓球 ＿＿他很喜欢打乒乓球。

96. 礼物

97. 跑步

98. 路上

99. 吃惊

100. 铅笔

新汉语水平考试
HSK（四级）
模拟考试 2

注　意

一、　HSK（四级）分三部分：

　　　1. 听力（45题，约30分钟）

　　　2. 阅读（40题，40分钟）

　　　3. 书写（15题，25分钟）

二、　听力结束后，有5分钟填写答题卡。

三、　全部考试约105分钟（含考生填写个人信息时间5分钟）。

一、听力
第一部分

第1-10题：判断对错。

例如：   我想去办个信用卡，今天下午你有时间吗? 陪我去一趟银行?

    ★ 他打算下午去银行。　　　　　　　　(✓)

    现在我很少看电视，其中一个原因是，广告太多了，不管什么时间，也不管什么节目，只要你打开电视，总能看到那么多的广告，浪费我的时间。

    ★ 他喜欢看电视广告。　　　　　　　　(✗)

1.　★ 明天我和弟弟一起去游泳。　　　　　(　)

2.　★ 我不喜欢吃鸡蛋。　　　　　　　　　(　)

3.　★ 这个灯又便宜又漂亮。　　　　　　　(　)

4.　★ 手机照出来的照片更清楚。　　　　　(　)

5.　★ 爸爸很健康。　　　　　　　　　　　(　)

6.　★ 我弄丢了教室的钥匙。　　　　　　　(　)

7.　★ 我喜欢李小龙的电影。　　　　　　　(　)

8.　★ 你可以打电话联系我。　　　　　　　(　)

9.　★ 最近我每天都要加班。　　　　　　　(　)

10.　★ 我经常乘坐飞机出差。　　　　　　　(　)

第二部分

第11-25题：请选出正确答案。

例如： 女：该加油了，去机场的路上有加油站吗？

男：有，你放心吧。

问：男的主要是什么意思？

A 去机场　　　B 快到了　　　C 油是满的　　　D 有加油站 ✓

11. A 请假了　　　B 生病了　　　C 迟到了　　　D 不想去

12. A 不少　　　　B 非常少　　　C 不多　　　　D 很多

13. A 忘交了　　　B 忘带了　　　C 忘写了　　　D 没写完

14. A 明天　　　　B 昨天　　　　C 下周　　　　D 下个月

15. A 收工资　　　B 上班　　　　C 喝咖啡　　　D 吃饭

16. A 男的那儿　　　　　　　　　B 女的那儿
    C 男的的朋友那儿　　　　　　D 女的的朋友那儿

17. A 故意的　　　B 没看见　　　C 不想打招呼　　　D 他们关系不好

18. A 家里有事　　　B 开始下雨了　　　C 雨太大了　　　D 没关窗户

19. A 陪男的　　　B 玩手机　　　C 眼睛疼　　　D 看病人

20. A 搬椅子　　　B 换个大房间　　　C 聚会　　　D 打扫房间

21.　　A 觉得她很可爱　B 觉得她很优秀　C 喜欢她　　　　D 觉得自己像她

22.　　A 想看书　　　　B 故意让她生气　C 跟她开玩笑　D 生气了

23.　　A 不上班　　　　B 买车票　　　　C 得到奖金　　D 提前下班

24.　　A 诚实的人　　　B 爱说假话　　　C 相信别人　　D 不是好人

25.　　A 下周一个人去北京　　　　　　　B 下周有事
　　　　C 下周和别人去北京　　　　　　D 下周和女的去北京

第三部分

第26-45题：请选出正确答案。

例如： 男：把这个文件复印五份，一会儿拿到会议室发给大家。

女：好的。会议是下午三点吗？

男：改了。三点半，推迟了半个小时。

女：好，602会议室没变吧？

男：对，没变。

问：会议几点开始？

A 2:00　　　　B 3:00　　　　C 3:30 ✓　　　　D 6:00

26. A 工作很忙　　B 车坏了　　　C 没赶上会议　D 要开会了

27. A 男的去游泳了　B 他们要去爬山　C 他们要去游泳　D 女的去爬山了

28. A 收拾完了　　B 马上收拾　　C 正在收拾　　D 不想收拾

29. A 不想去　　　B 已经去了　　C 想去　　　　D 还在考虑

30. A 女的想去图书馆　　　　　　B 女的想去银行
    C 女的知道图书馆在哪儿　　　D 女的不想去图书馆

31. A 男的不想包饺子　　　　　　B 女的不想让男的去她家
    C 女的要去男的家里　　　　　D 女的要包饺子

32. A 太小了　　　B 太大了　　　C 太短了　　　D 太长了

33. A 复习材料　　B 阅读材料　　C 报名材料　　D 申请材料

34.　　A 3:00 PM　　B 3:00 AM　　C 3:30 PM　　D 3:30 AM

35.　　A 烤鸡　　B 烤鱼　　C 烤肉　　D 烤鸭

36.　　A 四次　　B 三次　　C 两次　　D 一次

37.　　A 公园附近　　B 商店旁边　　C 学校附近　　D 医院对面

38.　　A 记者　　B 踢足球的　　C 打羽毛球的　　D 打网球的

39.　　A 没有最好，只有更好　　　B 要经常练习
　　　C 要坚持锻炼　　　　　　　D 足球很有趣

40.　　A 写字　　B 读文章　　C 写作业　　D 记住文章

41.　　A 努力才能成功　　　　　　B 记住文章很容易
　　　C 孩子都很聪明　　　　　　D 努力不一定成功

42.　　A 冬天　　B 秋天　　C 夏天　　D 春天

43.　　A 着急　　B 害怕　　C 开心　　D 难过

44.　　A 来学习　　B 来旅游　　C 来出差　　D 来工作

45.　　A 功夫　　B 舞蹈　　C 音乐　　D 京剧

二、阅读

第一部分

第46-50题：选词填空。

    A 发烧   **B** 理想   **C** 颜色   **D** 坚持   **E** 电梯   **F** 得意

例如：　她每天都（　**D**　）走路上下班，所以身体一直很不错。

46.　他昨天晚上（　　　）了，吃完药也没好，我今天要带他去医院。

47.　我的衣服和他的衣服（　　　）相同，都是红色的。

48.　他家住在18层，走上去太累了，我们还是坐（　　　）吧！

49.　我将来想当警察，帮助别人，这是我的（　　　）。

50.　听到自己获得了第一名，他（　　　）地笑了。

第51-55题：选词填空。

A 按时　　B 运动　　C 心情　　D 稍微　　E 打算　　F 温度

例如：　　**A：**今天真冷啊，好像白天最高（　F　）才2℃。

　　　　　B：刚才电视里说明天更冷。

51.　**A：**你预习明天要学习的内容了吗？

　　　B：没有，我（　　　）下午再看。

52.　**A：**你尝尝我买的葡萄，看看好不好吃。

　　　B：还行，就是（　　　）酸了一点儿。

53.　**A：**这些表格就交给你去做了，记得明天早上交给我。

　　　B：知道了，我一定（　　　）完成任务。

54.　**A：**你今天好像（　　　）很好？发生什么好事了吗？

　　　B：我得到了免费旅游的机会，真是太开心了！

55.　**A：**你喜欢什么（　　　）？

　　　B：我喜欢游泳，也喜欢打羽毛球。

第二部分

第56-65题：排列顺序。

例如： A：可是今天起晚了

B：平时我骑自行车上下班

C：所以就打车来公司   <u>   **B A C**   </u>

56. A：我明年想去中国留学

B：所以我打算申请奖学金

C：但是去那里学习需要很多钱   <u>   </u>

57. A：然而我和爸爸都不喜欢吃

B：她每次去商店买水果都会买它

C：我妈妈爱吃香蕉   <u>   </u>

58. A：无论我想要什么东西

B：小时候，一直是奶奶照顾我

C：她都会买给我   <u>   </u>

59. A：因此成绩总是不太好

B：我小时候很粗心

C：考试的时候从来都不检查   <u>   </u>

60. A：有的人幽默，有的人聪明

B：还有的人做事很有耐心

C：每个人都有自己的优点   <u>   </u>

61. A：由于突然下起了大雨

　　B：原本计划好的活动只能推迟了

　　C：大家都觉得很失望　　　　　　　　　　_____

62. A：尤其是随着经济的发展

　　B：这些年来，中国发生了很多变化

　　C：人们的生活水平有了很大的提高　　　　_____

63. A：一开始，我不会打乒乓球

　　B：我终于可以和朋友一起玩了

　　C：后来经过一周的学习　　　　　　　　　_____

64. A：就给大使馆打电话，他们会帮助你

　　B：如果你在别的国家旅游

　　C：遇到了自己不能解决的问题　　　　　　_____

65. A：景色也很漂亮

　　B：因为那时天气很暖和

　　C：比起冬天，我更喜欢春天　　　　　　　_____

第三部分

第66-85题：请选出正确答案。

例如：　她很活泼，说话也很有趣，总能给我们带来快乐，我们都很喜欢和她在一起。

　　★ 她是个什么样的人？

　　A 幽默 ✓　　　　B 马虎　　　　C 骄傲　　　　D 害羞

66.　他从小生活在这儿，虽然这儿的路很复杂，但是他从来都不会迷路。

　　★ 根据这句话，可以知道什么？

　　A 他不住在这儿　　　　　　　B 他对这儿很熟悉
　　C 他经常迷路　　　　　　　　D 他在这儿上班

67.　图书馆里有很多人，他们都在看书，没有人说话。

　　★ 根据这句话，图书馆里怎么样？

　　A 人不多　　　B 都在说话　　　C 没人看书　　　D 很安静

68.　妹妹正在学习弹钢琴，现在她每天都会练习，家里总是响起她弹钢琴的声音。

　　★ 根据这句话，可以知道妹妹：

　　A 不经常弹钢琴　B 每天弹钢琴　　C 偶尔弹钢琴　D 很少弹钢琴

69.　考试结束后，想到快要放暑假了，孩子们都很激动。

　　★ 根据这句话，孩子们为什么激动？

　　A 快放假了　　　B 想到考试　　　C 暑假结束了　D 考完试了

70. 小张工作很认真，每天他都第一个来，最后一个走。

    ★ 根据这句话，可以知道小张工作：

    　　A 不太累　　　　B 很轻松　　　　C 常迟到　　　　D 很努力

71. 我的同学个子很高，头发很长，眼睛大大的，笑起来很好看。

    ★ 根据这句话，可以知道我的同学：

    　　A 不爱笑　　　　B 很高　　　　C 头发不长　　　D 眼睛很小

72. 今天又是刮风又是下雨的，我只能在家里看电视，不能出门了。

    ★ 根据这句话，我为什么不出门？

    　　A 我不喜欢出门　　　　　　　　B 我身体不好，不能出门
    　　C 天气不好　　　　　　　　　　D 我想看电视

73. 我和小李是同学，我们的关系很好，我很重视这份友谊。

    ★ 这句话说明了小李是我的：

    　　A 朋友　　　　　B 老师　　　　C 学生　　　　D 邻居

74. 去年举办的活动来了很多人，可是今年却相反。

    ★ 根据这句话，今年参加活动的人数：

    　　A 很多　　　　　B 增加了　　　C 和去年一样　　D 很少

75. 如果一个人没有自信，那他很难获得成功，所以我们要对自己有信心。

    ★ 根据这句话，可以知道信心对一个人来说：

    　　A 不重要　　　　B 没有用　　　C 很难有　　　D 很重要

76. 我的爸爸是一名医生，我很尊敬他，将来我也想和他一样，为别人看病。

   ★ 根据这句话，能看出我将来想：

   A 成为医生　　　B 成为病人　　　C 成为护士　　　D 成为爸爸

77. 他感冒了，头很疼，一直在咳嗽，看上去很可怜。

   ★ 根据这句话，他：

   A 很舒服　　　B 很难受　　　C 很可爱　　　D 很感动

78. 冰箱里除了水果什么都没有，你想吃什么就去买一点儿吧。

   ★ 根据这句话，冰箱里可能有：

   A 巧克力　　　B 面包　　　C 苹果　　　D 饮料

79. 我起床晚了，来不及乘坐今天早上的火车了，你能帮我看看下午的票吗？

   ★ 根据这句话，可以知道我：

   A 很早就起床了　　　　　　B 已经出发了
   C 买了下午的票　　　　　　D 没赶上早上的车

80-81.

　　有一只黄色的鸟快乐地生活在森林里。有一天，它看见一只红色的鸟向东飞，就问道："你这么辛苦地飞，是要飞到哪儿去？"红色的鸟伤心地说："其实，我也不想离开这里，但人们都讨厌我的声音，所以……"黄色的鸟说："如果你不改变你的声音，飞到哪里都不会受到欢迎。"

   ★ 红色的鸟为什么要离开？

   A 它想离开　　　　　　　　B 它要去找吃的东西
   C 人们讨厌它的声音　　　　D 它在别的地方受欢迎

   ★ 红色的鸟在离开时感觉到：

   A 很难过　　　B 很辛苦　　　C 很快乐　　　D 很紧张

82-83.

老人走进一家饭店想要吃饭，可是他坐在桌子旁边等了很久都没有看到服务员。这时一个年轻人拿着满满一盘食物坐到对面，老人就问他从哪里拿的食物。这个年轻人告诉他食物都放在前面的桌子上，要自己选择喜欢吃的食物，然后再给钱。

★ 刚进饭店时，老人在等谁?

　　A 经理　　　　B 服务员　　　C 医生　　　D 顾客

★ 根据这段话，老人要去哪里拿食物?

　　A 厨房里　　　B 桌子上　　　C 盘子里　　　D 年轻人那儿

84-85.

有两个人各带着一只行李箱出门。一路上，重重的行李箱让他们感觉很累。他们只好左手累了换右手，右手累了又换左手。突然，其中一个人停了下来，在路边买了一根木棒，将两个行李箱一左一右挂在木棒上。他背起两个箱子走路，反而觉得轻松了很多。

★ 他们为什么累?

　　A 走了很远　　　　　　　B 行李箱很重
　　C 他们没有休息　　　　　D 他们身体不好

★ 这个故事告诉我们:

　　A 方法很重要　　B 要学会坚持　　C 要有耐心　　D 要锻炼身体

三、书写

第一部分

第86-95题：完成句子。

例如： 那座桥　　　800年的　　　历史　　　有　　　了

　　　　<u>那座桥有800年的历史了。</u>

86. 公园　　　花　　　开满了　　　里　　　漂亮的

87. 这个游戏　　　你　　　吗　　　觉得　　　有趣

88. 去　　　参加　　　学校　　　我们　　　演出了

89. 和他　　　这件事　　　需要　　　商量一下

90. 弄　　　被　　　他　　　自行车　　　坏了

91. 她　　　带着　　　笔记本　　　总是　　　一本

92. 到　　　学习　　　中国　　　汉语　　　很多人

93. 讨论了　　　开会　　　昨天　　　问题　　　一个

94. 字　　　这本书里　　　个　　　有　　　不认识　　　我

95. 大声　　　禁止　　　里面　　　医院　　　说话

第二部分

第96-100题：看图，用词造句。

例如：　　　　　　　乒乓球　　　　　　<u>他很喜欢打乒乓球。</u>

96.　　　　　　　　日记

97.　　　　　　　　动物

98.　　　　　　　　力气

99.　　　　　　　　舒服

100.　　　　　　　　起床

新汉语水平考试
HSK（四级）
模拟考试 3

注　意

一、　HSK(四级) 分三部分：

　　1. 听力 (45题，约30分钟)

　　2. 阅读 (40题，40分钟)

　　3. 书写 (15题，25分钟)

二、　听力结束后，有5分钟填写答题卡。

三、　全部考试约105分钟 (含考生填写个人信息时间5分钟)。

一、听力
第一部分

第1-10题：判断对错。

例如：　我想去办个信用卡，今天下午你有时间吗? 陪我去一趟银行?

　　　★ 他打算下午去银行。　　　　　　　　　(✓)

　　　现在我很少看电视，其中一个原因是，广告太多了，不管什么时间，也不管什么节目，只要你打开电视，总能看到那么多的广告，浪费我的时间。

　　　★ 他喜欢看电视广告。　　　　　　　　　(✗)

1.　★ 已经迟到了。　　　　　　　　　　　　(　)

2.　★ 他在大使馆工作。　　　　　　　　　　(　)

3.　★ 他得过第一名。　　　　　　　　　　　(　)

4.　★ 孩子们不喜欢老人说话。　　　　　　　(　)

5.　★ 我们应该理解对事情有不同看法的人。　(　)

6.　★ 小狗仍然不开心。　　　　　　　　　　(　)

7.　★ 大家互相不认识。　　　　　　　　　　(　)

8.　★ 我在飞机上。　　　　　　　　　　　　(　)

9.　★ 春天开了很多花儿。　　　　　　　　　(　)

10.　★ 姐姐以前的样子更好看。　　　　　　　(　)

第二部分

第11-25题：请选出正确答案。

例如：　女：该加油了，去机场的路上有加油站吗？

　　　　男：有，你放心吧。

　　　　问：男的主要是什么意思？

　　　　A 去机场　　　B 快到了　　　C 油是满的　　　D 有加油站 ✓

11.　A 解释　　　　B 建议　　　　C 邀请　　　　D 介绍

12.　A 不知道　　　B 7月11日　　C 8月1日　　　D 9月3日

13.　A 宾馆门口　　B 公园门口　　C 商店门口　　D 街道口

14.　A 顾客　　　　B 演员　　　　C 记者　　　　D 售货员

15.　A 生活　　　　B 吃饭　　　　C 喝水　　　　D 吃鱼

16.　A 饭店　　　　B 商店　　　　C 蛋糕店　　　D 房间

17.　A 太大　　　　B 坏了　　　　C 太小　　　　D 太重

18.　A 很快　　　　B 很旧　　　　C 很贵　　　　D 很热

19.　A 没心情　　　B 没钱　　　　C 忘记了　　　D 太忙了

20.　A 性别　　　　B 电话号码　　C 年龄　　　　D 收入

21. **A** 问他路 **B** 带他去 **C** 不帮助他 **D** 让他离开

22. **A** 材料太多 **B** 开会时间太长 **C** 没完成 **D** 完成了

23. **A** 环境问题 **B** 经济问题 **C** 社会问题 **D** 感情问题

24. **A** 让她找别人 **B** 马上来 **C** 很简单 **D** 解决不了

25. **A** 没听懂 **B** 风太大 **C** 声音太大 **D** 没听见

第三部分

第26-45题：请选出正确答案。

例如：　男：把这个文件复印五份，一会儿拿到会议室发给大家。

　　　　女：好的。会议是下午三点吗？

　　　　男：改了。三点半，推迟了半个小时。

　　　　女：好，602会议室没变吧？

　　　　男：对，没变。

　　　　问：会议几点开始？

　　　　A 2:00　　　　B 3:00　　　　C 3:30 ✓　　　　D 6:00

26.　A 不想睡觉　　　B 工作累　　　C 压力大　　　D 没看电影

27.　A 目的　　　　　B 广告　　　　C 轻松　　　D 幽默

28.　A 不适合　　　　B 很适合　　　C 值得锻炼　　D 浪费时间

29.　A 忘记密码　　　B 要改密码　　C 汉语流利　　D 要买衣服

30.　A 男的开公司　　B 女的想购物　　C 小王是导游　　D 女的想旅游

31.　A 176cm　　　　B 178cm　　　C 180cm　　　D 182cm

32.　A 火车上　　　　B 火车站　　　C 出租车上　　D 机场

33.　A 不去聚会　　　B 去聚会　　　C 不考试　　　D 请假

34.　A 脏　　　　　　B 破　　　　　C 干净　　　D 乱

35. A 买房子   B 卖房子   C 租房子   D 收拾房子

36. A 诚实   B 勇敢   C 友好   D 有趣

37. A 坚持自己的特点   B 学习别人的方法
    C 如何变得勇敢   D 学会安排时间

38. A 害怕   B 讨厌   C 感谢   D 原谅

39. A 能力   B 优点   C 缺点   D 竞争者

40. A 有很多垃圾   B 绿树成排   C 干净   D 没有垃圾

41. A 节约用纸了   B 减少车辆了
    C 禁止使用塑料袋了   D 减少抽烟了

42. A 压力   B 语言环境   C 老师   D 兴趣

43. A 去留学   B 去机场   C 去北京   D 去大使馆

44. A 银行   B 图书馆   C 会议室   D 教室

45. A 一个   B 两个   C 三个   D 四个

二、阅读

第一部分

第46-50题：选词填空。

A 毕业   B 本来   C 乱   D 坚持   E 缺点   F 流利

例如： 她每天都（ **D** ）走路上下班，所以身体一直很不错。

46. 我最大的（ ）是脾气不太好。

47. 我来中国已经三年了，现在汉语说得很（ ）

48. 马上就要（ ）了，你打算去哪里找工作呢？

49. 你的房间实在太（ ）了，我刚才帮你收拾好了。

50. （ ）心情不太好，但是跟你聊天以后就开心多了。

第51-55题：选词填空。

A 另外　　B 免费　　C 困难　　D 弄　　　　E 效果　　F 温度

例如：　A：今天真冷啊，好像白天最高（　F　）才2℃。
　　　　B：刚才电视里说明天更冷。

51.　A：我感冒了，买了很多药，不知道（　　）怎么样。
　　　B：多喝点热水，会更快好起来的。

52.　A：我把你送弟弟的礼物（　　）坏了，真是不好意思。
　　　B：没关系，我可以再给他买一个。

53.　A：汉语实在太难了，我想放弃了。
　　　B：遇到（　　）不要害怕，坚持就会看到希望。

54.　A：这件衣服我穿不太合适，看起来感觉有点胖。
　　　B：你可以试试（　　）一件。

55.　A：学校附近新开了一个大花园，环境很不错。
　　　B：是呀，听说学生还可以（　　）参观。

第二部分

第56-65题：排列顺序。

例如：　A：可是今天起晚了

　　　　B：平时我骑自行车上下班

　　　　C：所以就打车来公司　　　　　　　　　　　**B A C**

56.　A：所以我不打算在这儿生活

　　　B：但是房子的价格太高了

　　　C：我知道北京这个城市很好　　　　　　　_____

57.　A：我打算去上海旅游

　　　B：马上就要放暑假了

　　　C：顺便看看住在那儿的奶奶　　　　　　_____

58.　A：我每天都坚持锻炼

　　　B：不过偶尔也会去游泳

　　　C：一般都是去跑步　　　　　　　　　　_____

59.　A：还是有名的思想家

　　　B：鲁迅是中国文化的一个代表

　　　C：他不仅是优秀的作家　　　　　　　_____

60.　A：大家都非常喜欢她

　　　B：而且特别聪明

　　　C：我的女儿不仅可爱　　　　　　　　_____

61. **A：** 我以为可以提前到公司

    B： 没想到竟然迟到了

    C： 今天路上不堵车 _____

62. **A：** 有两种完全不同的知识

    B： 另一种是生活中的知识

    C： 一种是书本上的知识 _____

63. **A：** 或者直接来公司找我

    B： 如果你遇到了困难

    C： 可以给我打电话 _____

64. **A：** 我找了很久都没有找到

    B： 但我的行李箱却不见了

    C： 飞机马上就要起飞了 _____

65. **A：** 不应该只学习书本上的内容

    B： 还要重视动手能力

    C： 老师今天告诉我们 _____

第三部分

第66-85题：请选出正确答案。

例如：　她很活泼，说话也很有趣，总能给我们带来快乐，我们都很喜欢和她在一起。

　　★ 她是个什么样的人？

　　A 幽默 ✓　　　　B 马虎　　　　　C 骄傲　　　　　D 害羞

66.　本来我今天想在家陪爸爸妈妈看电视，可是弟弟非让我带他去看电影，我只好同意了。

　　★ 根据这句话，可以知道我今天要去干什么？

　　A 陪爸爸　　　　B 陪妈妈　　　　C 看电视　　　　D 看电影

67.　我24号要去上海开会，应该会提前一天到，这样还可以顺便在上海玩一玩儿。

　　★ 根据这句话，可以知道我什么时候到上海？

　　A 22号　　　　　B 23号　　　　　C 24号　　　　　D 25号

68.　我人生中第一次见到这么美丽的地方，我已经高兴得快哭了！真希望自己能天天来到这里。

　　★ 说话人是什么样的心情？

　　A 害怕　　　　　B 难过　　　　　C 激动　　　　　D 紧张

69.　做事情一定要认真仔细，这是一种生活的态度。粗心和马虎只会让我们的错越来越多。

　　★ 根据这段话，可以知道做事情应该是什么态度？

　　A 认真　　　　　B 粗心　　　　　C 马虎　　　　　D 轻松

70. 不管我们在哪儿，做什么，安全永远是第一位的。其次才是兴趣、爱好和心情。

    ★ 根据这段话，可以知道什么是第一位的?

    A 安全　　　　**B** 兴趣　　　　**C** 爱好　　　　**D** 心情

71. 钱不是什么都能做到的，它可以买来房子、车和衣服，却不能买来健康和感情。

    ★ 根据这句话，可以知道钱不能买来什么?

    A 房子　　　　**B** 车　　　　　**C** 衣服　　　　**D** 健康

72. 回忆总是很美好，它能让我们想起过去那些快乐、幸福的事。记住所有让我们感动的人，也会让以后的日子更加愉快。

    ★ 根据这段话，可以知道回忆有什么特点?

    A 很苦　　　　**B** 很快乐　　　**C** 不清楚　　　**D** 很容易忘

73. 公司的工作我还没有做完，大概还需要三个小时左右，我今晚可能会加班，你们不用等我回家吃饭了。

    ★ 根据这句话，可以知道我最有可能在哪儿?

    A 图书馆　　　**B** 家　　　　　**C** 办公室　　　**D** 学校

74. 国家规定不让大量使用塑料袋是为了保护环境，因为塑料袋不容易回收。如果想在商店和超市使用，必须花钱买。

    ★ 国家为什么不让大量使用塑料袋?

    A 容易回收　　**B** 赚钱　　　　**C** 保护环境　　**D** 只是规定

75. 小时候，爸爸个子是最高的，但是我和弟弟也都比妈妈高。现在弟弟不但已经超过我了，就连爸爸都比不过他了。

    ★ 根据这段话，可以知道现在家里谁个子最高?

    A 我　　　　　**B** 爸爸　　　　**C** 妈妈　　　　**D** 弟弟

76. 动物是人们的好朋友，是大自然的一部分，我们要好好对它们，而不是把它们当作食物和工具。

★ 我们应该怎样对动物？

A 当成朋友　　　B 当成食物　　　C 当成工具　　　D 远离

77. 学习新知识离不开一遍又一遍的练习，只听老师讲和看书是不行的。否则以后检查的时候会发现，学得快忘得也快。

★ 学习离不开什么？

A 听老师讲　　　B 检查　　　C 看书　　　D 练习

78. 比赛已经进行到最关键的时候了，时间只剩十分钟，可是双方的分数几乎差不多，没有人知道最后会是谁赢得这次比赛。

★ 根据这句话，可以知道比赛进行到什么时候了？

A 没开始　　　B 刚开始　　　C 快结束了　　　D 已经结束了

79. 今天天气这么好，不想在家看电视了。我打算找朋友去爬山，或者去打网球。

★ 根据这段话，可以知道我本来在做什么？

A 看电视　　　B 找朋友　　　C 爬山　　　D 打网球

80-81.

　　吸烟在现代社会非常普遍。虽然越来越多的人已经知道，吸烟对我们的健康很不好，但还是有很多人并不注意。尤其是在人多的地方抽烟，不仅对自己的身体不好，还会影响其他人的健康，是一种非常不负责任的表现。我们年轻人，更要拒绝抽烟，养成好的生活习惯，保护自己和家人的健康。

★ 吸烟对什么很不好？

A 身体健康　　　B 社会　　　C 年轻人　　　D 生活习惯

★ 文中说什么是不负责任的表现？

A 在家抽烟　　　　　　　　B 在人多的地方抽烟
C 拒绝抽烟　　　　　　　　D 年轻人抽烟

82-83.

今天是星期日，学校老师带我们到附近的公园玩。公园很大，我们在公园里一边散步一边聊天儿。这里很美，我看到了很多叫不出名字的花草树木，还有小河流水，鱼儿在里面快乐地游着。公园里人很多，不少年轻人在照相，还有很多老人在锻炼身体。我们在公园里玩儿了很久才回去。

★ 我今天可能是什么样的心情？

A 伤心   **B** 生气   **C** 紧张   **D** 开心

★ 公园里可能是什么样？

A 很安静   **B** 很热闹   **C** 很危险   **D** 很乱

84-85.

当我们毕业以后，就开始正式走进社会了。工作和读书是不一样的。在学校，我们只要认真读书学习就好，遇到困难也有老师和同学们帮助自己。即使你有错，最多被批评几句。可是到了社会上，我们就是大人了，不能什么事都让家人解决，一切只能自己解决。在工作中，无论是经验还是能力，都不可缺少，我们要慢慢去适应这个复杂的环境。

★ 在社会中遇到困难怎么办？

A 找同学   **B** 找老师   **C** 自己解决   **D** 让家人解决

★ 工作需要什么？

A 读书   **B** 学习   **C** 能力   **D** 困难

三、书写

第一部分

第86-95题：完成句子。

例如： 那座桥　　　800年的　　　历史　　　有　　　了

　　　　<u>那座桥有800年的历史了。</u>

86. 多民族的　　　中国　　　一个　　　是　　　国家

87. 变得　　　可以　　　运动　　　我　　　让　　　更健康

88. 都　　　每个人　　　不同的　　　性格　　　有

89. 电话号码　　　我　　　家里的　　　忘记　　　把　　　了

90. 提供了　　　留学的　　　学校　　　机会　　　出国

91. 从来　　　我　　　没　　　香港　　　去过

92. 好　　　颜色　　　这个　　　眼镜的　　　不好看

93. 有点儿　　　我　　　也　　　当时　　　吃惊

94. 一点儿　　　笑话　　　他讲的　　　不好笑　　　都

95. 极　　　今天的　　　精彩　　　了　　　节目

第二部分

第96-100题：看图，用词造句。

例如：　　　　　　　　　乒乓球　　　　　他很喜欢打乒乓球。

96. 　　　　　　　　　　顺序

97. 　　　　　　　　　　搬

98. 　　　　　　　　　　正在

99. 　　　　　　　　　　严重

100. 　　　　　　　　　　拒绝

新汉语水平考试
HSK（四级）
模拟考试 4

注　意

一、　HSK(四级) 分三部分：

    1. 听力 (45题，约30分钟)

    2. 阅读 (40题，40分钟)

    3. 书写 (15题，25分钟)

二、　听力结束后，有5分钟填写答题卡。

三、　全部考试约105分钟 (含考生填写个人信息时间5分钟)。

一、听力

第一部分

第1-10题：判断对错。

例如： 我想去办个信用卡，今天下午你有时间吗？陪我去一趟银行？

★ 他打算下午去银行。 （ ✓ ）

现在我很少看电视，其中一个原因是，广告太多了，不管什么时间，也不管什么节目，只要你打开电视，总能看到那么多的广告，浪费我的时间。

★ 他喜欢看电视广告。 （ ✗ ）

1. ★ 警察应该保护人们的安全。 （ ）

2. ★ 这家公司的办公室在邮局对面。 （ ）

3. ★ 小明做事不认真。 （ ）

4. ★ 哥哥喜欢踢足球。 （ ）

5. ★ 玛丽已经博士毕业了。 （ ）

6. ★ 出国留学需要护照和签证。 （ ）

7. ★ 小刘没有小张高。 （ ）

8. ★ 我们学校离公园很近。 （ ）

9. ★ 经常鼓励学生对他们学习汉语有帮助。 （ ）

10. ★ 按照规定做事有好处。 （ ）

第二部分

第11-25题：请选出正确答案。

例如：　女：该加油了，去机场的路上有加油站吗？

　　　　男：有，你放心吧。

　　　　问：男的主要是什么意思？

A 去机场　　　　B 快到了　　　　C 油是满的　　　　D 有加油站 ✓

11.　A 面条　　　　B 面包　　　　C 牛奶　　　　D 米饭

12.　A 电影很有趣　　B 男的睡着了　　C 电影很无聊　　D 女的睡着了

13.　A 汽车站　　　　B 地铁站　　　　C 飞机场　　　　D 火车站

14.　A 离开房间　　　B 多运动　　　　C 站着不动　　　D 穿厚衣服

15.　A 车太多　　　　B 人太多　　　　C 停车场太多　　D 车太少

16.　A 男的取到钱了　　　　　　　　B 男的忘记了密码
　　　C 女的要去银行　　　　　　　　D 换密码很容易

17.　A 找女的帮忙　　B 不用收拾　　　C 等会儿再收拾　D 女的说得太多

18.　A 打篮球　　　　B 去餐厅　　　　C 去吃饭　　　　D 问问题

19.　A 互相批评　　　B 聊比赛　　　　C 踢足球　　　　D 看电视

20.　A 去旅游　　　　B 回家　　　　　C 找工作　　　　D 去买票

21.　A 和女的见面　　B 开会　　　　C 和朋友见面　　D 去购物

22.　A 打电话　　　　B 看演出　　　C 找小刘　　　　D 表演

23.　A 收拾房间　　　B 买家具　　　C 买房子　　　　D 请男的吃饭

24.　A 客厅　　　　　B 窗户的左边　　C 窗户上　　　　D 冰箱旁边

25.　A 洗盘子　　　　B 擦盘子　　　C 买盘子　　　　D 吃饭

第三部分

第26-45题：请选出正确答案。

例如：　男：把这个文件复印五份，一会儿拿到会议室发给大家。

　　　　女：好的。会议是下午三点吗？

　　　　男：改了。三点半，推迟了半个小时。

　　　　女：好，602会议室没变吧？

　　　　男：对，没变。

　　　　问：会议几点开始？

　　　　A 2:00　　　　　B 3:00　　　　　C 3:30 ✓　　　　D 6:00

26.　A 去超市买　　　　　　　　B 不用买了
　　　C 商店的更便宜　　　　　D 不要去商店

27.　A 餐厅　　　　B 超市　　　　C 家　　　　D 公司

28.　A 用手洗衣服　　　　　　　B 用洗衣机洗衣服
　　　C 去洗衣店　　　　　　　D 换衣服

29.　A 要去买电脑　　　　　　　B 他的电脑是新的
　　　C 送女的电脑　　　　　　D 要去修电脑

30.　A 顾客　　　　B 警察　　　　C 售货员　　　　D 经理

31.　A 坐出租车　　　B 走路　　　C 坐公共汽车　　D 坐地铁

32.　A 男的说的　　　　　　　　B 手机上
　　　C 和朋友见面时说的　　　D 网站上

33.　A 没意思　　　B 演员不有名　　C 人太多　　　D 女的不想去

34. 　A 考试提前了　　B 考试推迟了　　C 考试结束了　　D 男的复习完了

35. 　A 玩得很开心　　　　　　B 还想去
　　C 现在工作还没完成　　　D 没有去

36. 　A 旅游　　　B 出差　　　C 喝水　　　D 搬东西

37. 　A 别人都很累　　B 就要到家了　　C 带的东西少　　D 喜欢笑

38. 　A 同事　　　B 朋友　　　C 家人　　　D 什么都不是

39. 　A 小伙子是这辆车的司机　　B 跑的人是司机
　　C 跑的人想要坐车　　　　　D 小伙子不在车上

40. 　A 妈妈没让拿　　　　　　B 害怕亲戚
　　C 大人能拿得更多　　　　D 不想吃

41. 　A 亲戚不喜欢　　B 很聪明　　C 很害羞　　D 很乖

42. 　A 不关心　　　B 重视　　　C 很担心　　D 感兴趣

43. 　A 不重视每一件小事儿　　B 积极的态度
　　C 做好小事儿　　　　　　D 关心身边的事儿

44. 　A 阴天　　　B 晴天　　　C 刮风　　　D 下雨

45. 　A 动物园人不多　　　　　B 我们住的宾馆
　　C 我们去了两个人　　　　D 今天天气很好

二、阅读

第一部分

第46-50题：选词填空。

A 故意　　B 欢迎　　C 不得不　D 坚持　　E 马上　　F 高兴

例如：　她每天都（ D ）走路上下班，所以身体一直很不错。

46. （　　）大家来中国北京旅行。

47. 麦克（　　）地告诉大家一个好消息。

48. 飞机（　　）就要起飞了，请大家注意安全！

49. 今天起床晚了，我（　　）打出租车去上班。

50. 由于堵车他迟到了，所以他不是（　　）不来参加会议的。

第51-55题：选词填空。

A 文章　　B 还是　　C 实在　　D 讨论　　E 流利　　F 温度

例如：　A：今天真冷啊，好像白天最高（　F　）才2℃。
　　　　B：刚才电视里说明天更冷。

51.　A：喝咖啡你喜欢加牛奶（　　）加糖？
　　　B：我喜欢加糖。

52.　A：玛丽，你的汉语说得越来越（　　）。
　　　B：谢谢你！

53.　A：我们正在（　　）寒假的旅行计划呢！你有什么建议吗？
　　　B：我觉得我们可以去哈尔滨，那里很美丽。

54.　A：我（　　）没有别的办法了，才来找你帮忙的。
　　　B：不用客气，有什么能帮助你的吗？

55.　A：这篇（　　）很值得我们研究。
　　　B：是的。它说明的问题很有意思。

第二部分

第56-65题：排列顺序。

例如：　A：可是今天起晚了

　　　　B：平时我骑自行车上下班

　　　　C：所以就打车来公司　　　　　　　　　　　　**B A C**

56.　A：我找到了很多以前的照片

　　　B：在收拾房间的时候

　　　C：它们引起了我的回忆　　　　　　　　　　_____

57.　A：她今天走了一天

　　　B：所以回家后马上就睡着了

　　　C：实在是太累了　　　　　　　　　　　　　_____

58.　A：因为下雪的时候真的很美

　　　B：我还是很喜欢来这里玩儿

　　　C：尽管冬天的北方很冷　　　　　　　　　　_____

59.　A：周末也不休息

　　　B：为了使自己的孩子能有更好的生活

　　　C：他每天都辛苦地工作　　　　　　　　　　_____

60.　A：北京不仅是中国的首都

　　　B：也是中国经济发展最快的地方之一

　　　C：很多年轻人都想到那儿工作　　　　　　　_____

61. A：吸引了很多人来看他的表演

　　B：这些人都认为他弹得很好

　　C：他经常在这里弹钢琴　　　　　＿＿＿＿＿＿＿＿＿＿

62. A：回家要拿的行李箱太重了

　　B：让它变轻一点儿

　　C：我只能从里面拿出来一些东西　＿＿＿＿＿＿＿＿＿＿

63. A：也有点儿难过

　　B：我们马上就要毕业了

　　C：在感到开心的同时　　　　　　＿＿＿＿＿＿＿＿＿＿

64. A：也要经常用汉语与人交流

　　B：除了要多多阅读

　　C：想要学好汉语　　　　　　　　＿＿＿＿＿＿＿＿＿＿

65. A：就一定要有一个计划

　　B：如果要出国过暑假

　　C：这样能减少很多麻烦　　　　　＿＿＿＿＿＿＿＿＿＿

第三部分

第66-85题：请选出正确答案。

例如：　她很活泼，说话也很有趣，总能给我们带来快乐，我们都很喜欢和她在一起。

　　　★ 她是个什么样的人？

　　　A 幽默 ✓　　　　　B 马虎　　　　　C 骄傲　　　　　D 害羞

66.　李华的性格不太好，经常因为一点儿小事和别人生气，后来大家都不喜欢和他做朋友了。

　　　★ 根据这句话，对于李华我们可以知道什么？

　　　A 他不经常生气　　　　　　　B 大家都很喜欢他
　　　C 他有很多朋友　　　　　　　D 他脾气不好

67.　什么样的朋友是好的朋友？如果和他在一起时，他让你感到很舒服，很快乐，并且他是一个值得你学习的人，那么他就是一个好的朋友。

　　　★ 根据这句话，我们不能知道，好的朋友：

　　　A 能让你开心　　　　　　　　B 让你感到舒服
　　　C 经常和你在一起　　　　　　D 值得你学习

68.　我喜欢吃酸的东西，也喜欢吃辣的，最喜欢的就是甜的食物了，最受不了的就是苦味。

　　　★ 我可能不喜欢：

　　　A 葡萄　　　　　B 咖啡　　　　　C 香蕉　　　　　D 牛奶

69.　他在房间里出了很多汗，衣服都好像洗了一样，走到外面后他感觉凉快多了。

　　　★ 根据这句话，我们可以知道：

　　　A 房间里很热　　　　　　　　B 他没出汗
　　　C 他换了一件衣服　　　　　　D 外面很热

70. 李华，给你介绍一下，这是我大哥，他叫王洋，是一名医生。大哥，这是我的同学李华。

★ 根据这句话，我们可以知道：

A 李华是一名医生　　　　　　B 李华和王洋第一次见面
C 李华和王洋是同学　　　　　D 我是李华的弟弟

71. 我认为，刚开始做一件事情的时候，成不成功不重要，重要的是努力的过程和得到的经验。

★ 根据这句话，我认为刚开始做一件事时：

A 成功很重要　　B 不能失败　　C 过程很重要　　D 经验不重要

72. 因为感冒，我一直咳嗽，说话的声音都变了，经过一周的休息，现在已经好得差不多了。

★ 根据这句话，我们可以知道我：

A 没生病　　　　B 很健康　　　C 病完全好了　　D 病好得差不多了

73. 法律对于每一个人来说都很重要，我们要重视法律的作用，学会用法律保护自己。

★ 根据这句话，法律：

A 很重要　　　　B 不重要　　　C 不受重视　　D 没有作用

74. 黄河和长江是中华民族的母亲河，最早的中国人就生活在这两条河的附近。

★ 根据这句话，我们可以知道，最早的中国人：

A 只生活在黄河附近　　　　　B 只生活在长江附近
C 生活在黄河和长江附近　　　D 没生活在黄河和长江附近

75. 为了减肥，她每天早上都去跑步，还去学习了游泳，有时间就进行运动，最终成功瘦下来了。

★ 根据这句话，她：

A 每天晚上跑步　　B 不喜欢游泳　　C 没时间运动　　D 最后瘦了

76. 别的孩子一打针就哭，可是他却很勇敢，一点儿都没害怕。

★ 根据这句话，我们可以知道：

A 他哭了　　　　B 他去打针了　　C 他很害怕　　D 他不够勇敢

77. 他很喜欢玩电脑游戏，总是玩儿到很晚才睡觉。他的妈妈很担心他，觉得这样对身体不好。

★ 根据这句话，我们可以知道：

A 他妈妈担心他的健康　　　　B 他每天很早睡觉
C 他不经常玩电脑游戏　　　　D 他的生活习惯很好

78. 每个人的幸福都是不同的。幸福可以是吃着父母为你做的饭，也可以是你喜欢的人正好喜欢你。幸福不难获得，它离我们很近，就等着我们去发现。

★ 根据这句话，我们可以知道：

A 每个人的幸福都是一样的　　　B 幸福需要我们去发现
C 很难获得幸福　　　　　　　　D 幸福离我们很远

79. 这双白色的鞋比蓝色的大一点，穿上感觉更舒服，虽然贵了一点，但是质量很好。

★ 根据这句话，我们可以知道：

A 白色的鞋小　　　　　　　　B 蓝色的鞋贵
C 白色的鞋穿着很舒服　　　　D 蓝色的鞋质量很好

80-81.

小猴子在森林里开了一家帽子店。小兔子来买帽子，她说："我想买帽子。"可是小猴子找来找去，怎么也找不到合适的帽子，因为它的帽子对于小兔子来说都太大了。后来，小象也来买帽子，可是小猴子的帽子对于他来说都太小了。大家都买不到合适的帽子。过了几天，小猴子买了各种大小的帽子，这样，大家都买到了适合自己的帽子啦！

★ 大家刚开始为什么买不到帽子？

A 帽子都太小了　　　　　　　B 帽子都太大了
C 帽子都卖没了　　　　　　　D 帽子的大小不合适

★ 大家最后买到帽子了吗?

A 只有小兔子买到了　　　　　**B** 只有小象买到了

C 大家都买到了　　　　　　　**D** 大家都没买到

82-83.

诚实是人们最重视的性格特点之一。一个人可以不聪明、不幽默,但是不能不诚实。当一个人诚实时,大家都会相信他,放心和他做朋友。但是当一个人给其他人留下不诚实的印象时,那么他就会被大家讨厌,成为不受欢迎的人。

★ 这段话主要讲什么?

A 聪明　　　　**B** 诚实　　　　**C** 幽默　　　　**D** 相信

★ 如果一个人不诚实,那么他:

A 被别人讨厌　　　　　　　　**B** 受到欢迎

C 会有很多朋友　　　　　　　**D** 大家很相信他

84-85.

在生活中,我们经常会笑。经过研究发现,笑有一个特征:我们一个人的时候很少笑。在与人交流的过程中笑的次数是一个人时的三十倍。我想最主要的原因是,在大多数情况下,笑是为了交流。另外,笑还是一种特别的运动,对健康有好处。

★ 根据这段话,大多数情况下,我们笑是因为:

A 开心　　　　**B** 有好事发生　　　**C** 要与人交流　　**D** 对健康有好处

★ 这段话主要讲什么?

A 我们为什么笑　　　　　　　**B** 笑的方式

C 一个人时很少笑　　　　　　**D** 我们经常笑

三、书写

第一部分

第86-95题：完成句子。

例如： 那座桥　　　800年的　　　历史　　　有　　　了

　　　　<u>那座桥有800年的历史了。</u>

86. 是　　　种的树　　　我家　　　松树　　　花园里

87. 妈妈　　　一本　　　汉语书　　　有　　　手里

88. 他　　　女朋友　　　送给　　　一个笔记本　　　打算

89. 为了　　　我　　　学汉语的　　　来中国　　　是

90. 他　　　把　　　书　　　桌子上　　　放在

91. 认识了　　　朋友　　　我　　　很多　　　在中国

92. 今年的夏天　　　前几年　　　比　　　热　　　都

93. 那边　　　跑　　　警察　　　过来　　　一位

94. 下午　　　图书馆　　　我们要　　　去　　　借书

95. 老师　　　学生　　　学习　　　要求　　　每天　　　三个小时

第二部分

第96-100题：看图，用词造句。

例如：   乒乓球   <u>他很喜欢打乒乓球。</u>

96.   关心

97.   打篮球

98.   公共汽车

99.   买东西

100.   紧张

新汉语水平考试

HSK（四级）

模拟考试 5

注　意

一、　HSK (四级) 分三部分：

　　1. 听力 (45题，约30分钟)

　　2. 阅读 (40题，40分钟)

　　3. 书写 (15题，25分钟)

二、　听力结束后，有5分钟填写答题卡。

三、　全部考试约105分钟 (含考生填写个人信息时间5分钟)。

一、听力

第一部分

第1-10题：判断对错。

例如： 我想去办个信用卡，今天下午你有时间吗？陪我去一趟银行？

★ 他打算下午去银行。 （ ✓ ）

现在我很少看电视，其中一个原因是，广告太多了，不管什么时间，也不管什么节目，只要你打开电视，总能看到那么多的广告，浪费我的时间。

★ 他喜欢看电视广告。 （ × ）

1. ★ 爸爸很关心我的学习。 （　　）

2. ★ 弟弟愿意和别人说话。 （　　）

3. ★ 他可能不开心。 （　　）

4. ★ 保护环境和我们没有关系。 （　　）

5. ★ 儿童的书都非常有意思。 （　　）

6. ★ 我大学毕业了。 （　　）

7. ★ 右边的衣服更便宜。 （　　）

8. ★ 他们迷路了。 （　　）

9. ★ 我去过北京。 （　　）

10. ★ 他们晚上一起吃饭。 （　　）

第二部分

第11-25题：请选出正确答案。

例如：　女：该加油了，去机场的路上有加油站吗？

　　　　男：有，你放心吧。

　　　　问：男的主要是什么意思？

　　　A 去机场　　　B 快到了　　　C 油是满的　　　D 有加油站 ✓

11.　A 售货员　　　B 老师　　　　C 医生　　　　D 导游

12.　A 一次　　　　B 两次　　　　C 三次　　　　D 四次

13.　A 上班　　　　B 买吃的　　　C 找人　　　　D 找工作

14.　A 北京城市发展　B 北京交通发展　C 北京发展结果　D 上海城市发展

15.　A 女的铅笔丢了　　　　　B 男的铅笔丢了
　　　C 女的铅笔忘带了　　　　D 男的铅笔忘带了

16.　A 打乒乓球　　B 都不喜欢　　C 踢足球　　　D 都喜欢

17.　A 堵车　　　　B 起床晚了　　C 出门晚了　　D 车坏了

18.　A 她生病了　　B 她妈妈生病了　C 她爸爸生病了　D 她奶奶生病了

19.　A 八点五十　　B 九点　　　　C 九点五十　　D 八点

20.　A 听京剧　　　B 听流行音乐　C 唱歌　　　　D 表演京剧

21.   **A** 商店   **B** 饭店   **C** 家里   **D** 医院

22.   **A** 开窗   **B** 关窗   **C** 看医生   **D** 吃药

23.   **A** 去海南   **B** 去旅游   **C** 回家   **D** 在学校

24.   **A** 环境好   **B** 价格贵   **C** 环境不好   **D** 不怎么样

25.   **A** 三楼右边第二个屋子   **B** 三楼左边第二个屋子
        C 二楼右边第三个屋子   **D** 二楼左边第三个屋子

第三部分

第26-45题：请选出正确答案。

例如：　男：把这个文件复印五份，一会儿拿到会议室发给大家。

　　　　女：好的。会议是下午三点吗？

　　　　男：改了。三点半，推迟了半个小时。

　　　　女：好，602会议室没变吧？

　　　　男：对，没变。

　　　　问：会议几点开始？

　　　　A 2:00　　　　**B** 3:00　　　　**C** 3:30 ✓　　　　**D** 6:00

26.　**A** 下周一11点　　**B** 下周一12点　　**C** 下周二10点　　**D** 下周二12点

27.　**A** 邻居关系　　**B** 医生和病人　　**C** 服务员和客人　**D** 母亲和儿子

28.　**A** 经常下雨　　**B** 没有风　　**C** 很冷　　　　**D** 很暖和

29.　**A** 买衣服　　　**B** 做衣服　　**C** 卖衣服　　　**D** 找衣服

30.　**A** 男的　　　　**B** 麦克　　　**C** 王老师　　　**D** 李老师

31.　**A** 女的要去上海出差　　　　　　**B** 男的要去上海出差
　　　C 男的帮女的买机票　　　　　　**D** 女的要坐中午的飞机

32.　**A** 看表演　　　**B** 去工作　　**C** 讲话　　　　**D** 看电影

33.　**A** 他接到学校的电话了　　　　　**B** 他儿子生病了
　　　C 他母亲生病了　　　　　　　　**D** 不清楚

34. **A** 找小李商量事情   **B** 找王经理商量事情
    C 找小李吃饭   **D** 要王经理的电话

35. **A** 女的很高兴   **B** 男的没考好   **C** 男的很认真   **D** 女的很马虎

36. **A** 高兴   **B** 伤心   **C** 吃惊   **D** 难过

37. **A** 路边   **B** 家里   **C** 大树边   **D** 朋友家

38. **A** 去上学   **B** 去上班   **C** 去见朋友   **D** 不清楚

39. **A** 坐地铁   **B** 坐公共汽车   **C** 走路   **D** 坐出租车

40. **A** 约会   **B** 找工作   **C** 买东西   **D** 不清楚

41. **A** 地上   **B** 桌子上   **C** 垃圾桶里   **D** 衣服里

42. **A** 画画   **B** 玩小木头   **C** 看书   **D** 写字

43. **A** 因为他刻苦练习   **B** 因为他买不起纸
    C 因为他用米汤写字   **D** 因为他拿小木头写字

44. **A** 交朋友   **B** 保护别人   **C** 锻炼身体   **D** 丰富生活

45. **A** 保护文化   **B** 演员   **C** 运动员   **D** 人民代表

二、阅读

第一部分

第46-50题：选词填空。

<blockquote>

A 偶尔　　　**B** 诚实　　　**C** 开玩笑　**D** 坚持　　　**E** 鼓励　　　**F** 羡慕

</blockquote>

例如：　她每天都（　**D**　）走路上下班，所以身体一直很不错。

46.　爸爸教育我要做一个（　　　）的人。

47.　小明周末经常在家学习，（　　　）也会去外面玩一玩。

48.　他是一个非常幽默的人，总喜欢和我们（　　　）。

49.　他的英语非常流利，我们都很（　　　）他。

50.　一个人遇到困难和失败的时候，最需要的就是朋友和家人的（　　　）。

第51-55题：选词填空。

A 耐心　　B 垃圾桶　C 暂时　　D 约会　　　E 解释　　F 温度

例如：　A：今天真冷啊，好像白天最高（　F　）才2℃。

　　　　B：刚才电视里说明天更冷。

51.　A：下午去公园怎么样？

　　　B：下午我没有时间，我要去和男朋友（　　），陪他去看电影。

52.　A：广播里刚才说什么？

　　　B：广播里说因为雪太大了，飞机（　　）不飞了，让我们在这儿等着。

53.　A：用过的纸不要乱丢，得扔到（　　）里，你不知道吗？

　　　B：对不起，我下次一定注意。

54.　A：你觉得这个老师怎么样？

　　　B：她是一个很有（　　）的人，我们不懂的问题她能一遍又一遍地教我们。

55.　A：你能给我（　　）一下这个词语是什么意思吗？

　　　B：我也不是很清楚，我们还是去问老师吧。

第二部分

第56-65题：排列顺序。

例如：　A：可是今天起晚了

　　　　B：平时我骑自行车上下班

　　　　C：所以就打车来公司

B A C

56.　A：今天下午天变阴了

　　　B：所以我们把洗好的衣服收回来吧

　　　C：有可能会下雨

57.　A：还去听了很多课

　　　B：他一直很喜欢历史

　　　C：不仅经常看这方面的书

58.　A：我还是感到很抱歉

　　　B：尽管他说没关系

　　　C：我不小心弄脏了他的裤子

59.　A：想邀请李华和我一起看电影

　　　B：我买了两张电影票

　　　C：可是他没有时间，去不了

60.　A：中国人的名字把姓放在前面

　　　B：比如说王丽、张洋，王和张就是姓

　　　C：其中姓王的人比姓张的多

61. A：我刚坐下，就看到一个老人上了车

    B：我马上站起来，把座位让给他了

    C：昨天，我坐公共汽车去奶奶家   _____

62. A：我很羡慕我的姐姐

    B：而且很聪明

    C：她不但长得很漂亮   _____

63. A：一方面他们觉得可以接受更好的教育

    B：现在有很多学生选择出国留学

    C：另一方面他们想锻炼自己的生活能力   _____

64. A：在沙发上边吃边看电视

    B：我每天回到家做的第一件事就是打开空调

    C：然后再准备一些吃的   _____

65. A：每个大人都能看明白

    B：甚至连小孩子都能读懂

    C：这篇文章的内容很简单   _____

第三部分

第66-85题：请选出正确答案。

例如： 她很活泼，说话也很有趣，总能给我们带来快乐，我们都很喜欢和她在一起。

★ 她是个什么样的人？

A 幽默 ✓   B 马虎   C 骄傲   D 害羞

66. 这道数学题太复杂了，我想了很长时间都没有答案，明天上课我一定要去问问老师。

★ 根据这句话，我们可以知道什么？

A 数学题很简单   B 数学题很难
C 我知道数学题的答案   D 老师给我解释了这道题

67. 我今天早上想去银行取钱，可是排队的人太多了，我就直接回家了，打算晚上再过去。

★ 根据这句话，我们可以知道：

A 我晚上要去银行   B 我去排队了
C 我没回家   D 今天早上银行人不多

68. 中国是世界上人口最多的国家，人数占世界人口的五分之一。其中，大多数的人生活在南方，北方的人比较少。

★ 根据这句话，我们可以知道中国：

A 北方人口多   B 南方人口多
C 南方和北方人一样多   D 南方和北方人都不多

69. 李华比他的弟弟早出生5分钟，他们长得很像，也经常穿一样的衣服，大家总是分不清他们两个。

★ 根据这句话，我们可以知道：

A 李华很照顾他的弟弟   B 李华和弟弟关系很好
C 李华和弟弟长得很像   D 大家能分清李华和他的弟弟

70. 很多人发现，去那些没有发招聘广告的公司应聘，竞争的人会少很多，这就说明获得职位的机会更大。

★ 根据这句话，我们可以知道没发招聘广告的公司：

A 没有人去应聘
B 很多人去应聘
C 竞争职位的人很多
D 竞争职位的人不太多

71. 家里的家具用了很长时间，实在是太旧了，我和妈妈就去买了新家具，大家都说新买的家具很漂亮。

★ 根据这句话，我们不能知道：

A 以前的家具太旧了
B 我和妈妈买了新家具
C 新家具很贵
D 新家具很漂亮

72. 李华刚从学校毕业，就自己开了一家商店。在他的管理下，他的店生意越来越好，马上就要开第二家店了。

★ 根据这句话，我们可以知道李华：

A 是一个老板　　B 还在上学　　C 开了两家店　　D 生意不好

73. 在我们的生活中，火是很有用的东西。但是对于孩子来说，它却很危险。

★ 根据这句话，对于孩子来说：

A 火很有用　　B 火很重要　　C 火没有用　　D 火很危险

74. 昨天我去逛街，看到一件很漂亮的衣服，但是我没有现金，也不能用信用卡付款，所以没有买下来。

★ 根据这句话，我们可以知道：

A 我买了一件衣服
B 我昨天没带钱
C 我没有信用卡
D 我打算今天去买

75. 普通话是中国不同民族间进行交流的语言，它的出现使各个地方的人们可以更方便、更准确地理解语言信息。

★ 根据这句话，普通话：

A 帮助人们交流
B 是一个民族的语言
C 使用时很不方便
D 对交流没帮助

76. 植物的生长需要阳光、空气和水，这些条件都是不能缺少的，否则植物就会死去。

★ 根据这句话，我们可以知道，哪种条件不是植物生长中必须有的？

A 阳光　　　　B 空气　　　　C 天气　　　　D 水

77. 虽然我很饿，但是我不想在火车站附近吃饭，因为这里的价钱是其他地方的两倍，我还是选择回家吃吧。

★ 根据这句话，我们可以知道：

A 我在火车站附近吃的饭　　　　B 火车站附近卖东西很便宜
C 我想回家吃饭　　　　　　　　D 我现在在家

78. 今天下午本来公司要开会，要求所有人都去，但是因为经理有事，所以不开会了。

★ 根据这句话，我们可以知道：

A 所有人都去开会了　　　　B 只有经理没去开会
C 会议推迟　　　　　　　　D 今天不开会了

79. 我的丈夫是一个作家，虽然他的收入不多，也不是很有名，但是我还是很爱他。

★ 说这句话的人是这个作家的：

A 妈妈　　　　B 妻子　　　　C 女儿　　　　D 朋友

80-81.

很多学生在考试之前都会感觉很紧张，这是很正常的。但是，如果一个人非常紧张，就影响考试的成绩，甚至引起身体上的不舒服。想要解决这个问题，需要每天按时睡觉，保证休息时间，使自己能有一个好心情。

★ 这段话主要讲的是哪种心情对考试的影响？

A 兴奋　　　　B 激动　　　　C 害怕　　　　D 紧张

★ 根据这段话，在考试前我们不应该：

A 按时睡觉　　　　B 学习到很晚
C 保证休息时间　　　D 有一个好心情

82-83.

　　有一个年轻人，在比赛中输给了另一个很厉害的人。他一直不能接受自己的失败，就去问一个聪明的老人，怎么样才能赢。老人在地上画了一条长长的线，说："你能在不擦掉这条线的条件下，让这条线变短吗？"年轻人说他不知道怎么做。老人又在地上画了一条更长的线。年轻人说："我明白了！只有让自己变得更优秀，才能获得成功。"

　　★ 老人是怎么样使长线变短的？

　　　A 把长线擦掉一部分　　　　　B 他不知道怎么做
　　　C 画一条短一点儿的线　　　　D 画一条更长的线

　　★ 根据这段话，如果想获得成功，就要：

　　　A 接受失败　　　　　　　　　B 多听别人的意见
　　　C 有一个厉害的竞争者　　　　D 让自己变得更优秀

84-85.

　　为了丰富学校生活，培养学生间的友谊，学校将举办一场学生聚会。以下为这次聚会的安排：一、活动地点在音乐楼一楼。二、活动时间为星期五下午两点半。三、活动内容主要是互相认识，进行自我介绍，并且准备了音乐表演等，还有一些小游戏。感兴趣的同学可以向学生办公室申请报名表。欢迎各位同学来参加这次活动！

　　★ 聚会几点举行？

　　　A 14:00　　　　B 12:00　　　　C 14:30　　　　D 12:30

　　★ 这段话可能是：

　　　A 通知　　　　B 日记　　　　C 笑话　　　　D 新闻

三、书写

第一部分

第86-95题：完成句子。

例如：　那座桥　　　800年的　　　历史　　　有　　　了

　　　　　<u>那座桥有800年的历史了。</u>

86.　哥哥　　　的　　　回来　　　是　　　从中国

87.　我　　　被　　　喝　　　杯子里的水　　　没了

88.　有　　　沙发上　　　两本　　　书　　　客厅的

89.　高兴得　　　一听完　　　他　　　跳起来　　　就

90.　禁止　　　上课　　　随便　　　时间　　　说话

91.　过生日的时候　　　爸爸送　　　礼物　　　一件　　　我

92.　我　　　每星期　　　写　　　日记　　　三篇　　　至少

93.　普通食品　　　比　　　更　　　绿色食品　　　受欢迎

94.　我　　　下午　　　去开会　　　三点　　　经理通知

95.　写下　　　你的　　　请　　　电话号码　　　在这里

第二部分

第96-100题：看图，用词造句。

例如： 乒乓球 ___他很喜欢打乒乓球。___

96. 报纸

97. 锻炼

98. 累

99. 辆

100. 结婚

新汉语水平考试

HSK（四级）

模拟考试 6

注　意

一、　HSK（四级）分三部分：

　　1. 听力（45题，约30分钟）

　　2. 阅读（40题，40分钟）

　　3. 书写（15题，25分钟）

二、　听力结束后，有5分钟填写答题卡。

三、　全部考试约105分钟（含考生填写个人信息时间5分钟）。

一、听力

第一部分

第1-10题：判断对错。

例如： 我想去办个信用卡，今天下午你有时间吗？陪我去一趟银行？

    ★ 他打算下午去银行。   (✓)

    现在我很少看电视，其中一个原因是，广告太多了，不管什么时间，也不管什么节目，只要你打开电视，总能看到那么多的广告，浪费我的时间。

    ★ 他喜欢看电视广告。   (✗)

1.   ★ 房间已经收拾好了。   ( )

2.   ★ 他也想找工作。   ( )

3.   ★ 工作不是我们生活的全部。   ( )

4.   ★ 跟十年以前相比，手机没什么变化。   ( )

5.   ★ 他叔叔是翻译。   ( )

6.   ★ 他不想买了。   ( )

7.   ★ 现在的汤很咸。   ( )

8.   ★ 他离这儿很远。   ( )

9.   ★ 他请假是为了接他妈妈。   ( )

10.   ★ 所有问题都能解决。   ( )

第二部分

第11-25题：请选出正确答案。

例如：　女：该加油了，去机场的路上有加油站吗？

　　　　男：有，你放心吧。

　　　　问：男的主要是什么意思？

　　　　A 去机场　　　　**B** 快到了　　　　**C** 油是满的　　　　**D** 有加油站 ✓

11. **A** 找合适的房子　　**B** 聊天儿　　　**C** 要找会议室　　**D** 卖房子

12. **A** 一定买水果　　　**B** 他要加班　　　**C** 不一定买水果　**D** 他不想买

13. **A** 要牛肉　　　　　**B** 她喜欢吃牛肉　**C** 不要牛肉　　　**D** 吃什么都行

14. **A** 电视　　　　　　**B** 家具　　　　　**C** 空调　　　　　**D** 电视和空调

15. **A** 7点半就起床　　　**B** 不会迟到　　　**C** 他有事儿　　　**D** 他8点到

16. **A** 学跳舞　　　　　**B** 学汉语　　　　**C** 学画画儿　　　**D** 上钢琴课

17. **A** 女的的朋友　　　**B** 女的的同学　　**C** 这个女的　　　**D** 女的的姐姐

18. **A** 看电视　　　　　**B** 睡觉　　　　　**C** 等爸爸　　　　**D** 跟爸爸一起玩儿

19. **A** 男的也看比赛了　**B** 男的没看比赛　**C** 比赛没意思　　**D** 一个队赢了

20. **A** 没有人穿　　　　**B** 很流行　　　　**C** 她喜欢绿色　　**D** 男的建议的

21. **A** 没听懂　　　　**B** 不想写字　　　　**C** 记不住　　　　**D** 不想吃药

22. **A** 需要去医院　　**B** 没事儿　　　　**C** 不用休息　　　**D** 需要吃药

23. **A** 很快　　　　　**B** 需要排队　　　　**C** 很麻烦　　　　**D** 很容易

24. **A** 找中国朋友　　　　　　　　　　**B** 看书
    C 看电视　　　　　　　　　　　　**D** 跟中国亲戚聊天儿

25. **A** 火车站　　　　**B** 公交站　　　　**C** 电影院　　　　**D** 汽车站

第三部分

第26-45题：请选出正确答案。

例如：　男：把这个文件复印五份，一会儿拿到会议室发给大家。

　　　　女：好的。会议是下午三点吗?

　　　　男：改了。三点半，推迟了半个小时。

　　　　女：好，602会议室没变吧?

　　　　男：对，没变。

　　　　问：会议几点开始?

　　　　A 2:00　　　　　**B** 3:00　　　　　**C** 3:30 ✓　　　　**D** 6:00

26.　**A** 去过云南　　　　　　　　**B** 打算自己去玩
　　　C 打算跟他一起去云南　　　**D** 不知道做什么

27.　**A** 书　　　　**B** 衣服　　　　**C** 手机　　　　**D** 电脑

28.　**A** 签证　　　**B** 照片　　　　**C** 签名　　　　**D** 电影票

29.　**A** 考试成绩　　**B** 来公司　　　**C** 参加笔试　　**D** 参加面试

30.　**A** 男的的生日　**B** 女的的生日　**C** 阳光好　　　**D** 男的心情好

31.　**A** 没带钱包　　**B** 想妈妈　　　**C** 找不到钥匙　**D** 生气了

32.　**A** 不舒服　　　**B** 看电视　　　**C** 邻居弹钢琴　**D** 邻居唱歌

33.　**A** 超市右边　　**B** 超市东边　　**C** 超市后边　　**D** 超市前边

34.　**A** 一个人太少了　**B** 太远了　　　**C** 男的能力不够　**D** 男的经验不够

35. A 找手机　　　　B 找钱包　　　　C 找照相机　　　D 找衣服

36. A 一个　　　　　B 两个　　　　　C 三个　　　　　D 四个

37. A 爱好　　　　　B 兴趣　　　　　C 生活的一部分 D 习惯

38. A 选择一样的方法　　　　　　　　B 老师选择
　　C 选择不同的方法　　　　　　　　D 随便选择

39. A 不一样　　　　B 完全一样　　　C 健康　　　　　D 喜欢一样的东西

40. A 东边　　　　　B 西边　　　　　C 南边　　　　　D 北边

41. A 一个小时　　　B 十分钟　　　　C 半个多小时　　D 二十多分钟

42. A 搬家公司　　　B 朋友和亲戚　　C 老师　　　　　D 男朋友

43. A 很麻烦　　　　　　　　　　　　　B 不用交钱
　　C 不需要打电话　　　　　　　　　　D 特别方便

44. A 饮料　　　　　B 没用的东西　　C 吃的东西　　　D 药

45. A 茶的味道　　　B 对茶的认识　　C 茶的历史　　　D 茶的文化

二、阅读

第一部分

第46-50题：选词填空。

A 否则　　　B 并且　　　C 清楚　　　D 坚持　　　E 拒绝　　　F 可惜

例如：　她每天都（ **D** ）走路上下班，所以身体一直很不错。

46. 希望能及时发现问题，（　　）准确地找到解决方法。

47. 我发现您总是能用最简单的方法把复杂的问题解释（　　）。

48. 他一定有重要的事找你，（　　）不会打这么多次电话来。

49. 他要放弃这个去国外工作的机会，同学们都觉得很（　　）。

50. 很多人都不好意思（　　）朋友的要求，怕这样会影响两个人的关系。

第51-55题：选词填空。

A 厉害　　B 故意　　C 仍然　　D 趟　　　E 技术　　F 温度

例如：　A：今天真冷啊，好像白天最高（　F　）才2℃。
　　　　B：刚才电视里说明天更冷。

51.　A：因为那件事，她现在特别生气。
　　　B：放心吧，你也不是（　　）的，她会理解你的。

52.　A：我跟妈妈又谈了一次这件事，她（　　）不同意。
　　　B：你再跟她好好儿商量一下吧。

53.　A：老师，我想去（　　）医院，可以请一天假吗？
　　　B：当然可以。你怎么了？哪儿不舒服？

54.　A：大夫，我的肚子疼得（　　），不知道怎么了。
　　　B：你先躺下来，我看看。

55.　A：对面新开了一家理发店，听说他们的理发师的（　　）很好。
　　　B：真的吗？明天下班我就去试试。

第二部分

第56-65题：排列顺序。

例如：　A：可是今天起晚了

　　　　B：平时我骑自行车上下班

　　　　C：所以就打车来公司　　　　　　　　　　　**B A C**

56.　A：就能看见那个书店了

　　　B：然后往右走

　　　C：从这儿开始一直往前走，过了前面的路口　　　_____

57.　A：航班本来是11点的

　　　B：所以12点以前到机场就可以

　　　C：后来通知说推迟了两个小时　　　_____

58.　A：即使是冬天

　　　B：我们那儿的气候和这儿的不一样

　　　C：也非常暖和　　　_____

59.　A：要想获得成功

　　　B：必须在失败中积累经验

　　　C"失败是成功之母"这句话的意思是说　　　_____

60.　A：虽然广东人也会说普通话

　　　B：但是仔细听一下

　　　C：还是跟标准的普通话不一样　　　_____

61. A：而且是很好的放松方法

    B：一个人有时间一定要去旅行

    C：旅行不仅能丰富一个人的经历　　　　　_____

62. A：说起吃的东西

    B：其次就是湖南菜

    C：给我印象最深的是四川菜　　　　　_____

63. A：另一方面，还是有很多问题我们没办法回答

    B：随着科学技术的发展

    C：一方面，很多问题已经得到了解决　　　　　_____

64. A：现在的年轻人

    B：他们的生活已经离不开电脑了

    C：尤其是大学生　　　　　_____

65. A：原来在记号码的时候写错了一个数字

    B：昨天经过门口时

    C：他又仔细看了一下广告　　　　　_____

第三部分

第66-85题：请选出正确答案。

例如：　她很活泼，说话也很有趣，总能给我们带来快乐，我们都很喜欢和她在一起。

　　★ 她是个什么样的人？

　　A 幽默 ✓　　　　B 马虎　　　　C 骄傲　　　　D 害羞

66. "世界上最远的距离是我站在你面前，你却在玩手机。"网上的这句话，说明了人们对手机的复杂感情。长时间使用手机，带来的不仅是对身体的影响，还有对人们内心世界的影响。

　　★ 这段话主要说什么？

　　A 手机的种类　　B 手机的作用　　C 手机的影响　　D 使用手机的时间

67. 你的这个动作还是不太标准，我给你跳一遍，你仔细看着。应该像我这样：先抬胳膊，然后抬腿。看明白了吗？

　　★ 他们在做什么？

　　A 打篮球　　　　B 打太极拳　　　C 跳舞　　　　D 锻炼

68. 真抱歉，我不小心把电话号码填错了，您能给我一份新的吗？我再填一份新的。

　　★ 他为什么道歉？

　　A 拿错东西　　B 填错表格　　　C 认错人　　　D 打错电话

69. 大家好，感谢大家乘坐本次航班，我们的飞机将于10分钟后到北京国际机场，请大家带好自己的东西。

　　★ 这段话是什么时候说的？

　　A 飞机降落以前　　　　　　　B 飞机刚起飞时
　　C 飞机停了以后　　　　　　　D 飞机起飞以前

70. 随着密码使用数量的增加，为了记得更方便，很多人直接用自己的生日做银行卡或者信用卡的密码。其实，这样做很不安全。

★ 用自己的生日做密码：

A 不安全   **B** 很安全   **C** 不容易记   **D** 是个好方法

71. 现在的社会，如果问人们选择职业时主要考虑的是什么，不少人会以收入多少为标准。当然，也有一部分人主要看自己是否喜欢这份工作。

★ 人们选择职业时看什么？

A 专业   **B** 随便选择   **C** 收入和喜好   **D** 别人的职业

72. 人到底为什么会做梦？很多人都试着对梦进行解释，有些人还专门写过这方面的书，可惜到现在仍然没有一个科学的说法。

★ 关于梦，可以知道：

A 没有原因   **B** 没有科学的说法
C 没有人研究   **D** 没有书

73. 您看看这个沙发怎么样？我们现在有活动，正在打折，比平时买便宜了两千块钱，过了今天活动就结束了。

★ 说话人希望顾客：

A 自己选择时间   **B** 今天买沙发   **C** 以后再买   **D** 看沙发

74. 自行车后面的灯有用吗？答案是肯定的。当后面汽车的灯光照到它时，它可以提醒司机前方有人。

★ 这段话主要谈：

A 自行车   **B** 自行车灯的作用
C 怎么骑车   **D** 自行车的好处

75. 自然界中，很多动物和植物会改变自己身体的颜色和样子，让自己成为周围环境的一部分，这样做可以更好地保护自己。

★ 动植物改变颜色和样子是为了：

A 更好看   **B** 适应自然   **C** 保护自己   **D** 找吃的东西

76. 李先生，请您在这里填好您的姓名、年龄和电话号码，其他的内容不用填，填完以后把申请表给我就行了。

★ 他让李先生：

A 打电话　　　B 交钱　　　C 回答问题　　D 填表格

77. 各位朋友大家好！欢迎大家来到北京，这几天我会带着大家一起参观，有任何问题，都可以来找我。

★ 说话的人是：

A 导游　　　B 警察　　　C 护士　　　D 记者

78. 即使你觉得自己很优秀，也不能骄傲。因为"人外有人，天外有天"，很可能有人比你更厉害。

★ "人外有人，天外有天"是说：

A 天很大　　　　　　　　B 人很多
C 还有更优秀的人　　　　D 有不认识的人

79. 有些人经常说"明天"和"以后"，这种态度会浪费时间，不但会让你什么都做不成，而且会给别人留下不好的印象。所以，不要把事情都放在明天，一切都从现在开始。

★ 根据这段话，做事情应该：

A 什么时候都行　B 看心情做　　C 以后再做　　D 从现在开始

80-81.

　　汉语中有"事半功倍"和"事倍功半"，这两个看上去很像的词，意义却是完全不同的。"事半功倍"是说如果选择了正确的方法，可以用较少的力气取得更好的效果，而"事倍功半"却是说用了错误的方法以后，花了更多的时间却没有完成任务。所以说，无论做什么事，都要注意方法。

★ 关于"事半功倍"可以知道：

A 用的时间多　　　　　　B 取得不好的效果
C 用的时间少　　　　　　D 用了错误的方法

★ 做事时，哪个方面比较重要？

A 方法   **B** 时间   **C** 力气   **D** 效果

82-83.

　　中国人开始使用筷子，大约在三千多年以前。筷子看起来很简单，但它有很多不同的作用，用起来又方便又简单，一般情况下，吃中餐时都要用筷子。筷子在使用过程中需要注意很多方面，比如吃饭时，应该让年龄大的或者客人先下筷子、不能用筷子对着别人等。

★ 关于筷子，可以知道：

A 使用时很难   **B** 使用很方便
C 没有需要注意的   **D** 很长

★ 使用筷子时应注意：

A 随便放   **B** 用右手拿
C 让小孩子先下筷子   **D** 让客人先下筷子

84-85.

　　从第一次举行"地球一小时"到现在，已经有十年的时间了。活动开始时，参加活动的人只需要关灯一小时，不需要报名。活动的目的很简单，就是提醒人们节约用电，希望能引起人们对气候变暖问题的重视。

★ "地球一小时"是做什么？

A 打扫卫生   **B** 收垃圾   **C** 关灯   **D** 停电

★ 怎么参加活动？

A 网上报名   **B** 关灯一小时   **C** 电话报名   **D** 一起到一个地方

三、书写

第一部分

第86-95题：完成句子。

例如： 那座桥　　800年的　　历史　　有　　了

　　　　<u>那座桥有800年的历史了。</u>

86. 了　　她　　看法　　同意　　终于　　我的

87. 有用　　这种药　　对　　头疼　　很

88. 内容　　那本书　　的　　十分　　丰富

89. 窗户　　我弟弟　　把　　打破　　了

90. 他　　一起　　看电影　　邀请我　　想

91. 禁止　　酒后　　司机　　开车　　我国的法律

92. 心情　　听音乐　　可以　　让　　放松

93. 想　　首尔　　我也　　真　　玩儿　　去

94. 按照　　站好　　请　　身高顺序　　大家

95. 有点儿　　买的　　衣服　　妈妈　　瘦

第二部分

第96-100题：看图，用词造句。

例如：

乒乓球　　　　　<u>他很喜欢打乒乓球。</u>

96.　　　　　　　　　开心

97.　　　　　　　　　西红柿

98.　　　　　　　　　巧克力

99.　　　　　　　　　出发

100.　　　　　　　　　表演

新汉语水平考试
HSK（四级）
模拟考试 7

注　意

一、　HSK（四级）分三部分：

    1. 听力（45题，约30分钟）

    2. 阅读（40题，40分钟）

    3. 书写（15题，25分钟）

二、　听力结束后，有5分钟填写答题卡。

三、　全部考试约105分钟（含考生填写个人信息时间5分钟）。

一、听力

第一部分

第1-10题：判断对错。

例如：　我想去办个信用卡，今天下午你有时间吗？陪我去一趟银行？

　　　　★ 他打算下午去银行。　　　　　　　　（ ✓ ）

现在我很少看电视，其中一个原因是，广告太多了，不管什么时间，也不管什么节目，只要你打开电视，总能看到那么多的广告，浪费我的时间。

★ 他喜欢看电视广告。　　　　　　　　　　（ ✗ ）

1.　★ 努力才能得到自己想要的东西。　　　　（　　　）

2.　★ 我知道自己做了什么梦。　　　　　　　（　　　）

3.　★ 生气时不要随便说话。　　　　　　　　（　　　）

4.　★ 只要努力，输或者赢不太重要。　　　　（　　　）

5.　★ 原谅别人很容易。　　　　　　　　　　（　　　）

6.　★ 睡觉时间越长越好。　　　　　　　　　（　　　）

7.　★ 不了解顾客的需要也能卖出去很多东西。（　　　）

8.　★ 人们容易在打折时买没用的东西。　　　（　　　）

9.　★ 现在的时间够用。　　　　　　　　　　（　　　）

10.　★ 两个星期内都可以换衣服。　　　　　　（　　　）

第二部分

第11-25题：请选出正确答案。

例如：　女：该加油了，去机场的路上有加油站吗？

　　　　男：有，你放心吧。

　　　　问：男的主要是什么意思？

　　　　A 去机场　　　　B 快到了　　　　C 油是满的　　　　D 有加油站 ✓

11.　A 很懒　　　　B 是经理　　　　C 去打扫卫生间 D 是客人

12.　A 丢了　　　　B 在桌子上　　　C 在女的的手里 D 女的自己找到的

13.　A 去长城　　　B 去北京　　　　C 做运动　　　　D 去逛街

14.　A 堵车　　　　B 起来晚了　　　C 迷路了　　　　D 钱包丢了

15.　A 找不到路　　B 想去火车站　　C 坐错公交车　　D 是外国人

16.　A 当医生　　　B 当护士　　　　C 当警察　　　　D 当老师

17.　A 现在很粗心　B 以前很认真　　C 没失败过　　　D 变化很大

18.　A 有约会　　　B 穿得很正式　　C 朋友结婚　　　D 长得很漂亮

19.　A 一个演员　　B 一部电影　　　C 足球比赛　　　D 吃什么

20.　A 需要改　　　B 文章内容不错 C 不用改了　　　D 没有语法问题

21. **A** 一双鞋 **B** 一条裤子 **C** 一件衣服 **D** 一个杯子

22. **A** 可以 **B** 不行
    C 一个小时以后可以 **D** 下午可以

23. **A** 汉语很流利 **B** 女朋友是中国人
    C 来中国两年了 **D** 不常练习汉语

24. **A** 没时间 **B** 有别的事 **C** 想睡觉 **D** 不喜欢

25. **A** 公共汽车站 **B** 电影院 **C** 图书馆 **D** 商店

第三部分

第26-45题：请选出正确答案。

例如：　男：把这个文件复印五份，一会儿拿到会议室发给大家。

　　　　女：好的。会议是下午三点吗？

　　　　男：改了。三点半，推迟了半个小时。

　　　　女：好，602会议室没变吧？

　　　　男：对，没变。

　　　　问：会议几点开始？

　　　　A 2:00　　　　**B** 3:00　　　　**C** 3:30 ✓　　　　**D** 6:00

26.　**A** 不乱扔垃圾　　**B** 不用塑料袋　　**C** 节约用电　　**D** 节约用水

27.　**A** 现在没时间　　　　　　　　　　**B** 马上来
　　　C 知道女的的地址　　　　　　　　**D** 下午没时间

28.　**A** 喜欢果汁　　**B** 更想喝咖啡　　**C** 喝什么都行　　**D** 不想喝东西

29.　**A** 高兴　　　**B** 奇怪　　　**C** 生气　　　**D** 兴奋

30.　**A** 表演　　　**B** 聚会　　　**C** 后悔的事　　**D** 有名的演员

31.　**A** 女的第一次做饺子　　　　　　　　**B** 饺子有点咸
　　　C 饺子很难吃　　　　　　　　　　　**D** 女的很厉害

32.　**A** 换颜色　　　　　　　　　　　　　**B** 头发变长了
　　　C 朋友要去　　　　　　　　　　　　**D** 不喜欢现在头发的样子

33.　**A** 超市　　　**B** 车站　　　**C** 家里　　　**D** 学校

34. A 边走路边看手机　　B 没看路　　　　C 边走路边玩　　D 她也不知道

35. A 每天跑步　　　　　B 跑得比女的少　C 经常跑步　　　D 也很累

36. A 售货员　　　　　　B 顾客　　　　　C 服务员　　　　D 学生

37. A 价格不变　　　　　B 变贵了　　　　C 变便宜了　　　D 扔了

38. A 洗不干净　　　　　B 衣服变大　　　C 衣服变小　　　D 掉颜色

39. A 在水里加糖　　　　B 在水里加盐　　C 用热水　　　　D 用洗衣机

40. A 很小　　　　　　　B 很大　　　　　C 不大　　　　　D 越来越大

41. A 上网买东西　　　　　　　　　　　　B 网上银行
　　C 忘带钱包怎么办　　　　　　　　　D 交水电费

42. A 哪里都可以　　　　B 火车站　　　　C 网上　　　　　D 手机上

43. A 需要很长时间　　　B 不容易　　　　C 很麻烦　　　　D 很方便

44. A 快结婚了　　　　　　　　　　　　　B 孩子上学
　　C 以前的房子太远了　　　　　　　　D 上班方便

45. A 公园附近　　　　　　　　　　　　　B 学校附近
　　C 他的公司附近　　　　　　　　　　D 自己公司附近

二、阅读

第一部分

第46-50题：选词填空。

A 提供　　　B 遍　　　　C 条件　　　D 坚持　　　E 不管　　　F 躺

例如：　她每天都（　D　）走路上下班，所以身体一直很不错。

46.　那家公司给出的（　　　）还不错，你去试一试吧。

47.　（　　　）做什么事，都应该提前做好计划，这样才能成功。

48.　我最喜欢（　　　）在床上看书，所以眼睛越来越不好了。

49.　我们影院（　　　）免费的3D 眼镜，只需要给工作人员看一下您的电影票。

50.　这本书我已经看了五（　　　）了，真的是怎么看也看不够。

第51-55题：选词填空。

A 顺便　　B 稍微　　C 整理　　D 即使　　E 兴奋　　F 温度

例如：　A：今天真冷啊，好像白天最高（　F　）才2℃。

　　　　B：刚才电视里说明天更冷。

51.　A：这幅画挂在这儿怎么样？

　　　B：左边的（　　）往上一点儿吧。

52.　A：你的办公桌怎么这么乱啊？我帮你（　　）一下吧。

　　　B：太好了，谢谢你！

53.　A：你出门的时候，（　　）扔一下垃圾吧。

　　　B：好的，还有别的东西吗？

54.　A：你怎么这么喜欢雪？

　　　B：因为在我家那边，（　　）是冬天，也不会下雪。

55.　A：昨天听到这个消息后，我（　　）得一晚上都没睡觉。

　　　B：真的吗？那你现在很困吧？

第二部分

7회

第56-65题：排列顺序。

例如：　**A**：可是今天起晚了

　　　　B：平时我骑自行车上下班

　　　　C：所以就打车来公司　　　　　　　　　　　　　　　　　**B A C**

56.　**A**：随着年龄变大

　　　B：有可能和以前的看法完全不同

　　　C：人们对很多事情的看法是会发生变化的　　　　　_____

57.　**A**：就能看到一个二层楼

　　　B：书店就在一层

　　　C：出了门往右走大约100米　　　　　　　　　　　　_____

58.　**A**：结果被妈妈批评了

　　　B：会的题也没回答出来

　　　C：由于他太紧张了　　　　　　　　　　　　　　　　_____

59.　**A**：就在这里写上你的名字吧

　　　B：要是你也同意的话

　　　C：然后从下个月开始上班　　　　　　　　　　　　_____

60.　**A**：现在人们以瘦为美

　　　B：因此才有那么多女孩想要减肥

　　　C：以前的人以胖为美　　　　　　　　　　　　　　_____

61. A： 又遇到这样的天气

    B： 我本来就不舒服

    C： 所以感冒就更严重了

    _____

62. A： 到超市以后

    B： 我才发现忘带钱包了

    C： 只好又回家取钱包

    _____

63. A： 有事的话你来办公室找我吧

    B： 那你就给我打电话

    C： 我如果不在办公室

    _____

64. A： 到最后一分钟再决定

    B： 遇到事情时

    C： 他总是想很长时间

    _____

65. A： 从小我就想成为一名医生

    B： 我努力了十年，到了现在才成功

    C： 为了这个理想

    _____

第三部分

第66-85题：请选出正确答案。

例如：　她很活泼，说话也很有趣，总能给我们带来快乐，我们都很喜欢和她
　　　　在一起。

　　　★ 她是个什么样的人？

　　　A 幽默 ✓　　　　**B** 马虎　　　　**C** 骄傲　　　　**D** 害羞

66.　中国有句话叫"日久见人心"，意思是说要想真正认识一个人，一定要经过
　　长时间的了解。

　　　★ 真正认识一个人，应该：

　　　A 一起吃饭　　　　　　　　**B** 经过长时间的了解
　　　C 一起玩儿　　　　　　　　**D** 一起喝酒

67.　这种花不喜欢阳光，如果放在阳光下，不但会长得更慢，而且不会开花，所
　　以最好把它放在没有阳光的地方。

　　　★ 这种花，应该放在：

　　　A 没有阳光的地方　　　　　**B** 阳光下
　　　C 外面　　　　　　　　　　**D** 暖和的地方

68.　小孩子很喜欢春节，因为过春节的时候他们可以到处玩、吃很多好吃的东
　　西，爷爷奶奶、爸爸妈妈还会给他们钱。

　　　★ 小孩子喜欢春节，不是因为：

　　　A 爷爷奶奶、爸爸妈妈给钱　　**B** 穿新衣服
　　　C 吃好吃的　　　　　　　　　**D** 到处玩

69.　一到冬天，供暖公司就会接到很多电话，都是说房间的温度太低。每到这
　　时，在这里工作的人就会变得非常忙。

　　　★ 人们为什么打电话？

　　　A 家里温度太低　**B** 外面太冷　　　**C** 找人修东西　　**D** 没有原因

70. 我们必须做一个有理想的人，因为有理想的人知道自己应该向哪儿努力。而没有理想的人，完全不知道自己想要什么。

★ 这段话主要说：

A 怎么努力   B 知道自己做什么
C 两种人   D 理想很重要

71. 找工作越来越难，所以很多学生毕业以后去读硕士，不是因为他们喜欢学习，而是因为他们没有找到满意的工作。

★ 有的人大学毕业以后继续读书，是因为：

A 为了理想   B 没有满意的工作
C 喜欢读书   D 父母的要求

72. 比赛的时候不要紧张，一定要放松，就把这个当成平时的练习吧。我们已经练习那么多次了，一定没问题的。

★ 这是什么时候说的？

A 练习时   B 比赛后   C 比赛前   D 比赛时

73. 很感谢各位观众朋友，是你们的支持让我有了今天的成绩；还要特别感谢我的妈妈和爸爸，是你们给了我生命，而且一直支持我。

★ 说话人的心情是：

A 激动   B 伤心   C 难受   D 难过

74. 很多人习惯饭后马上吃水果，不过，研究结果证明，这并不是一个好习惯，这样做对身体不好。应该饭前一小时或者饭后一小时吃水果。

★ 应该什么时候吃水果？

A 吃饭时   B 饭前一小时   C 饭后马上吃   D 饭后半小时

75. 我到那儿时，所有人都到了，他们说已经等了我一个小时了。我这才知道，原来是我记错了时间。

★ 关于说话人，我们可以知道：

A 不知道时间   B 没迟到   C 去早了   D 记错时间

76. 戴眼镜的人越来越多，年龄也越来越小，最重要的一个原因是使用手机的时间太长了。小孩子最好少用手机或者不用手机。

    ★ 小孩子应该：

    A 少看书   B 少用或者不用手机
    C 少看电视   D 不看电视

77. 夫妻俩在一起生活得久了以后，样子也会越来越像，这就是人们常说的"夫妻相"，但是并不是所有夫妻都是越来越像的。

    ★ 结婚久了，两个人就会：

    A 越来越像   B 没有感情   C 越来越不像   D 越来越胖

78. "女人永远少一件衣服"，这是因为女人买了一个包或者一条裙子以后，就会觉得以前的衣服不好看，需要买一件新的。

    ★ 根据这段话，女人买新裙子以后会：

    A 买新裤子   B 买新衣服   C 送给别人   D 马上穿

79. 把你的导游介绍给我吧，下个月我也要去云南，到时候我就可以找他了，这样更方便。

    ★ 他下个月要：

    A 去旅游   B 去找人   C 去爬山   D 去照相

80-81.

　　世界上有一种药是肯定买不到的，那就是"后悔药"。有些事情过去了就是过去了，再也不能回头。既然不能重新来过，那么就把那些过去的事情放在心里，当成一种回忆，然后勇敢地向前看，走好以后的路。

    ★ 买不到"后悔药"的意思是：

    A 不好买   B 吃了也没用   C 药卖没了   D 后悔也没用

    ★ 对于过去的事，我们应该：

    A 常常回忆   B 告诉别人   C 放在心里   D 忘了

82-83.

失败和害怕失败是不一样的。失败越多,我们以后成功的机会就越多。害怕失败就不同了,人害怕失败,一定不敢去尝试,不去尝试,我们永远不知道自己能干什么、不能干什么,需要什么、不需要什么,你的生活一年跟一天没有多少区别,一生跟一年没有多少区别。

★ 根据这段话,我们应该:

A 什么也不要　　**B** 什么也不干　　**C** 不尝试　　**D** 敢于尝试

★ 失败和害怕失败:

A 差不多　　**B** 不一样　　**C** 一样　　**D** 没有区别

84-85.

以前只有中国有大熊猫,后来为了表示友好,从1957年开始,中国把大熊猫当作礼物送给一些其他国家。现在,很多国家的人都可以在自己的国家看到大熊猫了,也就不必来中国了。

★ 1957年以前,要想看大熊猫,必须:

A 买票
C 在自己的国家

B 去其他国家
D 来中国

★ 中国为什么把大熊猫送给别的国家?

A 别国要求的
C 让更多人看到

B 表示友好
D 大熊猫很可爱

三、书写
第一部分

第86-95题：完成句子。

例如：   那座桥   800年的   历史   有   了

<u>那座桥有800年的历史了。</u>

86. 是   这   我   第一次   中国电影   看

87. 东西   有   的   那儿   好吃

88. 不停地   旁边   他   在   说话

89. 数量   重要   更   质量比   我觉得

90. 去年春天   的   我   结婚   是

91. 那本书   放   把   桌子上   在

92. 成功   活动   这次的   我们   非常

93. 不是要   出去   你   逛街   吗

94. 翻译   这段话   一下   能   你   不能

95. 他们   仔细   看   非常   得

第二部分

第96-100题：看图，用词造句。

例如： 乒乓球 ___他很喜欢打乒乓球。___

96. 烦恼

97. 参观

98. 猜

99. 堵车

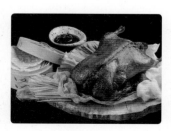

100. 烤鸭

新汉语水平考试
HSK（四级）
模拟考试 8

注　意

一、　HSK（四级）分三部分：

　　1. 听力（45题，约30分钟）

　　2. 阅读（40题，40分钟）

　　3. 书写（15题，25分钟）

二、　听力结束后，有5分钟填写答题卡。

三、　全部考试约105分钟（含考生填写个人信息时间5分钟）。

一、听力
第一部分

第1-10题：判断对错。

例如： 我想去办个信用卡，今天下午你有时间吗？陪我去一趟银行？

★ 他打算下午去银行。 （ ✓ ）

现在我很少看电视，其中一个原因是，广告太多了，不管什么时间，也不管什么节目，只要你打开电视，总能看到那么多的广告，浪费我的时间。

★ 他喜欢看电视广告。 （ ✗ ）

1. ★ 经理今天来上班了。 （ ）

2. ★ 收到礼物时，不应该问价格。 （ ）

3. ★ 没有人使用塑料袋。 （ ）

4. ★ 我不知道他说的是真话还是假话。 （ ）

5. ★ 今天可以游泳。 （ ）

6. ★ 现在是冬天。 （ ）

7. ★ 开车时可以听广播。 （ ）

8. ★ 我姐姐今年打算在国内旅游。 （ ）

9. ★ 他爸爸是一名老师。 （ ）

10. ★ 我每天坐电梯。 （ ）

第二部分

第11-25题：请选出正确答案。

例如：　女：该加油了，去机场的路上有加油站吗？

　　　　男：有，你放心吧。

　　　　问：男的主要是什么意思？

A 去机场	B 快到了	C 油是满的	D 有加油站 ✓

11. 　A 有点儿大　　　B 不能穿了　　　C 坏了　　　D 脏了

12. 　A 东门　　　B 西门　　　C 南门　　　D 北门

13. 　A 换一种药　　　B 药有问题　　　C 女的没病　　　D 女的吃错药了

14. 　A 他每天送　　　　　　　　B 女的每天送
　　　C 坐学校的公共汽车　　　D 走路去

15. 　A 爬山　　　B 逛街　　　C 游泳　　　D 打篮球

16. 　A 上课　　　B 取票　　　C 买东西　　　D 等车

17. 　A 学校　　　B 饭店　　　C 家里　　　D 洗衣店

18. 　A 学生证　　　B 照片　　　C 报名表　　　D 五十元

19. 　A 找不到车站　　　B 迷路了　　　C 坐错方向了　　　D 坐错车了

20. 　A 3:30　　　B 3:00　　　C 2:30　　　D 4:00

21. **A** 自己看书   **B** 看电视   **C** 问朋友   **D** 老师讲的

22. **A** 吃完了   **B** 很好吃   **C** 还有一点儿   **D** 在冰箱里

23. **A** 照相   **B** 爱好   **C** 数字   **D** 照镜子

24. **A** 多看书   **B** 多跟中国人聊天
       C 课后复习   **D** 课前预习

25. **A** 一天   **B** 两天   **C** 两天或者三天 **D** 三天或者四天

第三部分

第26-45题：请选出正确答案。

例如：　男：把这个文件复印五份，一会儿拿到会议室发给大家。

　　　　女：好的。会议是下午三点吗？

　　　　男：改了。三点半，推迟了半个小时。

　　　　女：好，602会议室没变吧？

　　　　男：对，没变。

　　　　问：会议几点开始？

　　　　A 2:00　　　　　　**B** 3:00　　　　　　**C** 3:30 ✓　　　　**D** 6:00

26.　**A** 太早了　　　　**B** 太晚了　　　　**C** 有点儿早　　　**D** 有点儿晚

27.　**A** 不喜欢这家饭店　**B** 以后再来　　　**C** 去别的座位　　**D** 去别的饭店

28.　**A** 晚上不能睡觉　　**B** 很快能做完　　**C** 还要很长时间　**D** 今天做不完

29.　**A** 买果汁　　　　　**B** 取钱　　　　　**C** 买水果　　　　**D** 换零钱

30.　**A** 卖饮料　　　　　**B** 开饭店　　　　**C** 开商店　　　　**D** 开水果店

31.　**A** 参加活动　　　　**B** 参加会议　　　**C** 朋友结婚　　　**D** 参加面试

32.　**A** 眼睛不太好　　　**B** 看不清黑板　　**C** 常玩电脑　　　**D** 每天玩手机

33.　**A** 会跳舞　　　　　**B** 会画画　　　　**C** 会说汉语　　　**D** 不会弹钢琴

34.　**A** 很喜欢吃　　　　**B** 很好吃　　　　**C** 很久没吃了　　**D** 没有别的东西

35. **A** 男的的　　　　**B** 女的的　　　　**C** 别人的　　　　**D** 不知道是谁的

36. **A** 好像能听懂人的话　　　　　　　**B** 什么也学不会
    C 人的好朋友　　　　　　　　　　**D** 很聪明

37. **A** 吃东西　　　**B** 学习新的东西　　**C** 陪着你　　　**D** 跟你玩

38. **A** 优点　　　　**B** 特点　　　　　**C** 缺点　　　　**D** 性格

39. **A** 成为老师　　**B** 互相学习　　　**C** 互相帮助　　**D** 回忆过去

40. **A** 很难过　　　**B** 很高兴　　　　**C** 很放松　　　**D** 很紧张

41. **A** 考得不好　　**B** 不知道成绩　　**C** 还有考试　　**D** 考得很好

42. **A** 想换房子　　　　　　　　　　　**B** 为了孩子的教育
    C 生活的需要　　　　　　　　　　**D** 工作的需要

43. **A** 出国留学　　**B** 重视教育　　　**C** 环境的重要性　**D** 教育的重要性

44. **A** 一位医生　　**B** 一位护士　　　**C** 一位病人　　**D** 一位警察

45. **A** 病人的故事　　**B** 作者听说的事　　**C** 医院里的事　　**D** 医生自己的事

二、阅读

第一部分

第46-50题：选词填空。

<blockquote>
A 赶   B 既然   C 从来   D 坚持   E 排队   F 普遍
</blockquote>

例如： 她每天都（ **D** ）走路上下班，所以身体一直很不错。

46. 如果饭店的门口有很多人在（   ），那就说明这家的菜很好吃。

47. 还有半个小时飞机就起飞了，我们能（   ）到机场吗？

48. 很多大学生毕业以后，选择的是跟自己的专业没关系的工作，这种情况现在越来越（   ）。

49. （   ）事情已经都过去了，你就别再想了，向前看吧。

50. 我（   ）没见过那个人，他为什么找我，还给我打电话？

第51-55题：选词填空。

A 凉快　　B 左右　　C 详细　　D 害羞　　E 商量　　F 温度

例如：　A：今天真冷啊，好像白天最高（　F　）才2℃。
　　　　B：刚才电视里说明天更冷。

51.　A：昨天咱们见面时，你妹妹怎么一句话都不说呢？
　　　B：她只是有点儿（　　），等跟大家熟悉了就好了。

52.　A：你给我打电话了吗？
　　　B：对啊，我们刚才都在教室里（　　）晚会节目的事情，只有你没来。

53.　A：今天先到这儿，把（　　）的内容发到我的邮箱里吧。
　　　B：好的，我整理好以后发给您。

54.　A：昨天下了场雨，现在（　　）多了。
　　　B：对啊，否则实在太热了，晚上都热得睡不着。

55.　A：这个箱子有30斤（　　），你一个人抬得动吗？
　　　B：没事儿，我一会儿给我的朋友打电话，让他帮我。

第二部分

第56-65题：排列顺序。

例如： A：可是今天起晚了

　　　 B：平时我骑自行车上下班

　　　 C：所以就打车来公司

　　　　　　　　　　　　　　　　　　　　 B A C

56. A：如果你不能来

　　 B：这样我就和别人去看电影了

　　 C：一定要告诉我

57. A：会有几万人来这儿旅游

　　 B：每年的七月和八月

　　 C：也就是放暑假的时候

58. A：还能让他们对东西留下好印象

　　 B：好的广告不仅能吸引观众的注意力

　　 C：然后他们才会愿意花钱去买这个东西

59. A：她过去花钱特别多

　　 B：就学会省钱了

　　 C：但是从她开始工作以后

60. A：这本书里面介绍了很多中国的名人

　　 B：写得特别好

　　 C：其中介绍孔子的那一篇

61. A：不是班里最聪明的那个

    B：很多时候一个班里考得最好的那个学生

    C：而是坚持到最后的那个学生 ＿＿＿＿＿＿＿＿＿＿

62. A：为了考上自己喜欢的大学

    B：他每天都学习十四个小时

    C：今年终于成功了 ＿＿＿＿＿＿＿＿＿＿

63. A：就马上洗澡

    B：每次都是一到家

    C：她这个人特别爱干净 ＿＿＿＿＿＿＿＿＿＿

64. A：再把面放进去就可以

    B：先把水放进去

    C：等水变热以后 ＿＿＿＿＿＿＿＿＿＿

65. A：没想到真的听到这条消息以后

    B：还是特别伤心

    C：我本来以为自己不会难过了 ＿＿＿＿＿＿＿＿＿＿

第三部分

第66-85题：请选出正确答案。

例如： 她很活泼，说话也很有趣，总能给我们带来快乐，我们都很喜欢和她在一起。

★ 她是个什么样的人？

A 幽默 ✓　　　　B 马虎　　　　C 骄傲　　　　D 害羞

66. 我特别喜欢跟李阿姨聊天儿，因为她知道很多东西，每次跟她聊天儿时都能知道更多新的东西。

★ 关于李阿姨，下面哪个是正确的？

A 漂亮　　　　B 知识很丰富　　C 年龄很大　　D 喜欢我

67. 很多人都有这样的想法：钱比健康重要。年轻时还没有觉得这是错的，等到老了以后才发现自己做错了，但是健康这种东西，没了以后是很难再找回来的。

★ 这段主要谈什么？

A 年龄　　　　B 钱　　　　C 时间　　　　D 健康

68. 随着经济和社会的发展，环境污染问题也越来越严重，人们也越来越重视。根据最新的调查，大部分人愿意参加环境保护活动，只有很少一部分人完全没有兴趣。

★ 关于环境污染，可以知道：

A 容易解决　　B 越来越严重　C 每个人都重视 D 没人关心

69. 现在很多人找男女朋友时要求太高，所以一直找不到合适的，我们现在把这样的人叫做"剩男"或者"剩女"，意思就是"剩下来的男人或者女人"，而且一般情况下，他们的自身条件都很好。

★ 他们"剩下来"的原因是：

A 要求太高　　B 自己条件差　C 不想结婚　　D 没时间

70. 很多时候因为我们已经习惯了家人的关心，要求的东西也越来越多。所以我们经常感谢不熟悉的人，但是却很少感谢家人。而这样做最终的结果就是会让我们和家人的关系越来越远。

　　★ 对于家人，我们常常：

　　　　A 联系　　　　　B 关心　　　　　C 提要求　　　D 感谢

71. 人人都会使用语言，但是怎么才能把话说好却是一门艺术。看一个人怎么说话，往往可以准确地判断出他是一个什么样的人。

　　★ 通过一个人怎么说话，可以判断出他的：

　　　　A 职业　　　　　B 性格　　　　　C 爱好　　　　D 年龄

72. 减肥的一个很好的办法就是喝汤。而喝汤也应该注意时间，饭前喝汤，对身体好，有减肥的作用。而饭后喝汤却会让人变得更胖。

　　★ 要想减肥，应该：

　　　　A 不喝汤　　　　B 边吃饭边喝汤　C 饭后喝汤　　D 饭前喝汤

73. 小李，刚才我买菜回来上楼的时候，发现你家的门没有关，这要是进来不认识的人怎么办呀！你快点儿回来看看吧。

　　★ 这段话可能是谁说的？

　　　　A 小李的妹妹　B 小李的邻居　C 小李的妈妈　D 小李的老师

74. 儿子，一会儿进去以后别紧张，放松一点儿，把会的题都回答出来就行了，如果实在不会，那就告诉面试的老师，别乱说。

　　★ 根据这段话，可以知道儿子要：

　　　　A 面试　　　　　B 笔试　　　　　C 报名　　　　D 表演

75. 除了厨房以外，这个房子的其他方面我们都挺满意的，如果可以再便宜一点儿的话，我们就买这个房子，否则，我们就买另外那个了。

　　★ 他是什么意思？

　　　　A 不满意　　　　　　　　　　B 希望降低价格
　　　　C 房子太不好了　　　　　　　D 买别的房子

76. 在中国，孩子出生一个月叫做"满月"，这是一个很重要的时间，这时很多亲戚朋友都会来祝贺孩子的父母，同时也要看看孩子。

    ★ 中国人对孩子"满月"的态度是：

    A 很满意　　　　B 不支持　　　　C 不关心　　　　D 很重视

77. 如果一个人有理想，那么他就知道自己该向哪个方向努力，相反，没有理想的人，不仅不知道自己该做什么，而且不清楚自己想要的是什么。

    ★ 一个人有了理想以后，就会知道：

    A 怎么学习　　　B 努力的方向　　C 怎么工作　　　D 怎样才有好心情

78. 如果在外面你看见我了，而我没有跟你打招呼，你千万别生气，那是因为我没戴眼镜。我不戴眼镜的话，就没办法看清对面的人。

    ★ 他想得到别人的：

    A 原谅　　　　　B 感谢　　　　　C 道歉　　　　　D 满意

79. 我们的要求是：有两年的工作经验，大学毕业，英语六级，有较高的电脑水平。如果您符合这些条件，请给我们打电话。

    ★ 这是一条什么广告？

    A 找人　　　　　B 招聘　　　　　C 应聘　　　　　D 通知

80-81.

　　近些年来，人们越来越讨厌游戏，尤其是孩子们玩的时间太少，他们把大部分时间都用在了学习上。这对孩子的身心发展没好处，游戏也是他们学习的一种方法，他们在游戏中学到很多学校里没有的东西。

    ★ 这段话主要说什么？

    A 游戏的重要性　B 怎么玩游戏　　C 游戏的发展　　D 游戏的数量

    ★ 孩子为什么应该玩游戏？

    A 可以休息　　　B 心情好　　　　C 对身体好　　　D 可以学习到东西

82-83.

很多人喜欢吃完饭以后出门散散步，有句话就叫"饭后百步走，活到九十九"，这对一个健康的人是有好处的，但是对其他人来说就不一定有好处。而且，不管是身体有问题的人还是身体很好的人，都应该饭后至少休息半小时再进行"饭后百步走"。

★ 什么时候散步比较合适？

A 任何时间　　B 饭后四十分钟　C 饭后十分钟　D 饭后马上

★ 根据这段话，散步对健康的作用怎么样？

A 只有好处　　　　　　　　　　B 只有坏处
C 对健康的人有好处　　　　　　D 没作用

84-85.

大学生找工作越来越难了，很多人都是"一毕业，就失业"。一方面，很多公司想招可是招不到人，另一方面，又有大量的学生找不到工作，原因之一就是学生觉得公司的要求太高，原因之二是他们上大学时并没有锻炼自己的工作能力，还有就是只想找工资高的工作。

★ 关于公司，下面哪个是正确的？

A 要求很低　　B 缺人　　　　C 不招人　　　D 不要大学生

★ 大学生找不到工作，不是因为：

A 工资　　　　B 长的样子　　C 工作能力　　D 公司要求高

三、书写

第一部分

第86-95题：完成句子。

例如： 那座桥　　　800年的　　　历史　　　有　　　了

　　　　<u>那座桥有800年的历史了。</u>

86. 想起了　　　我　　　以前的　　　经历　　　工作

87. 你和　　　联系上　　　吗　　　家人　　　了

88. 音乐　　　喜欢　　　流行　　　她　　　听

89. 让　　　公司　　　我　　　打算　　　去　　　美国

90. 跳了　　　起来　　　高兴　　　得　　　她

91. 面包　　　我弟弟　　　被　　　了　　　吃　　　光

92. 给　　　那个城市　　　我　　　留下了　　　印象　　　很深的

93. 多少　　　衣服　　　钱　　　红色的　　　这件

94. 他　　　回来　　　从　　　学校　　　了

95. 对　　　汉语　　　很　　　我　　　感兴趣

第二部分

第96-100题：看图，用词造句。

例如：　　　　　乒乓球　　　　他很喜欢打乒乓球。

96.　　　　　　热闹

97.　　　　　　尊重

98.　　　　　　打扮

99.　　　　　　沙发

100.　　　　　困

新汉语水平考试
HSK（四级）
模拟考试 9

注　意

一、　HSK（四级）分三部分：

　　1. 听力（45题，约30分钟）

　　2. 阅读（40题，40分钟）

　　3. 书写（15题，25分钟）

二、　听力结束后，有5分钟填写答题卡。

三、　全部考试约105分钟（含考生填写个人信息时间5分钟）。

一、听力

第一部分

第1-10题：判断对错。

例如：　我想去办个信用卡，今天下午你有时间吗？陪我去一趟银行？

　　　　★ 他打算下午去银行。　　　　　　　（ ✓ ）

现在我很少看电视，其中一个原因是，广告太多了，不管什么时间，也不管什么节目，只要你打开电视，总能看到那么多的广告，浪费我的时间。

　　　　★ 他喜欢看电视广告。　　　　　　　（ ✗ ）

1.　★ 我们是坐飞机来的。　　　　　　　（　　　）

2.　★ 她和妹妹长得很像。　　　　　　　（　　　）

3.　★ 大部分人不满意自己的工资。　　　（　　　）

4.　★ 她是一位著名钢琴家。　　　　　　（　　　）

5.　★ 应聘工作时一定要诚实。　　　　　（　　　）

6.　★ 他不抽烟。　　　　　　　　　　　（　　　）

7.　★ 他现在已经结婚了。　　　　　　　（　　　）

8.　★ 这本小说是一位演员写的。　　　　（　　　）

9.　★ 今天不能去逛街了。　　　　　　　（　　　）

10.　★ 他现在已经放弃了。　　　　　　　（　　　）

第二部分

第11-25题：请选出正确答案。

例如：　女：该加油了，去机场的路上有加油站吗？

　　　　男：有，你放心吧。

　　　　问：男的主要是什么意思？

　　　　A 去机场　　　B 快到了　　　C 油是满的　　　D 有加油站 ✓

11.　A 洗衣服　　　B 玩手机　　　C 看电影　　　D 做饭

12.　A 银行　　　　B 超市　　　　C 咖啡馆　　　D 饭店

13.　A 没打电话　　B 迟到了　　　C 忘了带东西　D 没写作业

14.　A 一定去　　　B 不能去　　　C 不想去　　　D 可能去

15.　A 不知道自己错了　B 说过这句话　C 今天要加班　D 又做错了

16.　A 生气　　　　B 伤心　　　　C 兴奋　　　　D 激动

17.　A 走路　　　　B 坐公交车　　C 开车　　　　D 坐别人的车

18.　A 一层　　　　B 二层　　　　C 三层　　　　D 四层

19.　A 做错事了　　B 很生气　　　C 很难过　　　D 很害怕

20.　A 写作业　　　B 回答问题　　C 上课　　　　D 考试

21. **A** 生病了　　　　　　　　　　　**B** 昨天晚上没睡觉
    C 没睡好　　　　　　　　　　　**D** 太累了

22. **A** 音乐　　　　　**B** 吃的东西　　　　**C** 玩的东西　　　**D** 爱好

23. **A** 搬东西　　　　**B** 买东西　　　　　**C** 准备东西　　　**D** 寄东西

24. **A** 不舒服　　　　**B** 不想说话　　　　**C** 有点儿害怕　　**D** 有点儿害羞

25. **A** 家里　　　　　**B** 机场　　　　　　**C** 学校　　　　　**D** 邮局

第三部分

第26-45题：请选出正确答案。

例如：　男：把这个文件复印五份，一会儿拿到会议室发给大家。

　　　　女：好的。会议是下午三点吗？

　　　　男：改了。三点半，推迟了半个小时。

　　　　女：好，602会议室没变吧？

　　　　男：对，没变。

　　　　问：会议几点开始？

　　　　A 2:00　　　　　B 3:00　　　　　C 3:30 ✓　　　　D 6:00

26.　A 5:20　　　　　B 5:30　　　　　C 5:40　　　　　D 5:50

27.　A 记者　　　　　B 女演员　　　　C 老师　　　　　D 护士

28.　A 她也不知道　　B 时间很短　　　C 时间很长　　　D 让他等通知

29.　A 没有菜单　　　　　　　　　　　B 他不喜欢看菜单
　　　C 他看不懂菜单　　　　　　　　　D 他认识那些人

30.　A 同事　　　　　B 老师和学生　　C 朋友　　　　　D 丈夫和妻子

31.　A 硕士考试　　　B 找工作　　　　C 博士考试　　　D 出国

32.　A 洗衣服　　　　B 玩游戏　　　　C 看电视　　　　D 吃饭

33.　A 发烧了　　　　B 没带手机　　　C 在做饭　　　　D 要请假

34.　A 女的的手里　　B 男的的手里　　C 包里　　　　　D 桌子上

35.	**A** 没想好	**B** 跳舞	**C** 弹钢琴	**D** 唱歌
36.	**A** 一个	**B** 两个	**C** 三个	**D** 四个
37.	**A** 火车的时间	**B** 音乐	**C** 找人的信息	**D** 广告
38.	**A** 好处	**B** 时间	**C** 使用什么	**D** 地方
39.	**A** 头疼	**B** 肚子疼	**C** 牙疼	**D** 感冒
40.	**A** 不知道	**B** 有区别	**C** 差不多	**D** 一样
41.	**A** 春天	**B** 夏天	**C** 秋天	**D** 冬天
42.	**A** 检查身体	**B** 去公园	**C** 看牙	**D** 打针
43.	**A** 认识字了	**B** 打针时没哭	**C** 会说话	**D** 自己去医院
44.	**A** 可以喝	**B** 不能直接喝	**C** 很少	**D** 很干净
45.	**A** 多用水	**B** 随便用	**C** 不用水	**D** 节约用水

二、阅读

第一部分

第46-50题：选词填空。

A 棵　　　　B 竟然　　　C 介绍　　　D 坚持　　　E 开玩笑　F 教授

例如：　她每天都（ D ）走路上下班，所以身体一直很不错。

46.　学校请来了一位著名（　　），有兴趣的同学都可以来听他的课。

47.　各位观众朋友们好！我先（　　）一下我们今天的活动。

48.　他是在跟你（　　）呢，你别生气了。

49.　我本来以为自己不能通过考试，没想到（　　）通过了，所以现在很兴奋。

50.　学校门口的那（　　）树真好看，我每次经过时都要看一会儿。

第51-55题：选词填空。

A 恐怕　　B 考虑　　C 咳嗽　　D 另外　　　E 耐心　　F 温度

例如：　A：今天真冷啊，好像白天最高（　F　）才2℃。
　　　　B：刚才电视里说明天更冷。

51.　A：这种车真的很适合您。现在买还可以打折。
　　　B：我再（　　　）一下吧。

52.　A：你的（　　　）还没好吗? 从上个星期就开始了吧?
　　　B：对啊，我打算明天去医院看看。

53.　A：明天可能会下雨，我们（　　　）不能去了。
　　　B：没关系。咱们下次再去吧。

54.　A：我的性格不适合当老师，因为我没有（　　　），做什么事都很着急。
　　　B：我觉得你的性格很好啊。

55.　A：你帮我买一个面包，（　　　），再帮我买一瓶矿泉水吧。
　　　B：好的，不要别的东西了吗?

第二部分

第56-65题：排列顺序。

例如：　A：可是今天起晚了

　　　　B：平时我骑自行车上下班

　　　　C：所以就打车来公司　　　　　　　　　　　　　　B A C
_____

56.　A：所以我们很少在一起吃饭

　　　B：我的朋友们都喜欢吃甜的东西

　　　C：但是我喜欢吃酸的
_____

57.　A：来中国一年多了

　　　B：我去过了很多好玩的地方

　　　C：也吃到了很多好吃的东西
_____

58.　A：这样才能成功

　　　B：不管别人怎么说

　　　C：你都应该坚持自己的理想
_____

59.　A：没想到这么冷

　　　B：我早上的时候看手机了

　　　C：本来以为今天会很暖和
_____

60.　A：但是有时候眼睛看见的也不一定是真的

　　　B：这时候就需要进行调查了

　　　C：我们都觉得眼睛看到的才是真实的
_____

61. **A：** 而不是互相表扬

    B： 只有这样两个人才能共同进步

    C： 真正的朋友应该说出来对方的缺点 _____

62. **A：** 不仅记得每个学生的名字

    B： 老师对每个学生都非常熟悉

    C： 而且能准确地说出每个学生的特点 _____

63. **A：** 意思是说每次搬家的时候

    B： 都会扔掉很多有用的东西

    C： 中国有的人说"越搬越穷" _____

64. **A：** 最让老王感到骄傲的事

    B： 所以他最近每天都特别开心

    C： 就是他的儿子考上了大学 _____

65. **A：** 错误并不可怕

    B： 还继续做下去

    C： 可怕的是知道自己做错了 _____

第三部分

第66-85题：请选出正确答案。

例如： 她很活泼，说话也很有趣，总能给我们带来快乐，我们都很喜欢和她在一起。

★ 她是个什么样的人？

A 幽默 ✓   B 马虎   C 骄傲   D 害羞

66. 我本来觉得这次得奖的人一定是我，我都已经想好了要用奖金来做什么，没想到现在什么都没有了。

★ 他的心情怎么样？

A 激动   B 兴奋   C 失望   D 生气

67. 随着社会的发展，出现了很多以前没有的词语，比如"月光族"，我们把每个月都花光所有钱的人叫"月光族"。

★ "月光族"的特点是什么？

A 工资很高   B 工资很低   C 有很多钱   D 月底时没有钱

68. 每个人对于快乐的标准都是不一样的，穷人觉得有很多钱很快乐，忙的人觉得有自己的时间很快乐，而身体不好的人认为身体健康是最快乐的。

★ 病人觉得怎么样比较快乐？

A 没有病   B 有很多钱   C 有很多时间   D 没有事情做

69. 我们这次的面试已经全部结束了，请大家先回去。有消息的话我们会通知大家的，请大家注意自己的电话。

★ 这是什么时候说的话？

A 招聘以后   B 考试之前   C 旅行时   D 吃饭时

70. 尽管大学毕业以后，我们已经十年没有见过面了，但是再次见面以后，关系还是非常好，好像我们从来没有分开过一样。

★ 我们是：

A 小学同学　　　　B 初中同学　　　　C 高中同学　　　　D 大学同学

71. 各位同事，大家好！明天下午的会议，向后推迟一个小时，由三点改为四点，请大家互相告诉一下。

★ 这是什么？

A 通知　　　　　　B 广告　　　　　　C 建议　　　　　　D 新闻

72. 有的时候，如果中国客人跟你说"不要"、"不用"或者"不客气"，你千万别相信这是真的，这些可能并不是他们实际的想法，而只是一种客气的说法。

★ 中国客人说"不要"、"不用"时是什么意思？

A 不需要　　　　　B 不想要　　　　　C 真的不要了　　　D 表示客气

73. 现在，我们出门的时候完全可以不带现金，因为打车时可以用手机，买东西、吃饭都可以用手机交钱，真的是越来越方便了。

★ 根据这段话，下面哪个不能用手机来做？

A 吃饭　　　　　　B 理发　　　　　　C 打车　　　　　　D 买东西

74. 前几天我还说自己想要一个笔记本电脑，没想到妈妈今天就送给我一个，因为再过几天就是我十八岁的生日了。

★ 妈妈为什么送他笔记本电脑？

A 考试成绩好　　　B 学习用　　　　　C 儿童节　　　　　D 他的生日

75. 我的建议是：在公园里多放几个垃圾桶，现在只有一个，很多来旅游的人都找不到这个垃圾桶在哪儿，很不方便，比如我上次来的时候，就没找到。

★ 谁最有可能说上面这段话？

A 外国人　　　　　　　　　　　　B 来旅游的人
C 在这儿工作的人　　　　　　　　D 公园的经理

76. 年轻时做过的事，无论是有用的还是没用的事，到老了以后，都会是美好的回忆，如果有机会，一定要多出去走走。

   ★ 现在做过的事，以后会：

   A 再做一遍   B 忘了   C 成为回忆   D 成为后悔的事

77. 咱们家的冰箱用了十年了吧？现在的声音特别大，吵得我睡不着觉，而且里面的温度也变高了，我们周末去买一个新的吧。

   ★ 买冰箱的原因不包括：

   A 使用时间长   B 不喜欢了   C 温度高   D 声音大

78. 今天再练习两遍就下课，回家以后你们自己也要练习，特别是动作跳得还不标准的人，明天来了以后我会一个一个地检查。

   ★ 他们最可能在做什么？

   A 跳舞   B 打电话   C 排队   D 跑步

79. 我们店今天是第一天，只要是今天来店里的人，都可以免费尝一块我们的蛋糕，如果今天买饼干，也可以打八折。

   ★ 今天来店里的人，可以：

   A 免费吃饼干   B 免费拿饼干
   C 免费吃一块蛋糕   D 免费拿蛋糕

80-81.

   跟别人交往时，有很多事是需要注意的，比如说，客人还没走时，如果你先站起来了，这样他就会觉得你是在赶他走；跟别人见面时，即使你有很重要的事，也不能经常看表，否则他会觉得你已经没有耐心了。

   ★ 如果一直看手表，别人会觉得你：

   A 没有耐心   B 不喜欢自己   C 很马虎   D 很满意

   ★ 这段话主要说和人交往时：

   A 说什么   B 做什么   C 注意什么   D 不看时间

82-83.

　　想找到一份自己满意的工作，并没有那么容易。各种原因都会影响我们的选择，例如地点、工资、奖金、工作内容等等，其中工资应该是最重要的一个。一般的工作能符合我们的三个要求就不错了，如果能满足四个以上的要求，那么肯定也有很多人来竞争。

　　★ 根据这段话，好的工作：

　　　　A 很累　　　　　**B** 很多人竞争　　**C** 工资高　　　**D** 离家远

　　★ 想找满意的工作：

　　　　A 很难　　　　　**B** 很容易　　　　**C** 很快　　　　**D** 很方便

84-85.

　　汉语中"马上"是一个很有意思的词，它并不是具体的时间，所以中国人说"马上到"时，有时候是几分钟、十几分钟或者几个小时，有时候甚至几天、几个月也可以用"马上"，到底是多长时间，只能根据说话的环境中才能判断。

　　★ "马上"是多长时间？

　　　　A 几分钟　　　　**B** 几个小时　　　**C** 几天　　　　**D** 不是具体的时间

　　★ 为什么说"马上"是有意思的词？

　　　　A 可以根据情况变化　　　　　**B** 有几个意思
　　　　C 不能理解　　　　　　　　　　**D** 汉字好玩儿

三、书写

第一部分

第86-95题：完成句子。

例如： 那座桥　　　800年的　　　历史　　　有　　　了

<u>那座桥有800年的历史了。</u>

86. 我的　　　申请　　　通过　　　了　　　签证

87. 不得不　　　放弃　　　我们　　　机会　　　这次

88. 被认为　　　是　　　演员　　　最有名的　　　她

89. 对　　　没有　　　身体　　　好处　　　抽烟

90. 祝　　　快乐　　　生日　　　你　　　我想

91. 影响了　　　误会　　　感情　　　我们的　　　严重

92. 把　　　电话号码　　　这里　　　请　　　填在

93. 我　　　北京　　　五岁　　　去过　　　的时候

94. 饺子　　　咸　　　今天的　　　有点儿　　　做得

95. 这家　　　招聘　　　公司　　　翻译　　　正在

第二部分

第96-100题：看图，用词造句。

例如： 乒乓球 ___他很喜欢打乒乓球。___

96. 出差

97. 窗户

98. 鼓励

99. 逛

100. 失望

新汉语水平考试

HSK（四级）

模拟考试 10

注　意

一、　HSK (四级) 分三部分：

　　1. 听力 (45题，约30分钟)

　　2. 阅读 (40题，40分钟)

　　3. 书写 (15题，25分钟)

二、　听力结束后，有5分钟填写答题卡。

三、　全部考试约105分钟 (含考生填写个人信息时间5分钟)。

一、听力

第一部分

第1-10题：判断对错。

例如： 我想去办个信用卡，今天下午你有时间吗？陪我去一趟银行？

★ 他打算下午去银行。 (✓)

现在我很少看电视，其中一个原因是，广告太多了，不管什么时间，也不管什么节目，只要你打开电视，总能看到那么多的广告，浪费我的时间。

★ 他喜欢看电视广告。 (×)

1. ★ 他带雨伞了。 ( )

2. ★ 世界上有很多聪明人，但是认真的人很少。 ( )

3. ★ 可以让朋友帮忙取签证。 ( )

4. ★ 超市在银行的对面。 ( )

5. ★ 这位新朋友是从英国来的。 ( )

6. ★ 吃药的时候最好只吃一种。 ( )

7. ★ 这里的春天常常刮风。 ( )

8. ★ 只要道歉就会得到原谅。 ( )

9. ★ 这次活动不太成功。 ( )

10. ★ 超市不提供免费的塑料袋。 ( )

第二部分

第11-25题：请选出正确答案。

例如：　女：该加油了，去机场的路上有加油站吗？

　　　　男：有，你放心吧。

　　　　问：男的主要是什么意思？

　　　　A 去机场　　　B 快到了　　　C 油是满的　　　D 有加油站 ✓

11. A 还没想好　　　B 当医生　　　C 当律师　　　D 当老师

12. A 买东西　　　B 取钱　　　C 面试　　　D 聊天儿

13. A 同学　　　B 丈夫和妻子　　　C 朋友　　　D 同事

14. A 不好看　　　B 很好看　　　C 颜色不好　　　D 女朋友不喜欢

15. A 马虎　　　B 活泼　　　C 认真　　　D 有耐心

16. A 想回国　　　B 银行卡丢了　　　C 忘了密码　　　D 护照丢了

17. A 不尊重他　　　B 不照顾他　　　C 不爱他　　　D 不友好

18. A 司机　　　B 警察　　　C 律师　　　D 医生

19. A 没有变化　　　B 没看出来变化　　　C 变化非常大　　　D 变化很小

20. A 给她送手机　　　B 帮她拿东西　　　C 帮她搬东西　　　D 帮她买东西

21.　A 打羽毛球　　　B 打网球　　　C 打乒乓球　　　D 打篮球

22.　A 能上网　　　B 更便宜　　　C 放的照片更少 D 不能上网

23.　A 商店　　　B 图书馆　　　C 理发店　　　D 学校

24.　A 租车　　　B 租房子　　　C 买车　　　D 坐公交车

25.　A 她结婚　　　B 开新店　　　C 通过考试　　　D 找到工作

第三部分

第26-45题：请选出正确答案。

例如：　男：把这个文件复印五份，一会儿拿到会议室发给大家。

　　　　女：好的。会议是下午三点吗？

　　　　男：改了。三点半，推迟了半个小时。

　　　　女：好，602会议室没变吧？

　　　　男：对，没变。

　　　　问：会议几点开始？

　　　　A 2:00　　　　**B** 3:00　　　　**C** 3:30 ✓　　　　**D** 6:00

26.　**A** 想去火车站　　**B** 看不懂地图　　**C** 想回家　　**D** 找不到路

27.　**A** 想和女的一起吃饭　　　　　**B** 没带钱包
　　　C 钥匙丢了　　　　　　　　　**D** 没带钥匙

28.　**A** 效果不错　　**B** 由男的负责　　**C** 效果不好　　**D** 没举行

29.　**A** 会议不重要　　**B** 八点开会　　**C** 地点没变　　**D** 时间没变

30.　**A** 照顾孩子　　**B** 照顾丈夫　　**C** 回家做饭　　**D** 接孩子

31.　**A** 跟朋友见面　　**B** 参加会议　　**C** 参加考试　　**D** 参加朋友婚礼

32.　**A** 不值得看　　**B** 没意思　　**C** 很好　　**D** 她很喜欢

33.　**A** 图书馆　　**B** 电影院　　**C** 教室　　**D** 家里

34.　**A** 很可爱　　**B** 跟男的在一起　　**C** 很高　　**D** 今年5岁

35. A 看错书了　　　B 是他的书　　　C 预习得很好　D 没预习

36. A 继续使用电脑　B 去医院　　　　C 看绿色植物　D 出去走走

37. A 多吃绿色植物　　　　　　　　　B 绿色植物的作用
    C 不能长时间看书　　　　　　　　D 用眼方法

38. A 电话没放好　　B 电话坏了　　　C 别人也打电话　D 没有原因

39. A 一直打电话　　　　　　　　　　B 挂电话
    C 重新放一下电话　　　　　　　　D 找别人

40. A 喜欢研究　　　　　　　　　　　B 没找到合适的工作
    C 父母要求的　　　　　　　　　　D 不喜欢上班

41. A 进行研究　　　B 没什么作用　　C 找到好工作　D 出国留学

42. A 发烧了　　　　B 变瘦了　　　　C 不吃东西　　D 尝不出味道

43. A 甜的　　　　　B 苦的　　　　　C 咸的　　　　D 辣的

44. A 渴了再喝　　　B 越多越好　　　C 水不重要　　D 水对健康很重要

45. A 分多次，少量　B 一次，少量　　C 一次，多量　D 随便

二、阅读
第一部分

第46-50题：选词填空。

A 支持　　　B 证明　　C 严格　　D 坚持　　E 是否　　F 看法

例如：　她每天都（　D　）走路上下班，所以身体一直很不错。

46.　我的（　　）跟你的不一样，我觉得应该马上停止现在的工作。

47.　无论我做什么，妈妈都（　　）我，所以我才有了今天的成绩。

48.　用什么来（　　）这件事呢？谁看见了？

49.　他这个人，只是对别人的要求非常（　　），对自己就不是这样了。

50.　对他来说，选择工作时，赚多少钱并不重要，重要的是自己（　　）喜欢这份工作。

第51-55题：选词填空。

A 禁止　　B 效果　　C 详细　　D 经验　　E 引起　　F 温度

例如：　A：今天真冷啊，好像白天最高（　F　）才2℃。
　　　　B：刚才电视里说明天更冷。

51.　A：不好意思，你别生气了，我只是在跟你开玩笑。
　　　B：开玩笑也要看地方和时间，否则会（　　）误会。

52.　A：那张纸上写着什么？我看不清楚。
　　　B：（　　）拍照。也就是这里不允许照相。

53.　A：你想找一位什么样的老师？
　　　B：当然是找一位有丰富（　　）的老师。

54.　A：怎么样了？身体好点儿了吗？
　　　B：没有，我已经吃了一个星期的药了，但是没有（　　）。

55.　A：你能说得（　　）一点儿吗？我担心我找不到。
　　　B：那么我给你发短信吧。

第二部分

第56-65题：排列顺序。

例如： **A：** 可是今天起晚了

　　　 B： 平时我骑自行车上下班

　　　 C： 所以就打车来公司

　　　　　　　　　　　　　　　　　　　　　　　　　　B A C

56.　**A：** 就不能停了

　　　B： 总有一天能获得我们想要的

　　　C： 既然已经开始做了

　　　　　　　　　　　　　　　　　　　　　　　　　＿＿＿＿＿＿＿＿＿＿

57.　**A：** 就能看见加油站了

　　　B： 往前走一百米

　　　C： 然后往右转

　　　　　　　　　　　　　　　　　　　　　　　　　＿＿＿＿＿＿＿＿＿＿

58.　**A：** 世界上没有难看的女人

　　　B： 很多人都认为

　　　C： 只有懒女人

　　　　　　　　　　　　　　　　　　　　　　　　　＿＿＿＿＿＿＿＿＿＿

59.　**A：** 不但有中国人

　　　B： 昨天有很多人参加了活动

　　　C： 还有许多外国人也参加了

　　　　　　　　　　　　　　　　　　　　　　　　　＿＿＿＿＿＿＿＿＿＿

60.　**A：** 进别人家以前

　　　B： 一定要先敲门

　　　C： 这样大家才会觉得你有礼貌

　　　　　　　　　　　　　　　　　　　　　　　　　＿＿＿＿＿＿＿＿＿＿

61. A：意思是自己用眼睛看到的

    B：人们常说"眼见为实"

    C：就是实际的情况

    _____

62. A：还迟到了十分钟

    B：本来以为能早到一会儿

    C：结果没早到不说

    _____

63. A：不用问就知道我是谁的孩子了

    B：所以别人看见我以后

    C：因为我长得很像妈妈

    _____

64. A：但是不太适合今晚的环境

    B：还是换一条吧

    C：你穿这条裙子很漂亮

    _____

65. A：然后我才能安排后面的事情

    B：不管你来不来

    C：都告诉我一下

    _____

第三部分

第66-85题：请选出正确答案。

例如： 她很活泼，说话也很有趣，总能给我们带来快乐，我们都很喜欢和她在一起。

★ 她是个什么样的人？

A 幽默 ✓　　　 B 马虎　　　 C 骄傲　　　 D 害羞

66. 挑选好吃的西瓜时，是有方法的，要找那种圆圆的，颜色是那种很亮的绿色，用手敲一下，声音越大的越好。

★ 什么样的西瓜是好吃的？

A 浅绿色　　　 B 长长的　　　 C 声音大的　　　 D 深绿色

67. 女孩子说的"随便"，其实并不是它本来的意思，大部分时候，女人说"随便"的时候心里已经有了自己的意见，只是不想说出来。

★ 女人说"随便"的时候是什么意思？

A 没有意见　　　 B 有自己的意见　　 C 听别人的　　　 D 做什么都行

68. 这个箱子里面有一些很贵的东西，所以拿的时候一定要注意，轻拿轻放，千万别弄坏了。

★ 箱子里最有可能是什么？

A 电脑　　　 B 衣服　　　 C 旧报纸　　　 D 书

69. 只有所有的考试都合格，才能继续学习专业课，否则还要再学一年的语言。不过你学习这么努力，我估计你没有问题，别担心了。

★ 要想学习专业课，一定要：

A 买书　　　 B 去学校　　　 C 通过考试　　　 D 再学一年

70. 如果旅行的时候不想找导游，那么你可以买一本介绍旅行地的书，根据书上介绍的内容，你可以对那儿有一个大概的了解，然后选择旅行的具体地点，更好地安排自己的时间。

★ 关于买旅行方面的书，错误的是：

A 不需要找导游 　　　　　　　B 很便宜
C 了解旅行的地方 　　　　　　D 更好地安排时间

71. 以前的打印机只能打印纸上的字和图片，有了3D打印机以后，我们想到的东西都能打印了，甚至有的房子都可以用它来打印。

★ 关于3D打印机，可以知道：

A 可以打印很多东西 　　　　　B 价格低
C 到处都有 　　　　　　　　　D 出现了很长时间

72. 小王这个人，什么都好，就是做事情的时候常常出错，不是数字算错了，就是忘了带东西，就没有对的时候。

★ 小王的性格怎么样？

A 乐观　　　　B 受欢迎　　　　C 认真　　　　D 粗心

73. 原谅有两个方面的意思，一方面，我们要原谅别人，另一方面我们更要学会原谅自己。谁能没有缺点呢？

★ 根据这段话，我们应该：

A 尊重别人　　　B 感谢自己　　　C 感谢别人　　　D 原谅自己

74. 推开教室的门以后，就看见桌子上放着一个蛋糕，蛋糕上写着"教师节快乐！"我非常感动，真高兴我有这样的学生。

★ 根据这段话，可以知道什么？

A 今天是教师节 　　　　　　　B 他是医生
C 他喜欢吃蛋糕 　　　　　　　D 他早就知道了

75. 汉语的很多词中都有"情"字，比如"爱情"、"亲情"、"友情"、"心情"和"同情"，所有的这些词都是和感情有关系的。像这样的词还有很多，多找到这样的规律，对我们记词语是很有帮助的。

   ★ 找这样的词语，有什么作用？

   A 有趣　　　　　B 能帮助你学习　C 作总结　　　　D 整理

76. 儿子，无论你做出什么选择，我和你妈妈都会尊重你，但是在你决定以前，一定要考虑清楚，很多事情想的和做的是完全不同的。

   ★ 他希望儿子怎么样？

   A 仔细考虑　　　B 听话　　　　　C 随便选择　　　D 做什么行

77. 我有一只白色的小狗，今天早上跟我一起散步时走丢了，大约20斤，眼睛周围是黑色的，如果您看见了，请给我打电话，我的电话号码是：098877777。

   ★ 他写这段话的目的是：

   A 找钱包　　　　B 找人　　　　　C 表示道歉　　　D 找他的狗

78. 有的时候，放弃一些东西，才能获得新的东西。今天的放弃和选择决定了我们以后的生活和人生。

   ★ 根据这段话，放弃可以：

   A 成功　　　　　B 得到新的东西　C 失败　　　　　D 值得表扬

79. 对于我们一直生活的地方，我们很难发现其中的美，因为我们对这儿太熟悉了，相反，到了一个新的地方以后，会对周围的一切都感到新鲜，也能发现更多美的东西。

   ★ 对于熟悉的东西，我们会：

   A 发现美　　　　B 越来越喜欢　　C 感觉不到美　　D 感觉很新鲜

80-81.

　　关于梦，有各种各样的解释，其中的一种不太科学的说法是：梦里的内容和实际情况是相反的，所以如果梦到了不好的事情，白天就会发生好事；如果梦到了好的事情，那么白天就会发生一些不太好的情况。例如，做梦时自己考试不合格，那么实际的考试就会有很不错的成绩。

　　★ 根据这段话，如果梦到比赛输了，实际的情况是什么？

　　　　A 一样的分数　　　**B** 比赛赢了　　　**C** 不知道结果　　**D** 还是比赛输了

　　★ 关于这个解释，正确的是哪个？

　　　　A 没有科学根据　　**B** 有科学根据　　　**C** 所有人都相信　**D** 各国都一样

82-83.

　　对于小孩子的要求，我们要有计划地同意其中的一部分，都不同意或者都同意对孩子来说，都是没有好处的。如果同意了他们所有的要求，那么孩子在以后的生活就会以自己为主；而如果都不同意，他们就会失去对父母的信心，将来的生活中，也会完全不听父母的话。

　　★ 对于小孩子的要求，家长应该：

　　　　A 全部同意　　　　**B** 都不同意　　　**C** 同意一部分　**D** 完全不管

　　★ 如果完全不同意孩子的要求，他们会怎么样？

　　　　A 以自己为主　　　**B** 很听话　　　　**C** 相信父母　　**D** 不相信父母

84-85.

　　女人说的最多的一句话就是"我要减肥"，所以有人开玩笑说减肥是女人一生都在做的事。但是真正能减肥成功的人却没有几个，有的人是因为没做到少吃东西，有的是因为没做到多运动。在减肥的过程中，这两个方面都是不可缺少的，少了哪个方面，都不能成功。所以，如果你也想减肥，就一定要学会坚持。

　　★ 要想减肥成功，哪个是不需要做的？

　　　　A 少吃　　　　　　**B** 坚持　　　　　**C** 多运动　　　**D** 多睡觉

　　★ 根据这段话，女人常常：

　　　　A 减肥　　　　　　**B** 打扮　　　　　**C** 买东西　　　**D** 运动

三、书写

第一部分

第86-95题：完成句子。

例如： 那座桥　　　800年的　　　历史　　　有　　　了

　　　　那座桥有800年的历史了。

86. 垃圾　　　这些　　　把　　　扔了　　　请你

87. 沙发上　　　坐　　　在　　　伤心地　　　他

88. 签证　　　完了　　　申请　　　你的　　　吗

89. 你　　　负责　　　这次会议　　　由　　　还是

90. 脾气　　　越来越　　　她的　　　不好　　　了

91. 我们可以　　　判断出　　　从这里　　　答案

92. 颜色　　　你　　　什么　　　那　　　喜欢

93. 他　　　见过　　　难道你　　　没　　　吗

94. 肯定　　　同意　　　他　　　你的意见　　　不

95. 拒绝　　　女孩　　　他被　　　那个　　　了

第二部分

第96-100题：看图，用词造句。

例如：　　　　乒乓球　　　　<u>他很喜欢打乒乓球。</u>

96.　　　　有名

97.　　　　新鲜

98.　　　　辛苦

99.　　　　速度

100.　　　　散步

新汉语水平考试
HSK（四级）
模拟考试 11

注　　意

一、　HSK（四级）分三部分：

　　1. 听力（45题，约30分钟）

　　2. 阅读（40题，40分钟）

　　3. 书写（15题，25分钟）

二、　听力结束后，有5分钟填写答题卡。

三、　全部考试约105分钟（含考生填写个人信息时间5分钟）。

一、听力

第一部分

第1-10题：判断对错。

例如：　我想去办个信用卡，今天下午你有时间吗? 陪我去一趟银行?

　　　★ 他打算下午去银行。　　　　　　　　(✓)

　　　现在我很少看电视，其中一个原因是，广告太多了，不管什么时间，也不管什么节目，只要你打开电视，总能看到那么多的广告，浪费我的时间。

　　　★ 他喜欢看电视广告。　　　　　　　　(✗)

1.　★ 爱情是生活中最重要的事情。　　　　　(　　)

2.　★ 他决定离开北京。　　　　　　　　　　(　　)

3.　★ 有了计划，做事会更容易。　　　　　　(　　)

4.　★ 幸福是件很简单的事情。　　　　　　　(　　)

5.　★ 飞机马上要起飞了。　　　　　　　　　(　　)

6.　★ 秋天不适合去香山。　　　　　　　　　(　　)

7.　★ 他叔叔是大学老师。　　　　　　　　　(　　)

8.　★ 那本书他已经读完了。　　　　　　　　(　　)

9.　★ 那家公司在招聘。　　　　　　　　　　(　　)

10.　★ 他不愿意坐电梯。　　　　　　　　　　(　　)

第二部分

第11-25题：请选出正确答案。

例如： 女：该加油了，去机场的路上有加油站吗？

男：有，你放心吧。

问：男的主要是什么意思？

A 去机场　　　B 快到了　　　C 油是满的　　　D 有加油站 ✓

11. A 打车　　　B 坐地铁去　　　C 不想去了　　　D 时间来不及了

12. A 汤　　　B 饮料　　　C 啤酒　　　D 糖

13. A 去打羽毛球　　　B 骑自行车　　　C 去上钢琴课　　　D 游泳

14. A 约会　　　B 出差　　　C 去医院　　　D 见朋友

15. A 动作不标准　　　　　　　B 打算教男的打羽毛球
C 不会打羽毛球　　　　　　D 最近很忙

16. A 寄信　　　B 写作业　　　C 要仔细　　　D 别迟到

17. A 加入"金额"　　　B 再写一遍　　　C 减少数字　　　D 再加一行

18. A 医院　　　B 学校　　　C 火车站　　　D 机场

19. A 下雨了　　　B 写错了　　　C 观众很少　　　D 还有时间

20. A 别生气　　　B 女的很好看　　　C 戴上帽子　　　D 别留长发

21. A 服务员　　　　　B 刘医生　　　　　C 李经理　　　　　D 王校长

22. A 桌子很脏　　　　B 窗户脏了　　　　C 椅子修好了　　　D 衣服破了

23. A 火车晚点　　　　B 包丢了　　　　　C 坐过站了　　　　D 车票丢了

24. A 去看电影了　　　B 去找人了　　　　C 遇到同学了　　　D 去加班了

25. A 没有几张　　　　　　　　　　　　　B 还没整理
　　 C 全是旅游照　　　　　　　　　　　D 没有以前的照片美丽了

第三部分

第26-45题：请选出正确答案。

例如：　男：把这个文件复印五份，一会儿拿到会议室发给大家。

　　　　女：好的。会议是下午三点吗？

　　　　男：改了。三点半，推迟了半个小时。

　　　　女：好，602会议室没变吧？

　　　　男：对，没变。

　　　　问：会议几点开始？

　　　　A 2:00　　　　B 3:00　　　　C 3:30 ✓　　　　D 6:00

26.　A 买冰箱　　　　B 修冰箱　　　　C 买家具　　　　D 修家具

27.　A 是大学生　　　B 要去留学　　　C 要毕业了　　　D 找到工作了

28.　A 没有冬天　　　B 空气新鲜　　　C 适合购物　　　D 冬天不冷

29.　A 亲戚　　　　　B 邻居　　　　　C 丈夫和妻子　　D 导游

30.　A 房租贵　　　　　　　　　　　　B 环境不好
　　　C 附近饭店太多　　　　　　　　D 顾客不多

31.　A 网上　　　　　B 杂志上　　　　C 黑板上　　　　D 电梯里

32.　A 岁数大了　　　B 是京剧演员　　C 喜欢京剧　　　D 男的生病了

33.　A 堵车　　　　　B 有大雨　　　　C 有工作要做　　D 妈妈过生日

34.　A 手表　　　　　B 手机　　　　　C 照相机　　　　D 身份证

35. A 兴奋 B 失望 C 满意 D 着急

36. A 没结婚 B 生活费高 C 自己带着孩子 D 自己照顾自己

37. A 结婚了 B 很美丽 C 有一个孩子 D 喜欢做生意

38. A 不交朋友 B 做好自己 C 生气 D 坚持改变别人

39. A 改变朋友 B 多交朋友 C 改变环境 D 改变自己

40. A 找人商量 B 道歉 C 直接拒绝 D 要考虑一下

41. A 别太粗心 B 根据自己的能力做事情
    C 要对别人友好 D 要学会说"不"

42. A 身体健康 B 周末休息 C 陪伴家人 D 收到邀请

43. A 别害怕竞争 B 要有判断力 C 多鼓励孩子 D 多陪陪家人

44. A 有酸有甜 B 非常轻松 C 很辛苦 D 每天都很精彩

45. A 要互相理解 B 要帮助别人
    C 自己快乐就好 D 要有同情心

二、阅读

第一部分

第46-50题：选词填空。

A 灯 B 密码 C 篇 D 坚持 E 陪 F 年轻

例如： 她每天都（ D ）走路上下班，所以身体一直很不错。

46. 和相同年龄的人相比，他看上去更（   ）一些。

47. 他就是这（   ）文章的作者，现在是一名记者。

48. 怎么办呢？我忘记这个银行卡的（   ）了。

49. 真正的朋友应该像一盏（   ），能照亮你未来的方向。

50. 有时候，吃完晚饭，爸爸会（   ）着爷爷去公园走走。

第51-55题：选词填空。

      A 质量   **B** 最好   **C** 厉害   **D** 逛   **E** 看   **F** 温度

例如：   **A**：今天真冷啊，好像白天最高（ **F** ）才2℃。

            B：刚才电视里说明天更冷。

51.   **A**：你这条毛巾哪儿买的？看上去（   ）不错。

         B：我也不知道，是我爱人送我的礼物。

52.   **A**：妈妈，你觉得熊和老虎哪个更（   ）？

         B：可能是老虎吧。

53.   **A**：喂，你在哪儿呢？

         B：我和同事在外边（   ）街呢，一会儿回去。

54.   **A**：我们下午5点出发去机场来得及吧？

         B：不一定，今天周末，那会儿正是下班的时候，有可能会堵车，（   ）早点出发。

55.   **A**：你在（   ）什么呢？

         B：我想买个新的书桌，在网上看看，你觉得白色的怎么样？

第二部分

第56-65题：排列顺序。

例如：　**A**：可是今天起晚了

　　　　B：平时我骑自行车上下班

　　　　C：所以就打车来公司　　　　　　　　　　**B A C**

56.　**A**：每当小孩上课不听话

　　　B：王老师经验丰富

　　　C：她都会有很多办法吸引孩子的注意力　　　_____

57.　**A**：直到今天，我们仍然注意这一点

　　　B：这让我们养成了节约的好习惯

　　　C：母亲从小就教育我和弟弟妹妹要懂得节约　　_____

58.　**A**：这次的调查结果显示

　　　B：课前预习和课后复习是很有用的

　　　C：有近70%的学生认为　　　　　　　　　　_____

59.　**A**：《101次求婚》，2月14日与您相约

　　　B：那么，再来看一场浪漫的爱情电影吧

　　　C：如果觉得情人节只送玫瑰花还不够浪漫　　_____

60.　**A**：它不仅能按照人的要求做一些简单的动作

　　　B：那只小狗很聪明

　　　C：例如坐下、站起来等，还会唱歌　　　　　_____

61.　A：在生活中，我们会遇到很多机会

　　　B：但当它来到你身边时

　　　C：你是不是已经做好了准备　　　　　　　_____

62.　A：但我还是一眼就认出了她

　　　B：虽然毕业以后我们有30多年没见面了

　　　C：因为她没怎么变化　　　　　　　　　　_____

63.　A：我妹妹出生在八月十六的晚上

　　　B：所以她的名字叫王圆月

　　　C：那天晚上的月亮又大又圆　　　　　　　_____

64.　A：你从房间的窗户向外看

　　　B：就能看到花园

　　　C：还能看到门口的苹果树　　　　　　　　_____

65.　A：课堂讨论的时候

　　　B：另一方面也要认真地听别人的意见

　　　C：一方面要把自己的想法准确地说出来　　_____

第三部分

第66-85题：请选出正确答案。

例如：　她很活泼，说话也很有趣，总能给我们带来快乐，我们都很喜欢和她在一起。

　　★ 她是个什么样的人？

A 幽默 ✓　　　　B 马虎　　　　C 骄傲　　　　D 害羞

66.　一个家庭，不是靠女人干好家务，管好生活费，看好小孩就能照顾好的，它同样需要男人的付出和关心，生活才能变得幸福。

　　★ 这段话主要谈什么？

A 要有爱心　　　　　　　　B 家庭需要的是什么
C 理解最重要　　　　　　　D 生活态度

67.　"眼见为实，耳听为虚"的意思是，人们不管别人怎么说，只愿意相信自己眼睛看见的东西。可是眼睛看到的也不一定是真的，有时候实际情况并不像我们看见的那样。我们不能只看表面，也要注意其他地方。

　　★ 这段话告诉我们：

A 不能难过　　　　　　　　B 要多听别人的话
C 办事不能只看表面　　　　D 要保护眼睛

68.　感谢鼓励你的人，也要感谢批评你的人，因为鼓励的话语能让我们获得前进的信心，而批评的话语可以让我们更清楚地认识到自己的缺点，让我们改掉错误，变得更好。

　　★ 这段话告诉我们要：

A 对人表示感谢　B 有怀疑态度　　C 感谢批评　　D 改掉错误

69.　早上我刚走进教室，同学们就大笑起来，明明走上前来告诉我："你今天穿的衣服比较特别。"我低头看一眼，才发现原来我早上急着出门，竟然把衣服穿反了。

　　★ 他今天：

A 要去约会　　　B 被表扬了　　　C 出门很着急　　D 忘穿衣服了

70. 《铁路旅客运输规程》规定：一名成年旅客可以免费带一名身高1.2米以下的儿童乘车，其他儿童购买儿童票。

　　★ 身高不超过1.2米的儿童坐车时：

　　　　A 一人免费　　　B 都很紧张　　　C 车票打折　　　D 不能带食品

71. 人们往往只看到别人成功时获得的鲜花和掌声，却很少看到这鲜花和掌声后面的付出。

　　★ 人们很少看到：

　　　　A 自己的优点　　B 后面的努力　　C 别人的批评　　D 自己的责任

72. 昆明的气候条件很特别，一年四季都让人感觉暖和、舒服。即使是冬天，你也能看到很多鲜花，所以昆明有"四季如春"的说法。

　　★ 昆明：

　　　　A 四季都暖和　　B 秋天很长　　　C 没有森林　　　D 没有冬季

73. 《论语》由孔子的学生和后来的学生编写的。主要记录孔子和他学生的言行，比较集中地反映了孔子的思想，是儒家的重要作品之一。

　　★ 关于《论语》，可以知道：

　　　　A 是孔子写的　　B 特别无聊　　　C 赚了很多钱　　D 是儒家重要的书

74. 你从前面这个路口往左转，走过一条马路，再过天桥，下了天桥向右走大约50米，就可以看到那个商店了。

　　★ 那个商店：

　　　　A 很有名　　　　B 在路对面　　　C 离家很远　　　D 在天桥附近

75. 每年有成千上万的年轻人报名参加艺术考试，他们中很多人都抱着成为演员的梦，但其实大部分考生并不清楚表演究竟是什么，他们只看到了当演员好的一面，没有看到要成为演员需要付出的努力。

　　★ 根据这段话，很多考生：

　　　　A 年龄很大　　　　　　　　　B 成绩优秀
　　　　C 不了解表演　　　　　　　　D 不愿意看演员努力

76. 老司机对交通情况都特别熟悉，他们知道一天的每个时段什么路可能堵车，提前出发或者少走这些路段，就可以节约很多时间。

    ★ 根据这段话，老司机：

    A 熟悉交通情况　B 对人热情　　　C 往往很诚实　D 开车速度快

77. 随着电子信息技术的发展，人与人之间的距离越来越近了，只要有网络就能在任何时候互相联系，极大地方便了人们之间的联系。

    ★ 信息技术发展带来的好处是：

    A 减少误会　　　B 减少污染　　　C 联系更方便　D 增加安全感

78. 年轻人最有"冒险精神"，他们愿意尝试新的东西，不怕失败，因为他们相信以后的路还很长，只要不放弃，完全有机会重新再来。

    ★ 为什么说年轻人有冒险精神？

    A 主意多　　　　B 很少后悔　　　C 不怕失败　　D 有父母帮助

79. 中国人常说："水滴石穿。"意思是水一直往下滴，时间长了会把石头滴穿。告诉我们做事只要坚持，就能成功。

    ★ 怎样理解"水滴石穿"？

    A 坚持才是关键　B 要变得勇敢　　C 时间更重要　D 要重视方法

80-81.

　　我小的时候很不听话，有一次，踢足球把奶奶家的窗户打破了。当奶奶发现，问我的时候我没有说话，奶奶没有打我，只是给我讲了一个长鼻子小孩的故事，这个小孩因为不诚实，使自己的鼻子越来越长，样子很难看，就没有小朋友和他玩了。虽然现在我知道这个故事是假的，但是我知道了做人要诚实。

　　★ 说话人怎么把窗户打破的？

    A 打篮球　　　　B 踢足球　　　　C 擦窗户　　　D 关窗户

　　★ 根据这段话可以知道：

    A 小孩很听话　　B 鼻子会变长　　C 奶奶打了我　D 做人要诚实

82-83.

　　吃早茶是中国广东文化中很重要的一部分。很多去广东旅游的人都会去尝尝早茶。早茶中有茶水，茶水便自然是广东早茶中不可缺少的一部分。早茶的茶水有很多种，以红茶为主。早茶中还有各种茶点。吃早茶，已经成了广东人生活中不可缺少的了。

　　★ 根据这段话，可以知道早茶：

　　　　A 就是喝茶　　　　B 不受欢迎　　　　C 种类丰富　　　　D 以绿茶为主

　　★ 这段话主要讲了：

　　　　A 什么是早茶　　　　　　　　B 早茶的种类
　　　　C 吃早茶的饭店　　　　　　　D 早茶的做法

84-85.

　　我刚到小明家的时候，客厅里很安静。爸爸在沙发上坐着看书，妈妈在厨房里做菜，小明在自己的房间里听着音乐写作业，他们家的小猫在床上睡觉，我都进来了他们还不知道。

　　★ 根据这段话可以知道：

　　　　A 小明家有狗　　　　　　　　B 小明爸爸在看报
　　　　C 小明妈妈在客厅　　　　　　D 小明在写作业

　　★ 这段话主要讲了：

　　　　A 小明家很安静　　　　　　　B 小明学习很努力
　　　　C 我和小明一起学习　　　　　D 小明爸爸喜欢看书

三、书写

第一部分

第86-95题：完成句子。

例如：　那座桥　　800年的　　历史　　有　　了

　　　　<u>那座桥有800年的历史了。</u>

86.　道歉了　　很早　　向他们　　我们　　就

87.　欢迎　　那个　　音乐节目　　很　　受

88.　真　　电话　　来得　　及时　　这个

89.　翻译　　文章　　完了　　这个　　全部都

90.　每个人　　别人的　　都　　尊重　　希望获得

91.　饮料　　火车上　　不提供　　免费的

92.　弄脏了　　她　　把　　新衬衫　　一件

93.　蓝天是　　白云的　　和　　家　　鸟儿

94.　买　　那幅画　　走了　　被人　　已经

95.　唱歌　　我姐姐　　两年了　　学　　快

第二部分

第96-100题：看图，用词造句。

例如： 乒乓球 ___他很喜欢打乒乓球。___

96. 出发

97. 香

98. 坚持

99. 打字

100. 举手

新汉语水平考试

HSK（四级）

模拟考试 12

注　　意

一、　HSK（四级）分三部分：

　　1. 听力（45题，约30分钟）

　　2. 阅读（40题，40分钟）

　　3. 书写（15题，25分钟）

二、　听力结束后，有5分钟填写答题卡。

三、　全部考试约105分钟（含考生填写个人信息时间5分钟）。

一、听力

第一部分

第1-10题：判断对错。

例如： 我想去办个信用卡，今天下午你有时间吗？陪我去一趟银行？

★ 他打算下午去银行。 （ ✓ ）

现在我很少看电视，其中一个原因是，广告太多了，不管什么时间，也不管什么节目，只要你打开电视，总能看到那么多的广告，浪费我的时间。

★ 他喜欢看电视广告。 （ × ）

1. ★ 今天是晴天。 （ ）

2. ★ 窗户已经擦干净了。 （ ）

3. ★ 他想找个合适的地方。 （ ）

4. ★ 机场的饭好吃。 （ ）

5. ★ 妈妈专门给我做了蛋糕。 （ ）

6. ★ 他决定再也不买东西了。 （ ）

7. ★ 他要联系王老师。 （ ）

8. ★ 成长能够积累经验。 （ ）

9. ★ 没有样子完全相同的两个人。 （ ）

10. ★ 让别人重新相信自己很容易。 （ ）

第二部分

第11-25题：请选出正确答案。

例如：　女：该加油了，去机场的路上有加油站吗？

　　　　男：有，你放心吧。

　　　　问：男的主要是什么意思？

　　　　A 去机场　　　B 快到了　　　C 油是满的　　　D 有加油站 ✓

11. A 打羽毛球　　B 游泳　　　　C 打网球　　　D 打乒乓球

12. A 来送相机　　B 送相片　　　C 来修手机　　　D 来送材料

13. A 味道咸　　　B 味道辣　　　C 味道正好　　　D 没感觉

14. A 玩手机　　　B 看电视　　　C 洗衣服　　　D 打扫房间

15. A 出门晚了　　B 要去考试　　C 还没交作业　　D 写错答案了

16. A 要打印材料　B 要去准备考试　C 考试结束了　D 演出开始了

17. A 校长　　　　B 顾客　　　　C 售货员　　　D 老师

18. A 公司对面　　B 学校对面　　C 银行后面　　D 学校旁边

19. A 生气了　　　B 没上班　　　C 加班　　　　D 没带钥匙

20. A 很厚　　　　B 弄坏了　　　C 是新出的　　D 能听广播

21. **A** 杂志　　　　　**B** 成绩单　　　　　**C** 报名表　　　　　**D** 材料

22. **A** 没力气了　　　**B** 天气不好　　　　**C** 完成任务了　　　**D** 暂时去不了

23. **A** 肚子疼　　　　**B** 发烧了　　　　　**C** 没吃饭　　　　　**D** 肚子饿了

24. **A** 还没举行　　　**B** 非常热闹　　　　**C** 开得顺利　　　　**D** 不太理想

25. **A** 买东西　　　　**B** 吃饭　　　　　　**C** 借钱　　　　　　**D** 加油

第三部分

第26-45题：请选出正确答案。

例如：　男：把这个文件复印五份，一会儿拿到会议室发给大家。

　　　　女：好的。会议是下午三点吗？

　　　　男：改了。三点半，推迟了半个小时。

　　　　女：好，602会议室没变吧？

　　　　男：对，没变。

　　　　问：会议几点开始？

　　　　A 2:00　　　　　**B** 3:00　　　　　**C** 3:30 ✓　　　　**D** 6:00

26. **A** 东西太难了　　　**B** 东西太多了　　　**C** 累了　　　　**D** 东西马上好了

27. **A** 中文　　　　　　**B** 教育　　　　　　**C** 经济　　　　**D** 体育

28. **A** 答得很好　　　　　　　　　　　　**B** 考得很不好
　　C 已经知道结果了　　　　　　　　**D** 答得比较顺利

29. **A** 找洗手间　　　　**B** 买牙膏　　　　　**C** 去理发　　　**D** 扔垃圾

30. **A** 腿疼　　　　　　**B** 头疼　　　　　　**C** 眼睛看不见　**D** 有点咳嗽

31. **A** 妈妈　　　　　　**B** 奶奶　　　　　　**C** 妹妹　　　　**D** 姐姐

32. **A** 修电视　　　　　**B** 填表格　　　　　**C** 喝咖啡　　　**D** 买报纸

33. **A** 宾馆　　　　　　**B** 办公室　　　　　**C** 火车站　　　**D** 爷爷家

34. **A** 记者　　　　　　**B** 护士　　　　　　**C** 出租车司机　**D** 售货员

35. **A** 工资低 **B** 离家远 **C** 上班不方便 **D** 在网上找的

36. **A** 好动、坐不住 **B** 很认真 **C** 害怕老师 **D** 没有烦恼

37. **A** 严格要求 **B** 多读书 **C** 少做游戏 **D** 让他们感兴趣

38. **A** 周围太乱 **B** 压力大 **C** 戴眼镜太久 **D** 长时间用电脑

39. **A** 吃药 **B** 少吃辣 **C** 注意休息 **D** 多吃水果

40. **A** 如何花钱 **B** 如何赚钱 **C** 如何打扮 **D** 浪费

41. **A** 要有理想 **B** 学会赚钱 **C** 不用节约 **D** 学会怎样花钱

42. **A** 警察 **B** 医生 **C** 教授 **D** 教师

43. **A** 重新回战场 **B** 去跑步 **C** 有一条新腿 **D** 以后怎样生活

44. **A** 聪明漂亮 **B** 马马虎虎 **C** 聪明努力 **D** 诚实勇敢

45. **A** 为经理干活 **B** 为同事干活 **C** 为公司办活动 **D** 为公司招聘

二、阅读

第一部分

第46-50题：选词填空。

A 但 　　　　**B** 准时 　　**C** 留 　　　　**D** 坚持 　　**E** 不容易 **F** 免费

例如： 她每天都（ **D** ）走路上下班，所以身体一直很不错。

46. 每天下午2点（ 　　 ）上课，千万别迟到。

47. 在那个地方，你可以（ 　　 ）喝水。

48. 真奇怪，我从来没有见过你，（ 　　 ）对你有种熟悉的感觉。

49. 那位女记者给我们（ 　　 ）下了很深的印象。

50. 昨天的篮球比赛他们队赢得非常（ 　　 ）。

第51-55题：选词填空。

A 请客　　B 申请　　C 座位　　D 流行　　E 困难　　F 温度

例如：　A：今天真冷啊，好像白天最高（　F　）才2℃。
　　　　B：刚才电视里说明天更冷。

51.　A：刘明，你的这双袜子真特别，上边都是一个个的洞。
　　　B：怎么样？这是今年最（　　）的了。

52.　A：我把那份材料发到你电子邮箱里了，你收到了吗？
　　　B：我的邮箱出了问题，我需要重新（　　）一个。

53.　A：对不起，这个问题有些（　　），我明天再告诉你。
　　　B：好的，没问题。

54.　A：我在网上买了车票，你到时候想坐哪一个（　　）？
　　　B：我想要窗户旁边的。

55.　A：小张，这家饭店真不错！
　　　B：大家喜欢就好，都别客气，今天我（　　）。

第二部分

第56-65题：排列顺序。

例如：　A：可是今天起晚了

　　　　B：平时我骑自行车上下班

　　　　C：所以就打车来公司　　　　　　　　　　　　**B A C**

56.　A：所以我们来早了

　　　B：没想到半路上就停了

　　　C：我们出门的时候，下着大雨　　　　　　　　_____

57.　A：我就搬到了父母身边

　　　B：9岁那年，我要上学

　　　C：我小时候和爷爷在农村住　　　　　　　　　_____

58.　A：会议地点不变，还是在体育馆门前

　　　B：大家注意一下，刚才接到通知

　　　C：但是时间改到早上8:00　　　　　　　　　　_____

59.　A：听到这个消息

　　　B：全家都为他感到高兴

　　　C：弟弟的手术非常顺利　　　　　　　　　　　_____

60　A：有的店里的东西还不错，有时间你可以去转转

　　　B：中街是沈阳一条有名的街道

　　　C：街道两边有一些有名的小店儿　　　　　　　_____

61. A： 任何失败都是暂时的，只要不放弃希望

    B： 根据这个故事我们可以知道

    C： 成功一定会到来的

    _____

62. A： 昨天竟然在图书馆里见到了

    B： 毕业20多年了，一直都没有联系

    C： 他是我的小学同学

    _____

63. A： 每个班大约有30多名学生，要是全体都去的话

    B： 我们年级一共有3个班

    C： 两辆车肯定不够

    _____

64 A： 我们就分开了

    B： 一开始我们关系很好

    C： 后来发生了点儿误会

    _____

65. A： 所以只能买便宜的衣服

    B： 但大部分都花在了买书上

    C： 李小姐工资不低

    _____

第三部分

第66-85题：请选出正确答案。

例如：　她很活泼，说话也很有趣，总能给我们带来快乐，我们都很喜欢和她在一起。

★ 她是个什么样的人？

A 幽默 ✓　　　　B 马虎　　　　C 骄傲　　　　D 害羞

66. 人的生活不能一直停在原地，我们的生活要继续往前走。只有一直努力学习和工作，以后的生活才会更精彩。

★ 这段话主要想告诉我们：

A 活在今天　　　B 要勇敢　　　C 要坚持学习　　D 要锻炼身体

67. 《动物世界》这个节目一直很受欢迎。通过这个节目，观众不但能认识很多动物，还可以学到很多知识。

★ 《动物世界》这个节目：

A 不够精彩　　　B 值得看　　　C 广告多　　　D 主要介绍地理

68. 说话是一门艺术，会说话的人做起事情来很容易，所以成功的人，一定都有一个共同点，就是会说话。小语言成就大智慧，说话是人与人之间打开心门的一把钥匙。

★ 这段话告诉我们，会说话能使人：

A 变得聪明　　　B 提高修养　　　C 获得成功　　　D 提高管理水平

69. 许多女孩子都爱逛街买衣服。自己已经有很多衣服了，但每次出去约会都找不到合适的衣服穿，总是为了一件衣服，又重新买了裤子，又为了裤子重新买了鞋子和包。

★ 许多女孩子约会前，会觉得：

A 很困　　　　B 太麻烦　　　C 缺少衣服　　　D 特别兴奋

70. 生活中多经历一些困难并不是坏事。这些困难能使自己得到锻炼。遇到困难时，首先不是等着别人帮你，而是积极地去想办法，解决问题。

★ 遇到困难时，首先应该：

A 自己想办法　　B 寻找帮助　　C 等待帮助　　D 不去理会

71. 很多人爱吃甜食，尤其是女性。虽然吃甜食会让人发胖，但她们还是非常愿意吃，这是为什么呢？最主要的原因就是吃甜的东西能让人的心情变得愉快。

★ 根据这段话，女性喜欢吃甜食的原因是：

A 味道好　　B 让心情变好　　C 让生活幸福　　D 减肥效果好

72. 人人都有不同的减压方法，有的人喜欢唱歌。而我感觉压力大时，我会去打羽毛球或者跑步。我觉得这种方法比较健康，流了一身汗，减轻了压力，又锻炼了身体。

★ 有压力时，他会：

A 唱歌　　B 运动　　C 跳舞　　D 吃东西

73. 我们说一件事情的时候，要说得清清楚楚，按顺序把事情发生的原因、经过和结果说清楚，这样听话人才会明白。

★ 怎么样才能把事情说明白？

A 按照顺序　　B 写下来　　C 练习很多遍　　D 都告诉别人

74. 李明，我仔细看了一下，这次的考试内容和我们之前讲的差不多，你学习这么好，应该去试试。

★ 说话人想让李明：

A 接受邀请　　B 参加考试　　C 降低要求　　D 去参加招聘

75. 卫生纸使用确实很方便，但是它的大量生产也会浪费森林资源。我们每个人都有责任保护环境。因此，大家要节约用纸。

★ 大量使用卫生纸，会：

A 吸引顾客　　B 破坏森林　　C 影响心情　　D 增加收入

76. 老师经常对学生说"温故而知新。"意思是学习过的知识也要常拿出再学一遍，对原来知识重复地学习，也能重新获得和以前不一样的收获。

　　★ 根据这段话，我们应该：

　　　A 更努力　　　　　　　　　　B 坚持学习新知识
　　　C 多看书　　　　　　　　　　D 多回忆学过的东西

77. 人应该多思考，会怀疑。读过很多书之后，不能总是相信并且接受书上写的所有内容，因为书上有的知识并不总是正确的。我们需要自己去思考。

　　★ 根据这段话，读书：

　　　A 必须预习　　　B 内容要丰富　　C 要多思考　　D 要多总结

78. 我出生在北方，有一年下了一场雪下得特别大，同学们都很激动，于是都跑到外面去玩儿雪。后来工作了，来到南方，再也没见过这么大的雪了。

　　★ 说话人：

　　　A 很活泼　　　B 很伤心　　　C 是南方人　　D 在北方长大

79. 中国人有早睡早起的习惯，尤其是老年人，老年人起床后经常在公园锻炼身体，运动使他们看起来更年轻、更健康。

　　★ 这段话主要谈：

　　　A 生活经历　　　B 生活习惯　　　C 社会环境　　　D 人和人的关系

80-81

　　动物们准备举办一场晚会，森林里的小动物们都积极报名参加，小鸟要唱歌，小猴要跳舞，狐狸要讲笑话，狮子说要为大家照相，熊猫说："我不会表演，但是我给大家当观众，给你们鼓掌"。

　　★ 谁打算为大家讲笑话？

　　　A 猴子　　　B 马　　　C 狮子　　　D 狐狸

　　★ 熊猫准备为大家：

　　　A 唱歌　　　B 演杂技　　　C 照相　　　D 鼓掌

82-83.

真正的朋友是在你遇到困难的时候，会站出来帮你；当你做错事的时候，他会直接指出来，让你改正；当你难过的时候，会陪在你身边，想办法让你开心。

★ 根据这段话，朋友可以帮你：

A 总结经验　　　B 照顾家人　　　C 获得幸福　　　D 改正错误

★ 这段话主要是介绍：

A 困难　　　　　B 爱情　　　　　C 友谊　　　　　D 态度

84-85.

沈阳是历史文化名城，因地处古代的沈水的北面而得名，是东北地区最大的城市。沈阳市共有三处世界文化遗产，是除北京之外，中国世界文化遗产最多的城市。

★ 沈阳：

A 全国最大　　　B 人口多　　　　C 四面都是水　　　D 有世界文化遗产

★ 这段话谈了：

A 沈阳的气候　　　B 沈阳的位置　　　C 沈阳的人口　　　D 沈阳的经济

三、书写

第一部分

第86-95题：完成句子。

例如： 那座桥　　800年的　　历史　　有　　了

　　　　<u>那座桥有800年的历史了。</u>

86.　水　　　杯子里　　　的　　　满了　　　快

87.　不　　　学校　　　停车　　　允许　　　门口

88.　不应该　　我们难道　　去　　　吗　　　那里

89.　密码　　吗　　你能把　　银行卡　　改了

90.　今年的　　两倍　　多了　　比去年　　人数

91.　森林之王　　老虎　　称为　　这种动物　　被

92.　那个座位　　中间的　　吗　　有人　　第二排

93.　历史教授　　作者　　是著名的　　这篇文章的

94.　互相　　应该　　之间　　信任　　朋友

95.　天气　　中国朋友　　韩国的　　跟你　　介绍一下

第二部分

第96-100题：看图，用词造句。

例如：　　　　　　乒乓球　　　　　他很喜欢打乒乓球。

96.　　　　　　　工作

97.　　　　　　　尝

98.　　　　　　　感冒

99.　　　　　　　签证

100.　　　　　　照相

新汉语水平考试
HSK（四级）
模拟考试 13

注　　意

一、　HSK(四级)分三部分：

　　1. 听力(45题，约30分钟)

　　2. 阅读(40题，40分钟)

　　3. 书写(15题，25分钟)

二、　听力结束后，有5分钟填写答题卡。

三、　全部考试约105分钟(含考生填写个人信息时间5分钟)。

一、听力

第一部分

第1-10题：判断对错。

例如： 我想去办个信用卡，今天下午你有时间吗？陪我去一趟银行？

★ 他打算下午去银行。 （ ✓ ）

现在我很少看电视，其中一个原因是，广告太多了，不管什么时间，也不管什么节目，只要你打开电视，总能看到那么多的广告，浪费我的时间。

★ 他喜欢看电视广告。 （ × ）

1. ★ 我以后想成为医生。 （ ）

2. ★ 他们明天要加班。 （ ）

3. ★ 人会一直成功。 （ ）

4. ★ 考试已经结束了。 （ ）

5. ★ 他还没有适应南方的气候。 （ ）

6. ★ 那位记者刚大学毕业。 （ ）

7. ★ 电话号码填错了。 （ ）

8. ★ 铅笔掉沙发下面了。 （ ）

9. ★ 人们很喜欢中国音乐。 （ ）

10. ★ 要想成功就得付出。 （ ）

第二部分

第11-25题：请选出正确答案。

例如： 女：该加油了，去机场的路上有加油站吗？

男：有，你放心吧。

问：男的主要是什么意思？

A 去机场　　　B 快到了　　　C 油是满的　　　D 有加油站 ✓

11. A 电影院　　　B 宾馆　　　C 大使馆　　　D 国家图书馆

12. A 搬家　　　B 买蛋糕　　　C 办签证　　　D 理发

13. A 早点儿起床　　　B 好好休息　　　C 口渴　　　D 减肥

14. A 爬山　　　B 散步　　　C 海洋馆　　　D 超市

15. A 发烧了　　　B 去旅游了　　　C 去看病了　　　D 在家睡觉了

16. A 很不错　　　B 很详细　　　C 没有重点　　　D 很一般

17. A 太厚了　　　B 很暖和　　　C 蓝色的很好　　　D 不舒服

18. A 丈夫和妻子　　　B 爸爸和女儿　　　C 朋友　　　D 同学

19. A 邻居　　　B 姐姐　　　C 同事　　　D 王医生

20. A 发传真　　　B 寄给他　　　C 打印出来　　　D 发电子邮件

21. **A** 迟到了　　　　**B** 要去开会　　　**C** 不在家吃饭　　**D** 把钱包丢了

22. **A** 推迟了　　　　**B** 很让人失望　　**C** 他们班赢了　　**D** 很精彩

23. **A** 水果　　　　　**B** 牙膏　　　　　**C** 果汁　　　　　**D** 垃圾桶

24. **A** 头疼　　　　　**B** 肚子难受　　　**C** 手擦破了　　　**D** 咳嗽得厉害

25. **A** 警察　　　　　**B** 出租车司机　　**C** 护士　　　　　**D** 老师

第三部分

第26-45题：请选出正确答案。

例如：　男：把这个文件复印五份，一会儿拿到会议室发给大家。

　　　　女：好的。会议是下午三点吗？

　　　　男：改了。三点半，推迟了半个小时。

　　　　女：好，602会议室没变吧？

　　　　男：对，没变。

　　　　问：会议几点开始？

　　　　A 2:00　　　　　B 3:00　　　　　C 3:30 ✓　　　　D 6:00

26. A 桌子上　　　　　B 包里　　　　　C 报纸下面　　　　D 教室里

27. A 价格便宜的　　　B 带家具的　　　C 购物方便的　　　D 离公司远的

28. A 看演出　　　　　B 看朋友　　　　C 学汉语　　　　　D 谈生意

29. A 男的生病了　　　　　　　　　　　B 这个星期出结果了
　　 C 女的很生气　　　　　　　　　　　D 结果还没出来

30. A 刚学游泳　　　　B 很累　　　　　C 在上体育课　　　D 每天都预习

31. A 两块　　　　　　B 五块　　　　　C 两块五　　　　　D 三块五

32. A 开会　　　　　　B 看电影　　　　C 上课　　　　　　D 打电话

33. A 忘带钥匙了　　　B 陪孩子画画儿　C 赶飞机　　　　　D 还在谈生意

34. A 写材料　　　　　B 取总结　　　　C 还杂志　　　　　D 学普通话

35. **A** 很漂亮　　　　**B** 孩子上一年级　　　**C** 个子不高　　　　**D** 快生孩子了

36. **A** 不会查词典　　　**B** 汉语很好　　　　**C** 想做生意　　　　**D** 是记者

37. **A** 问老师　　　　　**B** 查词典　　　　　**C** 记在书上　　　　**D** 暂时放一边

38. **A** 多练习　　　　　**B** 多听批评　　　　**C** 认真读书　　　　**D** 多学习

39. **A** 积极的人　　　　**B** 聪明的人　　　　**C** 有理想的人　　　**D** 敢说真话的人

40. **A** 寒暑假　　　　　**B** 每年　　　　　　**C** 每天中午　　　　**D** 每月15号

41. **A** 天气热　　　　　**B** 参观人数太少　　**C** 提高竞争力　　　**D** 保证人们安全

42. **A** 爱打扮　　　　　**B** 爱唱歌　　　　　**C** 花钱随便　　　　**D** 想买台电脑

43. **A** 变美丽了　　　　**B** 变勇敢了　　　　**C** 变懂事了　　　　**D** 变辛苦了

44. **A** 兴奋　　　　　　**B** 伤心　　　　　　**C** 失望　　　　　　**D** 骄傲

45. **A** 是别人的了　　　**B** 特别轻　　　　　**C** 坏了　　　　　　**D** 是绿色的

二、阅读

第一部分

第46-50题：选词填空。

A 招聘　　　B 演出　　　C 条件　　　D 坚持　　　E 交流　　　F 主动

例如：　她每天都（　D　）走路上下班，所以身体一直很不错。

46. 虽然我们现在的（　　）不好，但还是有希望的。

47. 这件事是我的不对，我应该（　　）向他道歉。

48. 这次（　　）的范围，主要面向的是硕士。

49. 没想到她第一次（　　）就取得了这么大的成功。

50. 网上的各种聊天工具使人们之间的（　　）变得更方便了。

第51-55题：选词填空。

A 感谢　　B 毛巾　　C 重视　　D 堵车　　E 起来　　F 温度

例如：　A：今天真冷啊，好像白天最高（ F ）才2℃。
　　　　B：刚才电视里说明天更冷。

51.　A：路上（　　），我恐怕要晚一点儿才能到。
　　　B：没事，你不用着急，我也刚到。

52.　A：你觉得把桌子放在这儿怎么样？
　　　B：还是放在客厅吧，用（　　）方便，还能让卧室看着更大一些。

53.　A：妈，帮我拿条（　　），我忘记拿进来了。
　　　B：哪一条？是这条新买的吗？

54.　A：真的很（　　）您的到来，为我们解决了这么多问题。
　　　B：不客气，能帮到你们我很高兴。

55.　A：孩子现在的问题不太严重，但父母必须要（　　）。
　　　B：我们会的，谢谢老师。

第二部分

第56-65题：排列顺序。

例如：　　**A**：可是今天起晚了

　　　　　B：平时我骑自行车上下班

　　　　　C：所以就打车来公司

B A C

56.　　**A**：如果长时间把它放在阳光下

　　　　B：不但长得慢，而且很容易掉叶子

　　　　C：这种植物不喜欢阳光

57.　　**A**：下个月正好他过生日

　　　　B：爸爸很早之前就想买个照相机

　　　　C：我打算送他一个

58.　　**A**：可是到了公园突然刮起了大风

　　　　B：我本来准备今天和朋友一起去打羽毛球

　　　　C：我们不得不改变了计划

59.　　**A**：从这个路口往东走500米

　　　　B：电影院离这儿不太远

　　　　C：右手边有座黄色的房子，那儿就是

60.　　**A**：是因为不仅语言十分有趣

　　　　B：里面的图片也很漂亮

　　　　C：这部小说之所以受儿童的欢迎

61. A：尽管这项工作很难

    B：可大家实在是太感兴趣了

    C：不到一周时间就完成了 _____

62. A：做好小事是完成大事的第一步

    B：并从中积累经验，为成功打下基础

    C：因此我们要把每件小事都看成是一次学习的机会 _____

63. A："万事开头难"这句话的意思是说

    B：一开始都很不容易

    C：做任何事情 _____

64. A：昨天我一边走路一边用手机看新闻

    B：到现在我还害怕呢

    C：差一点被车撞 _____

65. A：所以我也记不清楚密码到底是多少了

    B：这张信用卡是去年我在北京工作的时候办的

    C：后来又办几张其他的卡 _____

第三部分

第66-85题：请选出正确答案。

例如： 她很活泼，说话也很有趣，总能给我们带来快乐，我们都很喜欢和她在一起。

★ 她是个什么样的人？

A 幽默 ✓　　　　B 马虎　　　　C 骄傲　　　　D 害羞

66. 生活中有酸，有甜，有苦，有辣，就像是一道菜，正是由于有这些不同的味道，生活才变得有意思。

★ 这段话主要谈什么？

A 梦　　　　B 生活　　　　C 生命　　　　D 语言

67. 上次的活动小刘办得不错，大家都玩儿得很高兴，这次还是由她来负责安排吧。

★ 说话人希望小刘：

A 表演节目　　　　　　　　B 去旅游
C 安排这次活动　　　　　　D 多准备些吃的

68. 生活中，人与人的交往是相互的，我们要说自己的看法，也要考虑别人的意见，同时还要懂礼貌，当别人在说话的时候，我们要认真地听。

★ 根据这段话，可以知道什么？

A 要有同情心　　B 要尊重别人　　C 眼睛会骗人　　D 可以随便说话

69. 无论做什么事情，最好当天的事情要在当天完成，不要拖到明天，因为明天还有明天的事情，把明天的事再拖到后天，事情就永远办不成了。

★ 根据这段话，今天的事情应该：

A 明天做　　　　B 今天做　　　　C 改天做　　　　D 有时间做

70. 牡丹花颜色鲜艳，有"花中之王"的名字，主要根据花的颜色，可分成上百种，它四季开花，是中国特有的一种花。与它有关的文化和绘画作品很丰富。

★ 关于牡丹花，可以知道：

    A 很矮   **B** 很名贵   **C** 颜色少   **D** 秋冬都不开花

71. 挣钱很重要，但身体健康更重要，钱再多也买不来健康。所以平时要注意锻炼，别等身体出问题了才后悔。

★ 这段话主要谈：

    A 不要后悔   **B** 应重视健康   **C** 要多挣钱   **D** 怎样解决问题

72. 对每一个准备出国留学的人来说，心情都是复杂的。全新的生活马上开始会很兴奋。但要和家人朋友分开，内心又是难过的。

★ 要留学的人感到兴奋的是：

    A 离开家人   **B** 受到表扬   **C** 出国旅游   **D** 开始新生活

73. 现在只要到节假日，各大商场都有打折活动，这时候买东西是最便宜的，能比平时少花一半儿的钱，因此会吸引大量的顾客前来消费。

★ 商场打折的目的是：

    A 检查质量   **B** 吸引顾客
    C 招聘更多的人   **D** 提高消费水平

74. 法律禁止司机酒后开车。但还是有很多人酒后开车，造成了悲剧的发生。因此，每个人都应该记住："开车千万不要喝酒，喝酒千万不要开车。"

★ 根据这段话，可以知道：

    A 不要喝酒   **B** 不要开车   **C** 不要看悲剧   **D** 酒后不能开车

75. 要想成功不仅要有能力，还要有态度。做事认真负责，用严格的标准来要求自己才会让自己变得更优秀。

★ 想要成功，必须：

    A 降低标准   **B** 帮助他人   **C** 说自己优秀   **D** 严格要求自己

76. 我对现在的这份工作还比较满意。首先，我学的就是这个专业；其次，同事们都很喜欢我；另外，工资也还算可以，还有奖金。

★ 根据这段话，可以知道我：

A 工作累　　　B 受欢迎　　　C 奖金很少　　　D 收入很低

77. 先生，您先填一下这张申请表，姓名、性别、年龄和电话号码都要写，填完之后交给那边工作的人。

★ 先生需要：

A 填表格　　　B 讲笑话　　　C 继续努力　　　D 打扫教室

78. 我们在听别人讲话的时候一定要有耐心，有的时候如果没听别人解释就作决定，很容易发生误会，影响到我们之间的感情。

★ 怎样才能减少误会的发生？

A 有责任心　　　　　　　　B 找人商量
C 耐心听人解释　　　　　　D 快速做出判断

79. 我们想做一件事情的时候，千万不要放手，因为我们不知道以后是否真的还有机会。将来会发生什么事情，谁也说不准。因此，当机会到来时，一定要抓住。

★ 这段话告诉我们：

A 要有信心　　　B 不要错过机会　　　C 要学会拒绝　　　D 要学会放手

80-81.

写日记是个好习惯，把每天发生的事情写在日记本上，用文字对每天生活进行总结，给生活留下美好的记忆。现在越来越多的人们喜欢在网上写日记，不仅记下了每天发生的事，还能节约用纸，保护环境。

★ 关于写日记，下列哪个正确？

A 没有市场　　　B 浪费时间　　　C 是好习惯　　　D 节约

★ 根据这段话，网上写日记有什么优点？

A 对身体好　　　B 节约用纸　　　C 能治病　　　D 节约用电

82-83.

　　找工作时，你觉得什么最重要？工资还是以后的发展？在我看来，钱多少不是最重要的，选择最合适的才是最重要的。而最合适的也就是你最感兴趣的事情了。只有当你做喜欢的事的时候，才不会感到累，更不会觉得有太大的压力。

　　★ 根据这段话，他认为什么最重要？

　　　A 兴趣　　　　　B 发展　　　　　C 收入　　　　　D 能力

　　★ 这段话主要谈：

　　　A 兴趣爱好的重要性　　　　　　B 学校教育的关键
　　　C 阅读的作用　　　　　　　　　D 选择职业的关键

84-85.

　　"熟能生巧"这句话是说，一件事我们做很多次，就越来越熟悉，慢慢地掌握其中的技巧了。养成好的习惯就需要坚持。就拿写字来说，不少人刚开始练习时，会感觉十分无聊、很累，于是很快就放弃了，但是坚持下来的人会告诉你："只要坚持一段时间，你会发现，你写的字越来越好了。"

　　★ 刚开始写字时，很多人会觉得：

　　　A 很紧张　　　　　B 没意思　　　　　C 很有趣　　　　　D 很简单

　　★ 根据这段话，养成好习惯：

　　　A 贵在坚持　　　　　B 很无聊　　　　　C 要多学多听　　　D 需要别人帮忙

三、书写
第一部分

第86-95题：完成句子。

例如： 那座桥　　　800年的　　　历史　　　有　　　了
　　　　<u>那座桥有800年的历史了。</u>

86. 比较　　　女儿的　　　活泼　　　我　　　性格

87. 被　　　了　　　那个瓶子　　　猫　　　打破

88. 准备　　　去　　　他　　　和谁　　　看电影

89. 坏了的表　　　找人　　　我　　　来修理　　　那块

90. 是　　　听音乐会的　　　一块儿　　　她邀请我　　　去

91. 请把　　　按照　　　这些材料　　　排好　　　时间顺序

92. 肯定　　　他　　　你的看法　　　同意　　　不会

93. 能　　　拿给我　　　那本杂志　　　把　　　吗

94. 乘坐的　　　您　　　马上就要　　　航班　　　起飞了

95. 寄往　　　的　　　一封信　　　这是　　　首尔

第二部分

第96-100题：看图，用词造句。

例如： 乒乓球   <u>他很喜欢打乒乓球。</u>

96.  蛋糕   97.  洗

98.  双   99.  穿鞋

100.  吃药

新汉语水平考试
HSK（四级）
模拟考试 14

注　　意

一、　HSK（四级）分三部分：

　　　1. 听力（45题，约30分钟）

　　　2. 阅读（40题，40分钟）

　　　3. 书写（15题，25分钟）

二、　听力结束后，有5分钟填写答题卡。

三、　全部考试约105分钟（含考生填写个人信息时间5分钟）。

一、听力

第一部分

第1-10题：判断对错。

例如：　　我想去办个信用卡，今天下午你有时间吗? 陪我去一趟银行?

★ 他打算下午去银行。　　　　　　　　　　(✓)

现在我很少看电视，其中一个原因是，广告太多了，不管什么时间，也不管什么节目，只要你打开电视，总能看到那么多的广告，浪费我的时间。

★ 他喜欢看电视广告。　　　　　　　　　　(×)

1.　★ 现在是冬季。　　　　　　　　　　　　(　　)

2.　★ 饺子没放盐。　　　　　　　　　　　　(　　)

3.　★ 小刘和小张赢了。　　　　　　　　　　(　　)

4.　★ 他已经通过了考试。　　　　　　　　　(　　)

5.　★ 带花园的房子比较受欢迎。　　　　　　(　　)

6.　★ 他五年前没什么名儿。　　　　　　　　(　　)

7.　★ 中国制造的产品质量好。　　　　　　　(　　)

8.　★ 乐观的人容易交到朋友。　　　　　　　(　　)

9.　★ 她去过很多国家。　　　　　　　　　　(　　)

10.　★ 这是他第二次爬长城。　　　　　　　　(　　)

第二部分

第11-25题：请选出正确答案。

例如：　女：该加油了，去机场的路上有加油站吗？

　　　　男：有，你放心吧。

　　　　问：男的主要是什么意思？

　　　　A 去机场　　　B 快到了　　　C 油是满的　　　D 有加油站 ✓

11. A 超市　　　　　B 菜市场　　　　C 动物园　　　　D 出租车上

12. A 刷牙了　　　　B 吃饱了　　　　C 爱吃饼干　　　D 医生让他少吃

13. A 非常困　　　　B 发烧了　　　　C 没起床　　　　D 迟到了

14. A 公园里人很多　　　　　　　B 路上堵车
　　 C 女的在找公园　　　　　　　D 商店很热闹

15. A 迟到了　　　　B 要加班　　　　C 肚子难受　　　D 计划变了

16. A 着急　　　　　B 得意　　　　　C 难过　　　　　D 兴奋

17. A 修洗衣机　　　B 送家具　　　　C 修空调　　　　D 借照相机

18. A 看电视　　　　B 问老师　　　　C 查词典　　　　D 报纸上有

19. A 产品数量　　　B 报名人数　　　C 会议时间　　　D 奖金

20. A 没地址　　　　B 没检查　　　　C 没复印　　　　D 没空

21. **A** 很新　　　**B** 不够亮　　　**C** 很便宜　　　**D** 样子不好看

22. **A** 睡觉　　　**B** 看医生　　　**C** 请假　　　**D** 出差

23. **A** 问路　　　**B** 找人　　　**C** 需要帮忙　　　**D** 道歉

24. **A** 搬椅子　　　**B** 挂画　　　**C** 抬沙发　　　**D** 洗衬衫

25. **A** 汉语很好　　　**B** 变懒了　　　**C** 完成任务了　　　**D** 很粗心

第三部分

第26-45题：请选出正确答案。

例如： 男：把这个文件复印五份，一会儿拿到会议室发给大家。

女：好的。会议是下午三点吗？

男：改了。三点半，推迟了半个小时。

女：好，602会议室没变吧？

男：对，没变。

问：会议几点开始？

A 2:00   B 3:00   C 3:30 ✓   D 6:00

26. A 爱打扮   B 是老师   C 是护士   D 想当警察

27. A 牙疼   B 哭了   C 手受伤了   D 耳朵不舒服

28. A 想先去银行   B 要去约会   C 错过了航班   D 要办护照

29. A 咖啡馆   B 学校   C 宾馆   D 医院

30. A 是外国人   B 喜欢中国武术   C 喜欢书法   D 没学过书法

31. A 男的是律师   B 男的是导游   C 女的很失望   D 他们还会联系

32. A 住在长江边   B 学游泳
    C 在长江里游泳   D 会游泳

33. A 约会   B 出差   C 面试   D 上学

34. A 脏了   B 旧了   C 破了   D 被女的扔了

35. **A** 戴上眼镜　　　**B** 少带东西　　　**C** 多拿水果　　　**D** 带行李箱

36. **A** 让他别紧张　　**B** 觉得他很聪明　**C** 医院要求的　　**D** 心情好

37. **A** 肚子难受　　　**B** 不想打针　　　**C** 不相信大夫　　**D** 想现在理发

38. **A** 照相　　　　　**B** 打招呼　　　　**C** 打电话　　　　**D** 找人

39. **A** 认错人了　　　**B** 没看见同学　　**C** 跑累了　　　　**D** 很高兴

40. **A** 喜欢安静　　　**B** 喜欢喝水　　　**C** 喜欢干杯　　　**D** 喜欢大声说话

41. **A** 心情好　　　　**B** 菜好吃　　　　**C** 是免费的　　　**D** 酒太少了

42. **A** 写字麻烦　　　**B** 不爱写字　　　**C** 不会写字　　　**D** 节约用纸

43. **A** 要有理想　　　　　　　　　　　　　**B** 不要怕麻烦
　　C 麻烦可能是好事　　　　　　　　　**D** 要多提问题

44. **A** 个子矮　　　　**B** 是研究生　　　**C** 专业是法律　　**D** 想成为警察

45. **A** 借书　　　　　**B** 整理材料　　　**C** 参加面试　　　**D** 旅行

二、阅读

第一部分

第46-50题：选词填空。

  A 本来 **B** 衬衫 **C** 不得不 **D** 坚持 **E** 填 **F** 粗心

例如： 她每天都（ **D** ）走路上下班，所以身体一直很不错。

46. 您好，您需要先（ ）一张申请表。

47. 这件事情（ ）就不是你负责的，所以你不要太担心了。

48. 由于下雨，这次的演出（ ）推迟一周举行。

49. 儿子，你干什么了？（ ）怎么这么脏？

50. 你真是太（ ）了，竟然把考试时间记错了。

第51-55题：选词填空。

A 凉快　　B 刚　　　C 干　　　D 打折　　E 篇　　　F 温度

例如：　A：今天真冷啊，好像白天最高（　F　）才2℃。
　　　　B：刚才电视里说明天更冷。

51.　A：这（　　）报道我中午就要用，你帮我看看。
　　　B：行，你先放我桌子上吧，我马上就看。

52.　A：秋天到了，最近没下雨，天气很（　　）。
　　　B：是啊，平时得多喝水呢。

53.　A：房间里很热，外面却挺（　　）的，咱们去花园里散步吧。
　　　B：你等我几分钟，我先把碗刷了。

54.　A：你看见小李了吗？我有事情找他。
　　　B：他（　　）离开这儿，应该还没走远。

55.　A：周末去商店逛逛吧，最近又有很多（　　）活动呢。
　　　B：好，正好我也打算去买衬衫。

第二部分

第56-65题：排列顺序。

例如：   **A**：可是今天起晚了

        B：平时我骑自行车上下班

        C：所以就打车来公司

B A C

---

56.   **A**：这样会凉快一点儿

      B：儿子，既然外面不热

      C：你还是把这件厚衣服脱了吧

---

57.   **A**：他从9岁开始练习打羽毛球

      B：大家都为他感到骄傲

      C：18岁就成为了亚运会的冠军

---

58.   **A**：由于我的错误决定

      B：所以我应该向他道歉

      C：导致了问题的发生

---

59.   **A**：但是如果没有引起重视

      B：有些错虽然看起来很小

      C：积累下去很可能会发展成大错

---

60.   **A**：只要找到了做事情的正确方法

      B：就能花较少的时间和力气取得更好的效果

      C："事半功倍"的意思是说

---

61. **A**：中国是一个多民族的国家

　　B：不同民族之间的节日也有很大的区别

　　C：由于各民族历史和文化不同　　　　　　　　　＿＿＿＿＿＿＿＿＿＿

62. **A**：我逐渐适应了这里的气候和生活

　　B：来沈阳半年多了

　　C：也交到了许多朋友　　　　　　　　　　　　　＿＿＿＿＿＿＿＿＿＿

63. **A**：上面的"日"是太阳，下面的"一"是地面

　　B：所以"旦"在汉语中最早是表示"日出"的意思

　　C："旦"是由两部分组成　　　　　　　　　　　＿＿＿＿＿＿＿＿＿＿

64. **A**：那条路这个时候经常堵车，不想迟到的话

　　B：这样，估计比开车还能快一些

　　C：咱们还是去坐地铁吧　　　　　　　　　　　　＿＿＿＿＿＿＿＿＿＿

65. **A**：而是因为他一直努力，不放弃

　　B：不是因为他多么聪明、多么有能力

　　C：很多时候一个人能取得成功　　　　　　　　　＿＿＿＿＿＿＿＿＿＿

第三部分

第66-85题：请选出正确答案。

例如：　她很活泼，说话也很有趣，总能给我们带来快乐，我们都很喜欢和她在一起。

　　★ 她是个什么样的人？

　　A 幽默 ✓　　　　B 马虎　　　　C 骄傲　　　　D 害羞

66. 我姐姐是大学老师，每个寒暑假她都会出去旅行。现在，她几乎玩儿遍了中国。她今年计划去国外玩儿。

　　★ 姐姐：

　　A 请假了　　　　B 经常旅游　　　C 准备留学　　D 是中文老师

67. 讨论在学习中起着重要的作用。学生需要先有自己的想法，然后与别人进行交流，从中发现问题并且找到解决问题的办法，这比老师讲、学生听的效果要好得多。

　　★ 讨论能让学生：

　　A 交流看法　　　B 懂得节约　　　C 接受批评　　D 相信别人

68. 你放心，我7月底去北京出差，大概一个星期就能回来，最多也不会超过10天，肯定能回来给你过生日。

　　★ 说话人是什么意思？

　　A 最近很忙　　　B 时间来得及　　C 感到很抱歉　D 没买到礼物

69. 生活中不能缺少理想。有理想，人知道自己前进的方向，他们每做出一份努力都会觉得自己离目的地更近了，即使暂时遇到困难，他们也不会随便放弃。

　　★ 这段话主要想告诉我们，要：

　　A 有理想　　　　B 有同情心　　　C 对人友好　　D 忘记烦恼

70. "外号"是根据一个人的特点给他起的不太正式的名字，常常带有开玩笑的意思。一般情况下，只有熟悉的人之间才互相叫"外号"。

★ 关于"外号"，可以知道：

    A 让人感动   **B** 表示尊重   **C** 不太正式   **D** 现在很流行

71. 她和丈夫喜欢在家吃饭。平时上班的时候两个人都在公司吃，所以只要周末不上班的时候就一起在家做饭，偶尔才会出去吃。

★ 他们俩：

    A 经常请客   **B** 还没结婚   **C** 都爱吃辣的   **D** 喜欢在家吃饭

72. 有人说"用好创意，就没有卖不出去的东西"。有创意的广告不仅能吸引观众的注意力，还能让他们对广告的内容留下好印象。

★ 有创意的广告，能：

    A 使人吃惊   **B** 吸引观众   **C** 增加艺术感   **D** 提高服务水平

73. 你知道最适合这种植物生长的温度是多少吗？一般来说，最适合的温度在19度到20度之间。如果温度太高，植物太热，容易缺水致死；温度太低，植物又会因低温死亡。

★ 这段话主要说：

    A 水分   **B** 植物生长的温度
    C 植物死亡的原因   **D** 天气的变化

74. 这件衣服正在打折，如果买了之后出现任何问题，我们这里是不能进行退换的，请你注意一下。

★ 说话人提醒他：

    A 数清楚钱数   **B** 打折的衣服不退换
    C 塑料袋收费   **D** 重新填表格

75. 谢谢老师们这一年来对我的支持和帮助，能向这么多优秀的老师学习，我感到非常开心。在这儿我学到了很多知识，也积累了很多经验，希望将来还能有机会和大家一起学习。

★ 根据这段话，可以知道他：

    A 脾气不好   **B** 感觉很无聊   **C** 在感谢别人   **D** 很关心别人

76. "你使用密码吗？"相信大部分人的回答都是肯定的。现在人的生活中，密码的使用已经非常普遍，它几乎无处不在，我们的电子邮箱、银行卡等等都要使用密码。

    ★ 根据这段话，关于密码可以知道：

    A 要常换   **B** 越奇怪越好   **C** 使用很普遍   **D** 不能用数字

77. 这本杂志介绍了亚洲很多著名的旅游地，其中介绍长城的那一篇，写得特别详细，而且十分有趣，很值得一读。

    ★ 介绍长城的那篇文章：

    A 很难   **B** 很有意思   **C** 有100多页   **D** 不符合标准

78. 做任何事情，我们都要有自己的想法，有的时候我们不能总是看别人干什么就干什么，更不能别人说什么就是什么。

    ★ 这段话主要谈什么？

    A 要有耐心   **B** 做事要看别人
    C 态度决定生活   **D** 要有怀疑精神

79. 很多人喜欢喝果汁，有的时候会自己做新鲜的果汁喝。新鲜的果汁里有一种东西对人的健康很有好处。但是它保存的时间很短，如果不能及时喝掉，就没有效果了。

    ★ 新鲜的果汁：

    A 比较贵   **B** 缺点很多   **C** 要及时喝掉   **D** 喝起来麻烦

80-81.

    每个人在工作、学习、经济上都或多或少会有压力。有压力不一定是坏事，关键是要知道怎样做才能给自己减压。看电影、听音乐，甚至跟朋友一起聊天儿、散步等，都是非常好的办法。

    ★ 根据这段话，压力：

    A 每个人都有   **B** 是件坏事   **C** 与年龄无关   **D** 会带来失败

14회

★ 这段话主要想告诉我们：

A 要勇敢　　　　B 要有礼貌　　　　C 要学会减压　　D 工作要积极

82-83.

一天，爸爸对儿子说："来，我出个问题考考你。"儿子说："您问吧，我肯定能答上来。"爸爸问："一张桌子有4个角，如果去掉一个角，桌子还剩几个角？""3个。"儿子想都不想，马上回答。爸爸笑着说："错了，应该是5个角。"有时候，遇到问题我们应该先冷静下来，仔细地想一想，不能只根据习惯就给出答案。

★ 关于儿子，可以知道什么？

A 答错了　　　　B 很诚实　　　　C 讨厌数学　　　D 不会画画儿

★ 这个故事告诉我们，遇到问题时：

A 要先调查　　　　　　　　B 不要失望
C 要多问　　　　　　　　　D 好好想想，别受习惯影响

84-85.

人们常说，读书要做到"眼到、口到、心到、手到"。这里的"手到"指做读书笔记。读书笔记有很多种，最简单的就是把自己喜欢或者觉得有用的词句记下来。另外，在看完一本书或一篇文章后，还可以把它的主要内容和自己的想法写下来。坚持做读书笔记，对提高我们的阅读和表达能力有很大帮助。

★ 最简单的读书笔记是：

A 写故事　　　　B 做总结　　　　C 翻译词语　　　D 记下喜欢的词句

★ 根据这段话，做读书笔记：

A 需要预习　　　　　　　　B 很浪费时间
C 能提高阅读能力　　　　　D 能丰富感情

三、书写

第一部分

第86-95题：完成句子。

例如： 那座桥   800年的   历史   有   了

    <u>那座桥有800年的历史了。</u>

86. 昨天   有点儿   酸   西红柿   买的

87. 长江   省市   经过   11个   一共

88. 他   在中国   一段时间   生活   过

89. 材料   我   把   整理好了   已经

90. 环境呢   能   你怎么   破坏   随便

91. 好看   挂在这里   真是   她画的画   极了

92. 签证   非常   王教授的   办得   顺利

93. 往往   有信心   经常   更   被鼓励的孩子

94. 通知   大家   李校长让我   下午两点   见面

95. 传真   是   你们公司的   号码   多少

第二部分

第96-100题：看图，用词造句。

例如： 乒乓球 ___他很喜欢打乒乓球。___

96. 漂亮

97. 按

98. 抽烟

99. 面条

100. 踢足球

新汉语水平考试
HSK（四级）
模拟考试 15

注　　意

一、　HSK (四级) 分三部分：

　　1. 听力 (45题，约30分钟)

　　2. 阅读 (40题，40分钟)

　　3. 书写 (15题，25分钟)

二、　听力结束后，有5分钟填写答题卡。

三、　全部考试约105分钟 (含考生填写个人信息时间5分钟)。

一、听力
第一部分

第1-10题：判断对错。

例如: 我想去办个信用卡，今天下午你有时间吗？陪我去一趟银行？

★ 他打算下午去银行。 (✓)

现在我很少看电视，其中一个原因是，广告太多了，不管什么时间，也不管什么节目，只要你打开电视，总能看到那么多的广告，浪费我的时间。

★ 他喜欢看电视广告。 (✗)

1. ★ 现在是夏天。 ( )

2. ★ 女的要买饼干。 ( )

3. ★ 他做事比过去仔细多了。 ( )

4. ★ 他按时去见面了。 ( )

5. ★ 长江站还没到。 ( )

6. ★ 飞机起飞了。 ( )

7. ★ 不吃早饭影响健康。 ( )

8. ★ 他对这件衣服很满意。 ( )

9. ★ 经理发现了小李的很多优点。 ( )

10. ★ 那篇文章写得很精彩。 ( )

第二部分

第11-25题：请选出正确答案。

例如：　女：该加油了，去机场的路上有加油站吗？

　　　　男：有，你放心吧。

　　　　问：男的主要是什么意思？

　　　　A 去机场　　　　**B** 快到了　　　　**C** 油是满的　　　　**D** 有加油站 ✓

11.　**A** 有点儿咸　　**B** 不甜　　　　**C** 太辣　　　　**D** 很香

12.　**A** 想请假　　　**B** 被表扬了　　**C** 受到邀请了　　**D** 要加班了

13.　**A** 困了　　　　**B** 累了　　　　**C** 电脑坏了　　**D** 哭了

14.　**A** 小说　　　　**B** 杂志　　　　**C** 新闻　　　　**D** 电影

15.　**A** 没吃饱　　　**B** 要看比赛　　**C** 在看电影　　**D** 在写小说

16.　**A** 天气很冷　　**B** 空调好了　　**C** 灯不亮了　　**D** 冰箱太旧了

17.　**A** 刘经理　　　**B** 王阿姨　　　**C** 张叔叔　　　**D** 李师傅

18.　**A** 照相　　　　**B** 画画　　　　**C** 做游戏　　　**D** 打扫房间

19.　**A** 鞋　　　　　**B** 巧克力　　　**C** 生日蛋糕　　**D** 手机

20.　**A** 商店门口　　**B** 电影院旁边　**C** 公司楼下　　**D** 街道对面

21. A 没结婚   B 有孩子了   C 在道歉   D 很后悔

22. A 发传真   B 整理材料   C 打印表格   D 复印文章

23. A 男的发烧了   B 小李出国了   C 手机丢了   D 手机修好了

24. A 多拿衣服   B 别迟到   C 别抽烟   D 买饮料

25. A 同情男的   B 很难过   C 他努力了   D 时间来得及

第三部分

第26-45题：请选出正确答案。

例如： 男：把这个文件复印五份，一会儿拿到会议室发给大家。

女：好的。会议是下午三点吗？

男：改了。三点半，推迟了半个小时。

女：好，602会议室没变吧？

男：对，没变。

问：会议几点开始？

A 2:00　　　　B 3:00　　　　C 3:30 ✓　　　　D 6:00

26. A 语言学　　　　B 经济学　　　　C 法律　　　　D 国际关系

27. A 想坐船　　　　B 在买票　　　　C 想休息　　　　D 在找座位

28. A 饺子　　　　B 蛋糕　　　　C 米饭　　　　D 面条儿

29. A 风景好　　　　B 很冷　　　　C 污染严重　　　　D 东西便宜

30. A 工作太多　　　　B 翻译不够好　　　　C 没写完作业　　　　D 时间太短

31. A 教室　　　　B 电影院　　　　C 公司　　　　D 图书馆

32. A 会跳舞　　　　B 很漂亮　　　　C 从小弹钢琴　　　　D 喜欢打篮球

33. A 旅游　　　　B 语法学　　　　C 医学　　　　D 国际关系

34. A 很难过　　　　B 想买裤子　　　　C 衣服不合适　　　　D 晚上有活动

35. **A** 买饮料　　　　**B** 去跑步　　　　**C** 拍照片　　　　**D** 商量事情

36. **A** 讲笑话　　　　**B** 做蛋糕　　　　**C** 教育孩子　　　　**D** 表扬弟弟

37. **A** 爱吃糖　　　　**B** 很伤心　　　　**C** 想吃蛋糕　　　　**D** 弄脏了衣服

38. **A** 钱最重要　　　　**B** 少抽烟　　　　**C** 时间不够　　　　**D** 身体不生病

39. **A** 真正的健康　　　　　　　　　　**B** 钱不是最重要的
　　　C 节约时间　　　　　　　　　　**D** 浪漫的事

40. **A** 写小说　　　　**B** 做生意　　　　**C** 听音乐　　　　**D** 画地图

41. **A** 变漂亮了　　　　**B** 有名了　　　　**C** 考上博士了　　　　**D** 成为一名律师

42. **A** 声音　　　　**B** 速度　　　　**C** 比赛过程　　　　**D** 球的质量

43. **A** 戴帽子　　　　**B** 吃东西　　　　**C** 喝饮料　　　　**D** 大声说话

44. **A** 儿童　　　　**B** 找工作的　　　　**C** 想看表演的　　　　**D** 旅行的人

45. **A** 很安全　　　　**B** 有奖金　　　　**C** 工资高　　　　**D** 招聘消息多

二、阅读

第一部分

第46-50题：选词填空。

      A 照顾   **B** 祝贺   **C** 专门   **D** 坚持   **E** 全部   **F** 风景

例如：   她每天都（ **D** ）走路上下班，所以身体一直很不错。

46.   我们是一家（   ）生产相机的公司。

47.   最困难的时候，是他一直帮我（   ）我的父母。

48.   早上山上的（   ）特别美，我们在那儿照了很多照片。

49.   （   ）你，你的努力得到了好的结果。

50.   爱一个人就应接受他的（   ），包括他的优点和缺点。

第51-55题：选词填空。

A 没问题　B 困难　　C 顺便　　D 申请　　　E 公里　　F 温度

例如：　**A**：今天真冷啊，好像白天最高（　**F**　）才2℃。
　　　　B：刚才电视里说明天更冷。

51.　**A**：小王，听说你出国的时间推迟了？
　　　B：是的，我的（　　　）表还没填全，大概得10月底才能走。

52.　**A**：等会儿去散步的时候，（　　　）去超市买个牙膏。
　　　B：好，还买原来用的这种吧，我觉得挺好用的。

53.　**A**：他们已经走了十几分钟了，还能赶得上吗？
　　　B：放心，肯定（　　　），我们走近路。

54.　**A**：真的吗？可是这辆车看起来还像新的一样。
　　　B：我都开了15000多（　　　）了。

55.　**A**：你有没有李经理的电话号码？
　　　B：有，我发到你手机上，你有什么（　　　）直接找他解决。

第二部分

第56-65题：排列顺序。

例如： **A：** 可是今天起晚了

　　　 B： 平时我骑自行车上下班

　　　 C： 所以就打车来公司

B A C

56. **A：** 而且环境也保护得很好

　　 B： 这个地方很美

　　 C： 因此吸引了很多游客

57. **A：** 我经常拿着相机拍照

　　 B： 把每天看到的美好的东西拍下来

　　 C： 当成一种回忆

58. **A：** 只有学会接受批评

　　 B： 这样人才会变得更加优秀

　　 C： 才能改掉自己的缺点

59. **A：** 而不是遇事就后退

　　 B： 虽然生活中有很多困难

　　 C： 但我们还是要勇敢地面对

60. **A：** 多读书是一种好习惯

　　 B： 而且也能提高他们的理解能力和阅读水平

　　 C： 这样不但能增加孩子的知识

61. A： 对心脏有好处

    B： 例如，每天上午吃一个

    C： 多吃苹果对解决一些健康问题有帮助 _____

62. A： 更是为了健康

    B： 减肥不仅仅为了瘦下来

    C： 所以方法要正确 _____

63. A： 其他民族的人数比较少

    B： 同汉族相比

    C： 中国有56个民族 _____

64. A： 这种绿色的植物

    B： 也能给我们带来好心情

    C： 不仅可以使空气更新鲜 _____

65. A： 平时这条路走的人就很多，现在又是节假日

    B： 所以我们要早一点儿出发

    C： 要是走晚了一定会堵车 _____

第三部分

第66-85题：请选出正确答案。

例如： 她很活泼，说话也很有趣，总能给我们带来快乐，我们都很喜欢和她
在一起。

★ 她是个什么样的人？

A 幽默 ✓   B 马虎   C 骄傲   D 害羞

66. 明天我们要去的宾馆新修了一个室外游泳池，所以今晚大家一定要带好游泳
时穿的衣服。

★ 他们明天最可能要去：

A 爬山   B 游泳   C 买地图   D 检查身体

67. 人不应该总是认为自己才是正确的，应该多考虑一下其他人的想法，如果别
人不同意或者不支持你的看法，最好努力证明自己是正确的，而不是一直批
评别人是错的。

★ 这段话认为，想获得别人的支持，应该：

A 讲信用   B 接受批评   C 要诚实   D 证明自己是对的

68. 当看到商场有打折活动的时候，我们常常会买一些没有用的东西回来，仅仅
就是为了一时的便宜，却不考虑自己是否真的需要。

★ 除了价格，买东西时还应考虑：

A 质量   B 有没有用   C 颜色   D 自己的收入

69. 想要学好一门语言仅仅靠读书是没有用的，还要主动与他人交流、说话，出
了错也不要担心，多说几回就好了。

★ 根据这段话，学好语言应该：

A 多交朋友   B 及时复习   C 常听广播   D 主动与人交流

70. 有些事情不到最后一刻，千万别放弃。失败过一次，并不能说明什么，只要你有信心，不怕失败，一定有成功的那天。

★ 这段话告诉我们：

   A 要有自信　　　**B** 要有礼貌　　　**C** 要努力学习　　**D** 要有理想

71. 你坐了这么久的飞机，肯定很累吧，工作的事不着急，先好好睡一觉再说吧。

★ 说话人是什么意思？

   A 多休息　　　　**B** 要准时　　　　**C** 愿意提供帮助　**D** 不要打扰别人

72. 在汉语里，我们把"花"、"草"这些字上边的部分叫做"草字头"。如果一个字中有这个部分，说明这个字的意思很可能和植物有关系。这样的汉字还有很多，例如"药"、"菜"、"茶"等，它们都与植物有关。

★ 有"草字头"的汉字：

   A 数量极少　　　　　　　　　**B** 不容易翻译
   C 读音差不多　　　　　　　　**D** 意思多与植物有关

73. 听说他的演出获得成功后，很多观众和亲戚朋友都打电话向他表示祝贺。他说自己也非常激动，很感谢大家这么长时间对他的支持和鼓励，他会继续努力，做一个优秀的演员。

★ 关于他，可以知道：

   A 演得很好　　　**B** 很着急　　　　**C** 遇到麻烦了　　**D** 家里来客人了

74. 每个人都会犯错，但犯了错不承认，就是不诚实，一个真正被人尊重的人，一定是一个能勇于认识到自己错误的人。

★ 根据这段话，人们会尊重什么样的人？

   A 友好的　　　　**B** 不怕输的　　　**C** 成绩优秀的　　**D** 诚实的

75. 在中国，饺子深受大家喜欢。尤其是在北方，过年过节的时候，包饺子、吃饺子都是人们不可缺少的重要活动。

★ 根据这段话，饺子：

   A 不好吃　　　　**B** 做法简单　　　**C** 很受欢迎　　　**D** 不能久放

76. 讲笑话是一门艺术，能不能使人发笑是笑话讲得好坏的主要标准。讲得好，大家听了都很开心，可是有时候笑话讲不好也能带来误会。

★ 一个笑话讲得好，会：

A 让人感动　　B 引人发笑　　C 带来误会　　D 被永远记住

77. 之前的工作经常加班，晚上很晚还吃东西，这样使我变得越来越胖。后来换了一份轻松的工作，我一有时间就去锻炼，就瘦了下来。

★ 他现在不胖的原因是：

A 在减肥　　B 吃得少　　C 经常锻炼　　D 学习很辛苦

78. 人应该学会放松，有压力了就要学会自己放松。比如旅行就是个好办法，旅行的时候能看到美丽的风景，这样你的心也就能放松下来了。

★ 根据这段话，可以知道旅行能：

A 变漂亮　　B 放松心情　　C 丰富经历　　D 了解自己

79. 当你生气的时候，就深呼一口气，不要随便说话，这时候说的一般都是气话，会给人留下不好的印象，甚至会伤害别人。

★ 这段话告诉我们：

A 要有同情心　　　　　　　　B 别说气话
C 要多关心别人　　　　　　　D 要有怀疑的态度

80-81.

　　由于气候条件不同，有的地方缺水，有的地方多雨，这就造成了世界各地植物的根入土深浅的不同。在缺水的地方，植物的根插进土里的部分多，是为了更好地吸收水分；而在多雨的地方，植物的根一般入土不深。

★ 世界各地植物的根入土有深有浅与什么有关？

A 生长速度　　　　　　　　　B 气候条件
C 经济发展情况　　　　　　　D 植物间的距离

★ 多雨的地方，植物的根：

A 很软　　B 细且窄　　C 入土不深　　D 容易断

82-83.

　　结婚是人的一生中最重要的事情之一。选择和什么人结婚，对你以后的生活会有很大的影响。最好的选择就是找到你喜欢的人在一起生活，而不是听信别人的话。所以在结婚之前，我们一定要明白，自己需要的是什么样的人。别人无法帮助你获得幸福，当然也不能帮助你走过不幸。只有找到你心里真正喜欢的人才会幸福。

　　★ 结婚之前，我们要：

　　　A 知道自己想要什么　　　　　B 听大家的话
　　　C 与别人商量　　　　　　　　D 直接表达感情

　　★ 根据这段话，结婚后会幸福因为：

　　　A 有责任心　　　B 互相照顾　　　C 让人羡慕　　　D 找到你爱的人

84-85.

　　有时候成功和失败不能靠结果来判断，如果太看重结果，失败了，人很容易就没有了信心和勇气，但是如果我们多注意一下过程，也能从中得到很多的快乐，那么即使最后失败了，对我们影响也会小很多。我们在过程中也能获得很多，每一次的"小收获"，也都是我们有用的经验总结。

　　★ 根据这段话，怎样才能让失败的影响变小？

　　　A 做好准备　　　B 细心观察　　　C 重视过程　　　D 多回忆过去

　　★ "小收获"指的是什么？

　　　A 年龄　　　　　B 信心　　　　　C 能力　　　　　D 有用的经验

三、书写

第一部分

第86-95题：完成句子。

例如： 那座桥   800年的   历史   有   了

<u>那座桥有800年的历史了。</u>

86. 怎么   一次   你   又   去了

87. 名字   错了   这个   记   学生的   老师

88. 我   特别   心情   难过   当时的

89. 奖金   经理   这个月的   给了我   把

90. 能不能   你下楼时   把   扔了   垃圾袋

91. 很不一样   性格   的   是   我和哥哥的

92. 我们   加油   为你   一直   会

93. 校长   张教授   做这个   请   工作

94. 重新   不得不   计划   他   安排

95. 开   一辆车   前面   来了   他的

第二部分

第96-100题：看图，用词造句。

例如： 乒乓球 <u>他很喜欢打乒乓球。</u>

96. 唱

97. 购物

98. 打扫

99. 可爱

100. 阅读

新
HSK
기출모의
문제집

박용호 · 杜欣 · 王翠镯 · 徐佳宁 · 李倩 지음
한국중국어교육개발원 감수

 정답 · 듣기 대본
 답안지

4 급

넥서스

新 HSK 기출모의 문제집

* 정답·듣기 대본
* 답안지

4 급

HSK 모의고사 제1회 답안

一. 听力

1. ×	2. √	3. ×	4. ×	5. √	6. √	7. √	8. ×	9. √	10. ×
11. C	12. B	13. C	14. A	15. D	16. C	17. B	18. B	19. C	20. A
21. D	22. D	23. A	24. A	25. B	26. A	27. D	28. A	29. C	30. C
31. B	32. D	33. B	34. A	35. C	36. C	37. D	38. A	39. D	40. B
41. B	42. C	43. A	44. D	45. B					

二. 阅读

46. E	47. F	48. A	49. B	50. C	51. E	52. A	53. D	54. B	55. C
56. BCA		57. ACB		58. ABC		59. BCA		60. CBA	
61. ACB		62. CAB		63. CAB		64. BCA		65. ABC	
66. D	67. C	68. B	69. A	70. C	71. D	72. B	73. D	74. C	75. D
76. A	77. B	78. C	79. A	80. C	81. B	82. A	83. C	84. D	85. B

三. 书写

86. 我们是乘坐地铁去的公园。

87. 他们为我们准备了精彩的节目。

88. 桌子上放着一本护照。

89. 我想当音乐老师。

90. 她把名字写在本子上。

91. 妈妈去商店买衣服。

92. 她们正在商量旅行的事情。

93. 你觉得北京的气候怎么样?

94. 学校已经举办了三次京剧活动。

95. 小明的汉语比以前流利了。

96. (모범 답안) 男孩送给女孩一份礼物。

97. (모범 답안) 跑步对身体健康有好处。

98. (모범 답안) 下班时间路上车很多。

99. (모범 답안) 这个消息让他很吃惊。

100. (모범 답안) 男孩用铅笔写信。

第一部分

一共10个题，每题听一次。

例如：我想去办个信用卡，今天下午你有时间吗？陪我去一趟银行？

★ 他打算下午去银行。

现在我很少看电视，其中一个原因是，广告太多了，不管什么时间，也不管什么节目，只要你打开电视，总能看到那么多的广告，浪费我的时间。

★ 他喜欢看电视广告。

现在开始第1题：

1. 有人说北京的东西不贵，实际上不是这样。

   ★ 北京的东西很便宜。

2. 他大学毕业以后得找工作，但是找什么工作，他还没有决定。

   ★ 他是一名大学生。

3. 为了明天早上能及时把作业交上去，我不得不放弃看我喜欢的电影。

   ★ 我准备去看电影。

4. 如果你想去暖和的地方旅游，你可以去南方，那儿的冬天只是偶尔下一场雪。

   ★ 南方经常下雪。

5. 听说今天商店在打折，我晚上准备去买一些东西，你要不要一起去？

   ★ 他要去购物。

6. 打扰了，我想申请一张信用卡，但是我不知道怎么去填这些表格，你能帮助我吗？

   ★ 我要办信用卡。

7. 报纸上说明天会下雨，温度也会降低，并且提醒大家要穿厚衣服，否则可能会生病。

   ★ 明天的天气让人们容易生病。

8. 我原来想当一名记者，但是和父母商量以后，我决定当一名警察，帮助更多需要帮助的人。

   ★ 我打算当一名记者。

9. 周末我要去北京参加比赛，让我高兴的是，比赛结束后，我可以顺便去看看长城，那是我一直想去的地方。

   ★ 我想去长城。

10. 他的车坏了，正在修，所以他现在只好走回家。

    ★ 他现在开车回家。

第二部分

一共15个题，每题听一次。

例如：女：该加油了，去机场的路上有加油站吗？

男：有，你放心吧。

问：男的主要是什么意思？

现在开始第11题：

11. 男：放学我们一起去打羽毛球吧。

女：我不喜欢打羽毛球，我喜欢打乒乓球。

问：女的喜欢什么运动？

12. 女：周末我们想邀请你一起去唱歌，可以吗？
    男：没问题！这是我除了打球以外最大的爱好！
    问：他们周末打算做什么？

13. 女：快点，就要上课了。
    男：不用担心，离上课还有5分钟，来得及。
    问：男的是什么意思？

14. 女：你明天不是要考试吗？怎么还在打游戏？
    男：我马上就去复习。
    问：男的明天要做什么？

15. 男：你觉得这个小吃味道怎么样？
    女：好久没有吃过这么好吃的东西了。就是有一点儿辣。
    问：从对话中可以知道什么？

16. 男：我的头有点疼。
    女：可能是感冒了，你应该去看医生。
    问：男的应该去哪里？

17. 女：欢迎大家来北京旅游，我会带你们去北京最有名的地方。
    男：我们想去故宫。
    问：女的的职业是什么？

18. 男：中文太难了，特别是语法，很多地方我都不清楚。
    女：没关系，不要放弃，只要经常和中国人交流，你的中文水平就会提高。
    问：男的觉得中文怎么样？

19. 女：我在给我的同事打电话，你能把电视的声音开低一点儿吗？
    男：好的。
    问：男的在干什么？

20. 男：我们晚上去公园散步怎么样？

女：早上的空气最新鲜，我们现在就去吧。
    问：现在可能是什么时间？

21. 女：你知道咖啡馆在哪儿吗？我想和我的朋友去喝点东西。
    男：在银行的左边有一个。
    问：女的要去做什么？

22. 女：你每天都开车来学校吗？
    男：不，路上经常堵车。我坐地铁，这样既安全又方便。
    问：哪个不是男的坐地铁的原因？

23. 女：你的房间太乱了，难道不能收拾一下吗？
    男：我现在要去理发，然后去买东西，回来以后马上就打扫房间。
    问：男的先要去做什么？

24. 男：刚买的手机被我弄丢了。
    女：你怎么这么不小心？
    问：关于男的，我们知道什么？

25. 女：我比去年胖多了，很多衣服已经穿不了了。
    男：那我们明天再去买几件吧。
    问：关于女的，我们知道什么？

第三部分

一共20个题，每题听一次。

例如：男：把这个文件复印五份，一会儿拿到会议室发给大家。
    女：好的。会议是下午三点吗？
    男：改了。三点半，推迟了半个小时。
    女：好，602会议室没变吧？
    男：对，没变。
    问：会议几点开始？

现在开始第26题：

26. 男：今天天气太热了，真想找个凉快的地方。下午我们一起去游泳吧。
    女：听起来挺不错。可是我下午要去上课。
    男：那就以后再去游吧。周日你有时间吗？我们可以那天去。
    女：行。
    问：**他们为什么今天不去游泳？**

27. 女：你能帮我把盒子拿到冰箱旁边吗？
    男：没问题，冰箱在哪儿？
    女：在厨房里。
    男：放这里行吗？
    女：好的。
    问：**厨房里原来有什么？**

28. 女：你知道怎么去火车站吗？
    男：你可以先走着到地铁站坐地铁，然后再坐公共汽车。
    女：太麻烦了，我还是坐出租车吧。
    男：那也行。
    问：**女的怎么去火车站？**

29. 男：你好，请给我一杯咖啡。
    女：加糖还是加牛奶？
    男：都不用，加一点儿巧克力就可以。
    女：好的。
    问：**男的在咖啡里加了什么？**

30. 男：寒假我打算去找一份工作。
    女：你想找什么样的工作？
    男：我还没主意呢。
    女：那你可以多看看报纸，报纸上有很多招聘信息。
    问：**在寒假，男的打算去做什么？**

31. 男：你觉得这个房子怎么样？
    女：我很喜欢。它的厨房很大。
    男：可是客厅有点儿小。
    女：也许吧，但是价格很便宜。

问：**关于房子，我们知道什么？**

32. 女：你能把书拿给我吗？
    男：你要哪一本？
    女：字典旁边的那个，里面有一支铅笔。
    男：给你。
    问：**女的要什么？**

33. 女：你去哪儿吃午饭？
    男：我去学校餐厅吃。
    女：我觉得学校餐厅的饭菜不好吃，选择也很少。
    男：可是在学校餐厅吃饭很便宜，而且也很健康。
    问：**女的觉得学校餐厅的饭菜怎么样？**

34. 女：你在房间里找什么？
    男：我的护照不见了，我原来放在桌子上面，现在找不到了。
    女：你会不会放在了别的地方？
    男：我再去办公室找找。
    问：**男的要去哪儿？**

35. 男：你怎么这么着急？发生了什么事？
    女：我把给经理准备的材料打印错了。
    男：是一会儿会议要用的吗？
    女：是，所以我得重新打印一份。
    问：**女的要去做什么？**

第36到37题是根据下面一段话：

　　一个老奶奶，有两个儿子，大儿子卖雨伞，小儿子专门洗衬衫。下雨天，老奶奶就担心小儿子的衬衫干不了，晴天，老奶奶就担心大儿子的雨伞卖不出去。就这样，她每天都很不开心。

36. **老奶奶的大儿子卖什么？**
37. **老奶奶为什么不开心？**

第38到39题是根据下面一段话：

　　每天在愉快的事情上多用一些时间，如果你忘不掉不高兴的事，那就每天至少记住一件好事，把它说给朋友和家人听，或者是写下来，留给自己以后看。

38. 说话人为什么说要把好事写下来？
39. 这段话主要告诉我们什么？

第40到41题是根据下面一段话：

　　以前，人们通过写信来互相联系，因为交通的问题，一封信要几个月才能送到。但现在电话和复杂的互联网等技术让我们和朋友之间的联系更加方便，写信的人也越来越少。

40. 以前，人们通过什么来互相联系？
41. 根据这段话，互联网技术给人们之间的联系带来什么影响？

第42到43题是根据下面一段话：

　　小河的水真干净啊，干净得可以看得见底，鱼儿在水中游来游去。偶尔有几只小鸟停在河中间休息。河的旁边有几棵大树，孩子们在树下开心地唱着、跳着。

42. 小河有什么特点？
43. 孩子们在哪儿又唱又跳？

第44到45题是根据下面一段话：

　　以前，中国人过生日，一般都是吃一碗面条，再加上一个鸡蛋，非常简单。现在大家都很重视，所以习惯也在改变，特别是年轻人在生日那天要吃蛋糕，唱生日歌，甚至还会在一起聚会，感觉十分有趣和热闹。

44. 以前的中国人怎么过生日？
45. 说话人对现在年轻人过生日有什么态度？

一. 听力

1. √	2. ×	3. √	4. ×	5. ×	6. √	7. √	8. ×	9. √	10.×
11.A	12.C	13.B	14.A	15.C	16.D	17.B	18.D	19.C	20.A
21.A	22.C	23.D	24.A	25.B	26.C	27.C	28.B	29.D	30.A
31.D	32.B	33.A	34.C	35.D	36.B	37.C	38.B	39.A	40.D
41.A	42.A	43.C	44.B	45.A					

二. 阅读

46.A	47.C	48.E	49.B	50.F	51.E	52.D	53.A	54.C	55.B
56.ACB		57.CBA		58.BAC		59.BCA		60.CAB	
61.ABC		62.BAC		63.ACB		64.BCA		65.CBA	
66.B	67.D	68.B	69.A	70.D	71.B	72.C	73.A	74.D	75.D
76.A	77.B	78.C	79.D	80.C	81.A	82.B	83.B	84.B	85 A

三. 书写

86. 公园里开满了漂亮的花。

87. 你觉得这个游戏有趣吗？
/ 这个游戏你觉得有趣吗？

88. 我们去学校参加演出了。

89. 这件事需要和他商量一下。

90. 自行车被他弄坏了。

91. 她总是带着一本笔记本。

92. 很多人到中国学习汉语。

93. 昨天开会讨论了一个问题。

94. 这本书里有个字我不认识。

95. 医院里面禁止大声说话。

96. (모범 답안) 他养成了写日记的习惯。

97. (모범 답안) 熊猫是中国人最喜欢的动物。

98. (모범 답안) 他的力气很大。

99. (모범 답안) 她身体很不舒服。

100. (모범 답안) 我每天早上7点起床。

第一部分

一共10个题，每题听一次。

例如：我想去办个信用卡，今天下午你有时间吗？陪我去一趟银行？

★ 他打算下午去银行。

现在我很少看电视，其中一个原因是，广告太多了，不管什么时间，也不管什么节目，只要你打开电视，总能看到那么多的广告，浪费我的时间。

★ 他喜欢看电视广告。

现在开始第1题：

1. 我明天想去游泳，我的弟弟也和我一起去。

★ 明天我和弟弟一起去游泳。

2. 我特别喜欢吃鸡蛋，但是吃多了对身体不好。

★ 我不喜欢吃鸡蛋。

3. 大家都觉得这个灯好，因为它不仅很便宜，而且很漂亮。

★ 这个灯又便宜又漂亮。

4. 我用照相机照出来的照片比用手机照的更清楚。

★ 手机照出来的照片更清楚。

5. 爸爸去医院检查身体，医生说他身体不好，需要加强锻炼。

★ 爸爸很健康。

6. 教室的钥匙被我弄丢了，大家只好去别的房间上课，我感到很抱歉。

★ 我弄丢了教室的钥匙。

7. 李小龙是中国有名的演员，他的电影很精彩，给我留下了很深的印象。

★ 我喜欢李小龙的电影。

8. 我的手机坏了，如果你想联系我，请给我发电子邮件。

★ 你可以打电话联系我。

9. 最近公司很忙，我每天都要加班，经常工作到晚上，非常辛苦。

★ 最近我每天都要加班。

10. 我很害怕坐飞机，所以出差时我会选择坐火车。

★ 我经常乘坐飞机出差。

第二部分

一共15个题，每题听一次。

例如：女：该加油了，去机场的路上有加油站吗？

男：有，你放心吧。

问：男的主要是什么意思？

现在开始第11题：

11. 男：马上就要上课了，你怎么还没到？

女：我向老师请假了，今天不去上课。

问：女的为什么没去上课？

12. 女：你到哪儿了？公共汽车上的人多吗？

男：马上就到你那儿了，还有空座位，你一会儿上来吧。

问：公共汽车上人多吗？

13. 女：你为什么没交我昨天留的作业？

男：我忘带了，能明天给您吗？

问：男的为什么没交作业？

14. 女：你能帮我翻译这篇文章吗？我明天要用。

男：可以，我今天晚上给你发过去。

问：女的什么时候要用这篇文章？

15. 男：我今天收到了上个月的工资，下班后我请你喝咖啡。

女：好啊，那我们就去上次的那家店吧。

问：他们要去做什么？

16. 男：你能把字典借给我吗？

女：可是我已经把它借给朋友了。

问：字典在谁那儿？

17. 女：我今天和你打招呼，你为什么不说话？

男：不好意思，我可能没看见。

问：男的为什么没和女的打招呼？

18. 男：昨天下雨，我好像没关窗户，不知道家里怎么样了。

女：不用担心，昨天的雨不大，应该没有事。

问：男的为什么担心？

19. 女：我的眼睛有点疼，明天你陪我去医院看看吧。

男：好的。不过下回你可不能整天玩手机了。

问：根据对话，女的为什么要去医院？

20. 男：明天我们在这个房间聚会怎么样？

女：地方是挺大，就是椅子不够，我们一会儿再去搬一些吧。

问：他们一会儿要做什么？

21. 女：我的妹妹很优秀，大家都很喜欢她。

男：我好像见过她，她长得很可爱。

问：男的对女的的妹妹有什么印象？

22. 女：你是故意把我的书拿走的吗？

男：你别生气，我只是和你开玩笑。

问：男的为什么拿走女的的书？

23. 女：我明天有事，买了下午的车票，能让我提前下班吗？

男：可以，但是你的奖金就没有了。

问：女的明天想怎么样？

24. 男：小张是个好人，他从来都不说假话。

女：是啊，所以大家都很相信他。

问：小张是个什么样的人？

25. 女：我下周想去北京，你要一起去吗？

男：不去了，我还有事儿，你找别人吧。

问：关于男的，我们知道什么？

第三部分

一共20个题，每题听一次。

例如：男：把这个文件复印五份，一会儿拿到会议室发给大家。

女：好的。会议是下午三点吗？

男：改了。三点半，推迟了半个小时。

女：好，602会议室没变吧？

男：对，没变。

问：会议几点开始？

现在开始第26题：

26. 男：经理今天心情不太好，发生什么事了？

女：他在路上堵车了，堵了一个小时呢！

男：那他赶上下午的会议了吗？

女：没有，所以他很烦恼。

问：经理为什么烦恼？

27. 女：今天的阳光很好，我们出去玩吧！
　　男：好啊，我们去爬山？
　　女：跟爬山比起来，我更想去游泳。
　　男：好吧，听你的。
　　问：根据对话，我们可以知道什么？

28. 女：明天要出门，你收拾行李箱了吗？
　　男：还没有呢。
　　女：你快点收拾吧，天都黑了。
　　男：好的，我马上去。
　　问：男的收拾行李箱了吗？

29. 男：你看到今天报纸上的招聘信息了吗？
　　女：看到了，不过我觉得那份工作不太适合我。
　　男：但是你可以去试一试啊，试了才知道。
　　女：我再考虑一下吧。
　　问：女的打算去应聘吗？

30. 女：你好，请问图书馆在哪儿？
　　男：你左转后一直走就到了，就在银行对面。
　　女：真的太感谢你了！
　　男：不客气。
　　问：根据对话，我们可以知道什么？

31. 男：周末你有什么安排吗？
　　女：我要在家帮我妈妈包饺子。
　　男：我可以过去吗？
　　女：当然可以，欢迎你来我家。
　　问：根据对话，我们可以知道什么？

32. 男：那件衣服真漂亮，很适合你。
　　女：是吗？但是我觉得它太大了。
　　男：不大，你穿着正好。
　　女：那我试一试吧。
　　问：女的觉得那件衣服怎么样？

33. 女：您好，请问您需要什么帮助？
　　男：你这里可以打印吗？

女：可以，您要打印什么？
男：我想打印一份复习材料。
问：男的想要打印什么？

34. 女：今天下午的音乐比赛几点开始？我忘记了。
　　男：下午3点半开始。
　　女：好的，我知道了，谢谢你。
　　男：不客气。
　　问：音乐比赛几点开始？

35. 男：时间不早了，我们去吃饭吧，你想吃什么？
　　女：你吃什么我就吃什么。
　　男：那我们去吃烤鸭吧，我知道一家店很好吃。
　　女：好啊，那就去吧。
　　问：他们要去吃什么？

第36到37题是根据下面一段话：

环境对人有很大的影响。有一位母亲，她和她的儿子住在公园附近。后来，她为了使自己的孩子有一个好的学习环境，搬了三次家。第一次搬到了商店旁边，第二次搬到了医院对面，最后他们搬到了学校附近。从这以后，孩子一直努力学习，终于成为了一个非常有名的人。

36. 他们搬了几次家？
37. 最后他们搬到哪儿了？

第38到39题是根据下面一段话：

有一个男人踢足球踢得很好，在很多比赛中都踢进了许多好球。有一天，一个记者问他："你认为你踢进的球中，哪个是踢得最好的？"他笑着回答说："下一个。"

38. 那个男人是做什么的？
39. 根据这段话，我们可以知道什么？

第40到41题是根据下面一段话：

　　有一个老师，他要求孩子们记住一篇1000字的文章，但这件事太难了，几乎所有的孩子都没有完成。几天后，一个孩子却全部记住了。老师很吃惊，问他："你是怎么做到的？"这个孩子说："因为我一直在努力。"

40. 老师让孩子们做什么？
41. 这个故事告诉我们什么？

第42到43题是根据下面一段话：

　　终于下雪了！世界全都变成了白色，真是漂亮极了。早上起床后，孩子们看到地面上厚厚的雪，都感到很开心。虽然外面很冷，但他们还是都跑到外面去玩了。

42. 现在是什么季节？
43. 孩子们看到雪后是什么心情？

第44到45题是根据下面一段话：

　　因为工作的原因，我的爸爸来中国出差了，我跟着他一起来到了中国。第一次来中国旅游，我觉得很有趣。我先坐飞机来到北京，然后去参观了长城。长城上有很多人，让我很吃惊。后来，我去看了京剧，还有音乐和舞蹈的表演，这些表演很精彩。我以后还会来中国旅游。

44. 我为什么来中国？
45. 我没看什么表演？

一. 听力

1. ×	2. ×	3. √	4. ×	5. √	6. √	7. ×	8. √	9. √	10.√
11.B	12.A	13.B	14.D	15.C	16.B	17.D	18.A	19.D	20.C
21.B	22.C	23.A	24.B	25.D	26.C	27.B	28.A	29.C	30.D
31.B	32.C	33.A	34.D	35.C	36.B	37.A	38.C	39.D	40.A
41.C	42.B	43.A	44.C	45.C					

二. 阅读

46.E	47.F	48.A	49.C	50.B	51.E	52.D	53.C	54.A	55.B
56.CBA		57.BAC		58.ACB		59.BCA		60.CBA	
61.CAB		62.ACB		63.BCA		64.CBA		65.CAB	
66.D	67.B	68.C	69.A	70.A	71.D	72.B	73.C	74.C	75.D
76.A	77.D	78.C	79.A	80.A	81.B	82.D	83.B	84.C	85.C

三. 书写

86. 中国是一个多民族的国家。

87. 运动可以让我变得更健康。

88. 每个人都有不同的性格。

89. 我把家里的电话号码忘记了。

90. 学校提供了出国留学的机会。

91. 我从来没去过香港。

92. 这个眼镜的颜色好不好看?

93. 我当时也有点儿吃惊。
/ 当时我也有点儿吃惊。

94. 他讲的笑话一点儿都不好笑。

95. 今天的节目精彩极了。

96. (모범 답안) 所有人都应该按照顺序买票。

97. (모범 답안) 他们把箱子搬出办公室。

98. (모범 답안) 同学们正在进行考试。

99. (모범 답안) 我的咳嗽比以前更严重了。

100. (모범 답안) 拒绝吸烟对健康有好处。

第一部分

一共10个题，每题听一次。

例如： 我想去办个信用卡，今天下午你有
时间吗？陪我去一趟银行？

★ 他打算下午去银行。

现在我很少看电视，其中一个原因
是，广告太多了，不管什么时间，
也不管什么节目，只要你打开电
视，总能看到那么多的广告，浪费
我的时间。

★ 他喜欢看电视广告。

现在开始第1题：

1. 天啊！已经九点了，再不起床真的要来
不及了，今天又没有时间吃早饭了。

★ 已经迟到了。

2. 我的签证出了点儿问题，正好周一没
课，你陪我去一趟大使馆吧，我需要你
做我的翻译。

★ 他在大使馆工作。

3. 虽然时间过了好多年，但是他仍然记得
自己获得全国数学比赛第一名时的激动
心情！

★ 他得过第一名。

4. 门口坐着一位白头发的老人，他正在对
一群孩子讲着什么，孩子们听着，并不
停地发出笑声。

★ 孩子们不喜欢老人说话。

5. 每个人的经历、性格不同，对同一件事
的看法肯定不同。因为有不同的人出现
在你的生活中，你的生活才会精彩啊！

★ 我们应该理解对事情有不同看法的人。

6. 刚开始我以为小狗是因为刚到一个不熟
悉的地方，有点儿想家，才不开心。可
是过了两个多月，小狗还是老样子，甚
至连饭菜都不想吃了。

★ 小狗仍然不开心。

7. 我和朋友们一起吃饭的时候，大家都在
玩手机，好像互相不认识一样。

★ 大家互相不认识。

8. 飞机马上就要起飞了，我的心情非常紧
张。就在这时，飞机开始慢慢地飞起来
了。

★ 我在飞机上。

9. 春天是带给人希望的季节，一切都像刚
睡醒的样子，小草长高了，花儿也到处
都是。

★ 春天开了很多花儿。

10. 我姐姐长得漂漂亮亮的，可是她最近理
发了，大家都说没有以前好看了。

★ 姐姐以前的样子更好看。

第二部分

一共15个题，每题听一次。

例如： 女：该加油了，去机场的路上有加
油站吗？

男：有，你放心吧。

问：男的主要是什么意思？

现在开始第11题：

11. 男：我们要不要邀请小刘来参加聚会呢？

女：当然邀请了，过去他还帮助过我修
理电脑呢。

问：男的在做什么？

12. 女：你知道咱们什么时候放暑假吗？
　　男：大概从7月11日到9月3日，我也不太清楚，这是我猜的。
　　问：**什么时候开始放暑假？**

13. 男：明天我们在公园门口见面，不要忘记了，上次你就走错了，在街道口等了我半个小时。
　　女：放心吧，这次我不会再错了。
　　问：**他们在哪儿见面？**

14. 女：这条裙子多少钱？现在打折吗？
　　男：正好现在换季节，所有的衣服都打八折，这条裙子打折之后是120元。
　　问：**根据对话，男的是做什么的？**

15. 男：水对生命非常重要，人可以三天不吃饭，但是不能三天不喝水。
　　女：我听别人说过，当时我还怀疑这个看法是假的。
　　问：**他们在谈什么？**

16. 女：你马上就要过生日了，我想送你一块手表，你选一个吧。
　　男：你看，这个黑色的就适合我，而且价格也不贵。
　　问：**对话最可能发生在哪儿？**

17. 男：你的行李箱里东西太多了，你是女生，太多东西抬不动。
　　女：没办法啊，我要去的时间太久了，所以需要的东西多。
　　问：**女的的行李箱怎么样？**

18. 女：平时我喜欢坐地铁，因为它没有堵车的情况。
　　男：我也是，我认为地铁比公共汽车快多了。
　　问：**男的认为地铁怎么样？**

19. 男：冰箱里的灯坏了，你怎么也不找人来修一修？
　　女：我今天早上才回家，一直在其他城市出差，你不说我都不知道它坏了。
　　问：**女的为什么没修冰箱里的灯？**

20. 女：性别和电话号码也是表格里必须填写的内容，你怎么没有写啊？
　　男：不好意思，我只看到了年龄这一个，我这就把没写的写上。
　　问：**根据对话，男的写了什么？**

21. 男：请问，植物公园怎么走？
　　女：从这条路一直往前走，走到第二个路口左转就能看到入口了。正好我也去那个方向，你跟我一起走吧。
　　问：**女的是什么意思？**

22. 女：你准备好会议需要的材料了吗？
　　男：还有一天时间才开会，我差一点儿就完成了，来得及。
　　问：**男的是什么意思？**

23. 男：这里的美丽风景吸引了许多来旅游的人，这也发展了城市的经济。
　　女：经济得到发展了，但是也会引起空气污染、水污染等。
　　问：**女的担心什么？**

24. 女：你好，我不会发传真，你能帮我一下吗？
　　男：我的东西就要写好了，等我三分钟，可以吗？
　　问：**男的是什么意思？**

25. 男：不好意思，您能大点儿声音说话吗？
　　女：好的，我刚才说我姓刘。
　　问：**男的是什么意思？**

一共20个题，每题听一次。

例如：男：把这个文件复印五份，一会儿
　　　　　拿到会议室发给大家。
　　　女：好的。会议是下午三点吗？
　　　男：改了。三点半，推迟了半个小时。
　　　女：好，602会议室没变吧？
　　　男：对，没变。
　　　问：会议几点开始？

现在开始第26题：

26. 女：你看起来瘦了好多。
　　　男：是啊，我几乎每天晚上都睡不好。
　　　女：你可能是最近压力太大了，我们去
　　　　　看电影放松一下吧。
　　　男：好的，现在就去吧。
　　　问：男的为什么瘦了？

27. 男：小李，你先来谈一下对这个广告的
　　　　　想法。
　　　女：我觉得广告可以比较幽默地说出真
　　　　　正的目的。
　　　男：好，那你再解释一下。
　　　女：没问题。
　　　问：他们在谈什么？

28. 女：我想让我女儿学习弹钢琴，你觉得
　　　　　怎么样？
　　　男：开什么玩笑！
　　　女：怎么了？我说的是真的。
　　　男：你女儿太活泼了，恐怕不能安静地
　　　　　坐在那里。
　　　问：男的认为女儿学习弹钢琴怎么样？

29. 男：我忘记银行卡的密码了，怎么办
　　　　　啊？
　　　女：没事儿，你拿着护照去银行可以改
　　　　　密码。

男：我的汉语没有你的好，你可以陪我
　　　去一趟吗？
女：好，你等我换一件衣服。
问：根据对话，可以知道女的怎么了？

30. 女：我想去四川省旅游，可是没有人陪
　　　　　我。
　　　男：你可以找一个旅游公司。
　　　女：我担心有些公司是骗人的。
　　　男：小王以前是导游，你可以去问问
　　　　　她。
　　　问：根据对话，可以知道什么？

31. 男：有什么办法可以让我长高吗？
　　　女：你坚持每天都运动吧。
　　　男：我一定要再长高2cm，这样我就
　　　　　180cm了。
　　　女：祝你成功。
　　　问：男的现在多高？

32. 女：还有一个小时火车就出发了，我们
　　　　　能及时赶到火车站吗？
　　　男：差不多，我再开快一点儿。
　　　女：不用开太快，注意安全。
　　　男：放心吧，我的开车技术很棒的。
　　　问：他们最可能在哪儿？

33. 男：你要去参加高中同学聚会吗？
　　　女：我可能去不了了。
　　　男：最好去吧，我们已经三年没见过面
　　　　　了。
　　　女：可是我下个星期有考试，真的走不
　　　　　了。
　　　问：女的最后决定怎么办？

34. 女：你的书桌上怎么这么乱啊！快把书
　　　　　放好。
　　　男：好的，我一会儿就弄。
　　　女：你已经说几次了都没做，现在就
　　　　　弄。
　　　男：知道了，马上就收拾。
　　　问：男的的书桌上怎么样？

35. 男：房子的价格一直不降低，年轻人只
能租房子住。
女：是啊，尤其在大城市，租房子住是
一件很普遍的事情。
男：我觉得只要租到一个交通方便、干
净舒服的房子，就很好了。
女：对呀，我现在住的房子就不错。
问：他们在谈什么？

第36到37题是根据下面一段话：

人要勇敢地从没路的地方走出一条路
来，不能没有自己的特点，如果只知道学
习别人，容易找不到自己准确的方向，那
就可能连自己以后要做什么都不知道。

36. "从没路的地方走出一条路来"是一种
什么态度？
37. 这段话主要想告诉我们什么？

第38到39题是根据下面一段话：

生活中有竞争者，才会让我们一直努
力，去发现自己不知道的优点，提高自己
的能力。感谢你的竞争者吧，他会使你成
为更优秀的自己。

38. 对竞争者的态度应该是怎样的？
39. 这段话主要谈什么？

第40到41题是根据下面一段话：

人们认识到了保护环境的重要性，
只用了几年时间，就能看到改变。例如，
以前到处都是的白色垃圾没有了，街道两
边有许多绿树排列在一起，看起来那样干
净。人们都用环保袋儿去买菜，塑料袋已
经禁止使用了。

40. 以前的街道是什么样子？
41. 根据这段话，可以知道什么？

第42到43题是根据下面一段话：

要学好一门语言，我认为最好是到
说那种语言的国家去学习，因为平时在自
己国家用别的语言说话的机会很少，如果
能生活在好的语言环境中，自己的语言能
力会提高得很快，因此，我决定出国去留
学。

42. 根据这段话，学好语言的关键是什么？
43. 最后，我的决定是什么？

第44到45题是根据下面一段话：

各位负责人、同事们：大家好！关于
这次总结工作的会议，首先，我会先谈谈
对公司管理的认识；然后，我会请经理简
单地总结一下过去一年的工作；最后，给
大家一些讨论的时间。

44. 说话人最可能在哪儿？
45. 说话人把内容分为几个部分？

一. 听力

1. √	2. ×	3. √	4. ×	5. ×	6. √	7. ×	8. √	9. √	10. √
11. A	12. C	13. D	14. B	15. A	16. B	17. A	18. D	19. D	20. C
21. B	22. C	23. B	24. D	25. A	26. C	27. B	28. C	29. D	30. A
31. D	32. B	33. C	34. A	35. D	36. A	37. C	38. D	39. B	40. C
41. B	42. A	43. A	44. D	45. B					

二. 阅读

46. B	47. F	48. E	49. C	50. A	51. B	52. E	53. D	54. C	55. A
56. BAC		57. ACB		58. CBA		59. BCA		60. ABC	
61. CAB		62. ACB		63. BCA		64. CBA		65. BAC	
66. D	67. C	68. B	69. A	70. B	71. C	72. D	73. A	74. C	75. D
76. B	77. A	78. B	79. C	80. D	81. C	82. B	83. A	84. C	85. A

三. 书写

86. 我家花园里种的树是松树。　　87. 妈妈手里有一本汉语书。

88. 他打算送给女朋友一个笔记本。　　89. 我来中国是为了学汉语的。

90. 他把书放在桌子上。　　91. 我在中国认识了很多朋友。

92. 今年的夏天比前几年都热。　　93. 那边跑过来一位警察。

94. 下午我们要去图书馆借书。　　95. 老师要求学生每天学习三小时。

96. (모범 답안) 同学之间应该互相关心。

97. (모범 답안) 他们正在打篮球。

98. (모범 답안) 我平时是坐公共汽车上班的。

99. (모범 답안) 周末我和朋友一起去买东西。

100. (모범 답안) 他最近工作很紧张。

第一部分

一共10个题，每题听一次。

例如：我想去办个信用卡，今天下午你有时间吗？陪我去一趟银行？

★ 他打算下午去银行。

现在我很少看电视，其中一个原因是，广告太多了，不管什么时间，也不管什么节目，只要你打开电视，总能看到那么多的广告，浪费我的时间。

★ 他喜欢看电视广告。

现在开始第1题：

1. 警察最重要的责任就是保护人们的安全，让大家放心地生活。

★ 警察应该保护人们的安全。

2. 去年这家公司的办公室就已经搬到银行对面了。

★ 这家公司的办公室在邮局对面。

3. 小明虽然很聪明，但是做事太粗心了。

★ 小明做事不认真。

4. 我哥哥打篮球打得很好，所以他报名参加了学校举办的篮球比赛。

★ 哥哥喜欢踢足球。

5. 玛丽已经学完了全部的汉语课，下学期就可以博士毕业了。

★ 玛丽已经博士毕业了。

6. 想要出国留学，就一定要提前准备好护照和签证。

★ 出国留学需要护照和签证。

7. 小刘和小张的身高差不多，只是小刘比小张稍微高一点儿。

★ 小刘没有小张高。

8. 从地图上看，我们学校离公园不远，我们可以坐地铁去公园。

★ 我们学校离公园很近。

9. 经常鼓励学生可以提高他们的信心，让学生更好地学习汉语。

★ 经常鼓励学生对他们学汉语有帮助。

10. 只有按照规定做事情，才能保证事情顺利进行。

★ 按照规定做事有好处。

第二部分

一共15个题，每题听一次。

例如：女：该加油了，去机场的路上有加油站吗？

男：有，你放心吧。

问：男的主要是什么意思？

现在开始第11题：

11. 男：今天早上我不想吃米饭了，吃面包、喝牛奶可以吗？

女：可是我已经做好面条了啊。

问：今天早上吃什么？

12. 女：你觉得昨天看的电影怎么样？

男：太无聊了，我都快要睡着了，你呢？

问：通过对话，我们可以知道什么？

13. 女：东西收拾好了吗？快点儿走，否则就赶不上火车了。

男：没事，我们可以打车去车站。

问：他们要去哪儿？

14. 女：房间里太冷了，我要回去换一件厚衣服。

男：实际上，如果你站起来多活动活动就不会觉得那么冷。

问：男的建议女的做什么？

15. 男：现在到处都是车，都找不到停车的地方。

女：你再接着往前开，那儿好像有个停车场。

问：从对话中，我们可以知道什么？

16. 男：我本来打算去银行取钱，但是我想不起来密码了。

女：你再好好想想，要是去银行换密码的话会很麻烦。

问：从对话中，可以知道什么？

17. 女：你的桌子这么乱，也不知道整理整理。

男：行，我现在就收拾，不过你能帮我一下吗？

问：男的是什么意思？

18. 女：你要去哪儿？又要去打篮球吗？一会儿该吃饭了。

男：不，我打算去同学家问一些问题。

问：男的要去干什么？

19. 男：我想看足球比赛，能换个台吗？

女：不行，因为我最喜欢的电视节目马上就要开始了。

问：他们在干什么？

20. 男：放暑假了，你回家的票买好了吗？

女：我不打算回家，我想在这儿找份工作，积累经验。

问：女的准备干什么？

21. 女：早上我去办公室找你，他们说你在开会。

男：是啊，最近太忙了，一会儿还得和一个朋友见面。

问：男的早上在做什么？

22. 女：小刘怎么还没来？演出马上就要开始了。

男：已经给他打过电话了，可是一直占线。

问：他们在干什么？

23. 男：新房子收拾得怎么样了？

女：都弄好了，再买一些家具就可以了。

问：女的可能要去干什么？

24. 男：你准备把画挂在哪儿？放在冰箱的旁边怎么样？

女：我觉得还是挂到客厅的窗户上吧。

问：男的建议把画挂在哪儿？

25. 女：一会儿你洗完盘子后记得把盘子上的水擦干净。

男：好的。

问：男的正在干什么？

第三部分

一共20个题，每题听一次。

例如：男：把这个文件复印五份，一会儿拿到会议室发给大家。

女：好的。会议是下午三点吗？

男：改了。三点半，推迟了半个小时。

女：好，602会议室没变吧？

男：对，没变。

问：会议几点开始？

现在开始第26题：

26. 女：家里果汁没有了，你去买点儿吧。
    男：去哪儿买？
    女：超市的可能比较贵，你去附近的商店买。
    男：行，我这就去。
    问：**女的是什么意思？**

27. 男：今天发工资了，我带你去吃好吃的。
    女：在外面吃太贵了，我们还是回家自己做吧。
    男：那也行，那我们现在去超市买点儿菜。
    女：好。
    问：**他们要去哪里？**

28. 女：洗衣机旁边有一些脏衣服，你能帮我洗一下吗？
    男：可是洗衣机坏了。
    女：那你就自己用手洗。
    男：算了，我还是送去洗衣店吧。
    问：**男的现在要干什么？**

29. 女：你的电脑速度怎么这么慢？
    男：可能是存的东西太多，不过这电脑也用了四五年了。
    女：那也该换一个新的了。
    男：等过段时间再说吧，先找师傅明天来修一下。
    问：**关于男的，我们知道什么？**

30. 男：这些东西一共多少钱？
    女：一共150元。
    男：我的现金不够，可以用信用卡吗？
    女：当然可以！
    问：**男的是做什么的？**

31. 女：公共汽车怎么还没来？都等了二十分钟了。
    男：可能是堵车了。
    女：那怎么办？我们还是去坐地铁回家吧。

    男：行。
    问：**他们是怎么回家的？**

32. 男：你怎么笑得这么开心？
    女：我一个朋友给我发了一条手机短信，太有意思了。
    男：是笑话吗？快给我看看。
    女：我给你发过去吧。
    问：**女的从哪儿知道的笑话？**

33. 女：那儿怎么那么热闹？
    男：听说是一个挺有名的演员来了。
    女：那咱们也去看看吧。
    男：还是别去了，人多太危险。
    问：**男的为什么说不去？**

34. 女：你看到关于考试的最新通知了吗？
    男：没有，怎么了？
    女：考试的时间改成了这周五。
    男：真的吗？不是说下周才考试吗？我还没有复习完。
    问：**从对话中，我们能知道什么？**

35. 男：海洋公园好玩吗？
    女：太有意思了，很长时间都没有玩得这么开心了，你真该一起去。
    男：我也很想去，可是当时我的工作还没有完成。
    女：没关系，等下次有机会我们再去。
    问：**关于男的，我们知道什么？**

第36到37题是根据下面一段话：

几个旅行者带着很重的行李在城市中走着，他们觉得又渴又累，只有一个人在快乐地走着。别人问："你怎么这么快乐？"他笑着说："因为我带的东西最少。"原来快乐很简单，少带一点儿东西就行。

36. 他们是来干什么的？
37. 这个人为什么感到快乐？

第38到39题是根据下面一段话：

一辆坐满人的公共汽车在路上开得很快，突然有一个人在车后面跑，想赶上这辆车。车上一个小伙子对这个人说："朋友！算啦，你赶不上这辆车了！""我必须赶上它。"这个人大声地说："我是这辆车的司机。"

38. 这个人和小伙子的关系是什么？
39. 根据这段话，我们知道什么？

第40到41题是根据下面一段话：

妈妈带小男孩儿去亲戚家，亲戚看到这个可爱的小孩儿，就打开一盒子糖让小男孩儿自己拿，但是小男孩儿没有任何动作。几次邀请之后，亲戚自己拿了一大把糖放进他的衣服袋儿里。回到家，妈妈问他为什么不自己拿？小男孩儿回答："因为我的手比较小呀！"

40. 小男孩儿为什么不自己拿糖？
41. 根据这段话，关于小男孩儿我们知道什么？

第42到43题是根据下面一段话：

我们经常会不关心身边发生的小事儿，可是每一件大事儿都是由一件件小事儿引起的。我们只有用积极的态度干好每一件小事儿，才有可能做成大事儿，最后获得成功。

42. 对于小事儿，我们的态度经常是什么样？
43. 根据这段话，我们不能获得成功的原因可能是什么？

第44到45题是根据下面一段话：

昨天的大雨到今天早上才停，电视上说这几天天气还是阴转小雨，所以我们向住的宾馆借了几把伞就往动物园走去。放假来动物园的人可真多，我花了半个小时去排队才买到三张票。

44. 昨天的天气怎么样？
45. 根据这段话，我们知道什么？

一. 听力

1. √	2. ×	3. √	4. ×	5. ×	6. ×	7. √	8. √	9. √	10. ×
11. A	12. C	13. D	14. A	15. D	16. C	17. A	18. C	19. B	20. A
21. B	22. B	23. C	24. A	25. D	26. A	27. B	28. D	29. A	30. C
31. B	32. A	33. C	34. B	35. D	36. A	37. C	38. A	39. D	40. B
41. C	42. D	43. A	44. C	45. B					

二. 阅读

46. B	47. A	48. C	49. F	50. E	51. D	52. C	53. B	54. A	55. E
56. ACB		57. BCA		58. CBA		59. BAC		60. ABC	
61. CAB		62. ACB		63. BAC		64. BCA		65. CAB	
66. B	67. A	68. B	69. C	70. D	71. C	72. A	73. D	74. B	75. A
76. C	77. C	78. D	79. B	80. D	81. B	82. D	83. D	84. C	85. A

三. 书写

86. 哥哥是从中国回来的。

87. 杯子里的水被我喝没了。

88. 客厅的沙发上有两本书。

89. 他一听完就高兴得跳起来。

90. 上课时间禁止随便说话。

91. 过生日的时候爸爸送我一件礼物。

92. 我每星期至少写三篇日记。

93. 绿色食品比普通食品更受欢迎。

94. 经理通知我下午三点去开会。

95. 请在这里写下你的电话号码。

96. (모범 답안) 我没事儿的时候喜欢看报纸。

97. (모범 답안) 跑步是锻炼身体的好方法。

98. (모범 답안) 他玩得太累了。

99. (모범 답안) 这里有三辆汽车。

100. (모범 답안) 你们打算什么时候结婚?

第一部分

一共10个题，每题听一次。

例如：我想去办个信用卡，今天下午你有
时间吗？陪我去一趟银行？
★ 他打算下午去银行。

现在我很少看电视，其中一个原因
是，广告太多了，不管什么时间，
也不管什么节目，只要你打开电
视，总能看到那么多的广告，浪费
我的时间。
★ 他喜欢看电视广告。

现在开始第1题：

1. 爸爸对我要求很严格，尤其是在学习
上，经常检查我的作业。
★ 爸爸很关心我的学习。

2. 他俩是一家人，但是他们的性格却不
同，哥哥很活泼，愿意和别人交流，而
弟弟正好相反。
★ 弟弟愿意和别人说话。

3. 他们本来打算放假一起去旅游，可是突
然有事又去不了，这让他很失望。
★ 他可能不开心。

4. 我们要从小事儿做起，减少生活中的污
染，因为保护环境是我们共同的责任。
★ 保护环境和我们没有关系。

5. 根据调查结果我们发现，现在关于儿童
的书有很多，但是真正有趣的却不多。
★ 儿童的书都非常有意思。

6. 我打算和家人商量等我大学毕业后是先
找工作还是继续读书。

★ 我大学毕业了。

7. 两件衣服都很好看，左边的好像质量更
好，不过另一件更便宜，你说我买哪件
好？
★ 右边的衣服更便宜。

8. 我很少来这里，很多地方也不怎么熟
悉，我记得上次好像走的不是这条路，
我们问问警察怎么走吧。
★ 他们迷路了。

9. 我每去一个地方旅游都要带着照相机，
这张照片就是我去年去北京在长城上照
的。
★ 我去过北京。

10. 你出去记得带钥匙，晚上我和你妈妈不
在家吃饭，你回家后要自己做饭吃。
★ 他们晚上一起吃饭。

第二部分

一共15个题，每题听一次。

例如：女：该加油了，去机场的路上有加
油站吗？
男：有，你放心吧。
问：男的主要是什么意思？

现在开始第11题：

11. 男：阿姨，我要买一本笔记本。
女：好的，五块钱一本。
问：女的是做什么的？

12. 女：你要按时吃药，这个药每天早上、
中午、晚上都要吃。

男：没问题！我记住了！

问：**男的一天应该吃几次药？**

13. 女：你明天有什么打算？

男：最近有一家公司在招人，我想去试试。

问：**男的明天要去干什么？**

14. 女：这几天，我做了一个关于北京城市发展的调查。

男：结果怎么样？有什么发现？

问：**女的调查了什么？**

15. 男：能把你的铅笔借我用一下吗？我忘记带了。

女：没问题，这支铅笔借你。

问：**从对话中可以知道什么？**

16. 女：你喜欢打乒乓球吗？

男：除了踢足球，其他的运动我都喜欢。

问：**男的不喜欢什么运动？**

17. 女：你今天上课为什么迟到了？

男：今天我很早就出门了，但是路上严重堵车。

问：**男的为什么迟到？**

18. 男：我看你心情不太好，有什么烦恼吗？

女：我爸爸生病，我心情很不好。

问：**女的有什么烦恼？**

19. 女：快点！火车马上就要开啦！

男：来得及，现在是八点五十，还有十分钟才能开车呢！

问：**火车几点开车？**

20. 男：你喜欢听流行音乐吗？

女：还行，但是比起流行音乐，我更喜欢听京剧。

问：**女的更喜欢干什么？**

21. 女：您好，祝您生日快乐，这是我们饭店送您的生日面条。

男：谢谢了，面条味道很好。

问：**这个对话发生在什么地方？**

22. 女：我有点儿感冒，麻烦您把窗户关上，好吗？

男：好的，不过感冒了你最好还是去看医生。

问：**女的要男的做什么？**

23. 女：关于放暑假去海南旅游的事情，你有什么想法？

男：我可能去不了了，我得回家陪陪我妈妈。

问：**男的放暑假要去哪里？**

24. 男：你觉得这家咖啡馆怎么样？

女：这里不仅环境好，而且价格便宜。

问：**关于这家咖啡馆，我们知道什么？**

25. 女：老师，我找不到上课的教室了，怎么办？

男：别着急，你上课的教室在二楼，左边第三个就是。

问：**女的的教室在哪里？**

第三部分

一共20个题，每题听一次。

例如：男：把这个文件复印五份，一会儿拿到会议室发给大家。

女：好的。会议是下午三点吗？

男：改了。三点半，推迟了半个小时。

女：好，602会议室没变吧？

男：对，没变。

问：**会议几点开始？**

现在开始第26题：

26. 男：你能帮我把这篇文章翻译成汉语吗？

女：不好意思，我的汉语不是特别好，您着急要吗？

男：不着急，你下周一中午12点之前给我就行！

女：好的，那我试试看。

问：女的什么时候把翻译好的文章给男的合适？

27. 女：你现在身体越来越不好了，你得注意休息！

男：可是我还有很多工作要做啊！

女：哎！工作重要，但是有好的身体才能更好地工作呀！

男：是的，大夫。你说得很对。

问：男的和女的是什么关系？

28. 女：你觉得北京的气候怎么样？

男：北京的春天很暖和，没有东北那么冷。

女：是的，可是春天经常刮风。

男：所以我还是喜欢秋天。

问：通过对话，我们知道北京的春天怎么样？

29. 男：这件衣服有点儿小，能帮我找一个大一点儿的吗？

女：可以，您试试这件。

男：这件大小正好，多少钱？

女：我们现在打折，这件衣服600元。

问：男的现在在干什么？

30. 女：麦克，你听见刚刚广播说什么了吗？

男：广播说：需要申请留学的学生到办公室找王老师。

女：王老师？以前申请留学都是找李老师的。

男：可能李老师今天有事，不在办公室吧！

问：申请留学要去办公室找谁？

31. 男：我下周要出差，麻烦你帮我买一张机票。

女：好的，您要到哪里出差？

男：去上海，最好是明天中午的飞机。

女：好的，机票给您买好了。

问：通过对话，我们可以知道什么？

32. 女：今天是我们公司成立10周年的日子。

男：是呀，我已经在这里工作10年了。听说今天晚上有表演。

女：对，公司经理还要讲话呢！

男：太好了。我一定准时参加。

问：男的晚上要去干什么？

33. 女：你知道金继忠是什么时候回韩国的吗？

男：昨天晚上，他接了一个电话就走了。

女：这么着急，是不是出什么事情了？

男：他的母亲生病了。

问：金继忠为什么回韩国了？

34. 女：小李，你认识广告公司的王经理吗？

男：认识啊，他是我朋友。你找他有事吗？

女：是的，我想和他商量一下事情。

男：好的，我把他的电话号码给你吧。

问：女的要做什么事情？

35. 男：你看起来不是很高兴，怎么了？

女：我考试考得不好。都怪我太马虎了，没有认真检查，我现在很后悔。

男：没关系的，下次考试你一定要认真检查，肯定能取得好成绩的。

女：谢谢你！

问：通过对话，我们可以知道什么？

第36到37题是根据下面一段话：

以前有一个人，他每天早上很早就到田里工作，一直到很晚才回家。有一天，这个人正在辛苦地工作，突然远远地跑来一只小动物。这只小动物跑得又急又快，一不小心撞死在大树边上。这个人看到之后很高兴，用这只动物的肉做了汤。从此以后，他每天坐在大树旁，希望能再等到不小心撞死的小动物。

36. 他看见小动物后有什么反应？
37. 他每天在哪里等小动物？

第38到39题是根据下面一段话：

早上7点，街道上的人渐渐多了起来。我背着我最喜欢的书包，从家里走了出来，向公共汽车站跑去。到了车站，学校的车已经开走了，没有办法，我只好走到路边等着。不久一辆出租车开了过来，把我送到了学校。

38. 我要去干什么？
39. 我最后怎么去的学校？

第40到41题是根据下面一段话：

一个女人去一家公司找工作，在等待考试的时候，她发现公司的地面上有一张没有用的纸。她拿起那张纸放进了垃圾桶中。公司的经理看到了她所做的事情，马上向大家说明这个女人明天就可以到公司来上班了。这位女人随手做的一件小事为自己带来了机会。

40. 女人去公司要干什么？
41. 女人把那张纸放到了哪里？

第42到43题是根据下面一段话：

从前有一个人很喜欢写字，他家里很穷，开始时他还是用墨水写字。后来没有了，他便用米汤在纸上写了一遍，拿到外面弄干了再写，直到那张纸不能再写为止。这时那纸比之前厚了一倍。可是最后他连纸都买不起，于是他每天就拿一个小木头在地上写。后来他成了写字很好的人。

42. 这个人喜欢做什么？
43. 这个人为什么成了写字很好的人？

第44到45题是根据下面一段话：

中国功夫也叫中国武术，是中国人民长期积累起来的一个优秀的文化。学习功夫既是锻炼身体，又是保护自己，这是中国功夫的最大特点。中国功夫的代表人物是李小龙，他是一位功夫明星，他表演的很多电影在国内外都很流行，中国功夫在全世界都很有名。

44. 中国功夫最大的特点是什么？
45. 李小龙的工作是什么？

HSK 모의고사 제6회 답안

一. 听力

1. ×	2. √	3. √	4. ×	5. ×	6. ×	7. √	8. ×	9. √	10. √
11. A	12. C	13. C	14. D	15. B	16. A	17. D	18. C	19. A	20. B
21. C	22. B	23. A	24. D	25. A	26. C	27. C	28. A	29. D	30. B
31. C	32. D	33. B	34. A	35. C	36. B	37. D	38. C	39. A	40. A
41. C	42. B	43. D	44. D	45. C					

二. 阅读

46. B	47. C	48. A	49. F	50. E	51. B	52. C	53. D	54. A	55. E
56. CBA		57. ACB		58. BAC		59. CAB		60. ABC	
61. BCA		62. ACB		63. BCA		64. ACB		65. BCA	
66. C	67. C	68. B	69. A	70. A	71. C	72. B	73. B	74. B	75. C
76. D	77. A	78. C	79. D	80. C	81. A	82. B	83. D	84. C	85. B

三. 书写

86. 她终于同意了我的看法。

87. 这种药对头疼很有用。

88. 那本书的内容十分丰富。

89. 我弟弟把窗户打破了。

90. 他想邀请我一起看电影。

91. 我国的法律禁止司机酒后开车。

92. 听音乐可以让心情放松。

93. 我也真想去首尔玩儿。

94. 请大家按照身高顺序站好。

95. 妈妈买的衣服有点儿瘦。

96. (모범 답안) 昨天晚上我们玩得很开心。

97. (모범 답안) 今天我买的西红柿很便宜。

98. (모범 답안) 我很喜欢吃巧克力。

99. (모범 답안) 火车什么时候出发？

100. (모범 답안) 他们表演得很精彩。

第一部分

一共10个题，每题听一次。

例如：我想去办个信用卡，今天下午你有时间吗？陪我去一趟银行？

★ 他打算下午去银行。

现在我很少看电视，其中一个原因是，广告太多了，不管什么时间，也不管什么节目，只要你打开电视，总能看到那么多的广告，浪费我的时间。

★ 他喜欢看电视广告。

现在开始第1题：

1. 不好意思，房间有点乱，我刚搬完家，还没来得及收拾，你先坐在这儿吧。

   ★ 房间已经收拾好了。

2. 听说你也在找工作，我昨天看见这家学校正在招聘老师，给出的条件还不错，我们一起去试一试吧。

   ★ 他也想找工作。

3. 工作很重要，但是工作不应该成为我们生活的全部，除了工作，还有很多可以做的事情。

   ★ 工作不是我们生活的全部。

4. 随着社会的发展，我们用的东西发生了很大的变化，比如我们经常用的手机，就跟十年以前完全不一样了。

   ★ 跟十年以前相比，手机没什么变化。

5. 别担心，我叔叔是医生，他应该可以给你一些专业的意见，明天我去他家帮你问问，然后给你打电话。

★ 他叔叔是翻译。

6. 今天我没带够钱，明天我再来买，您帮我留着可以吗？

   ★ 他不想买了。

7. 刚才你说汤里的盐放得太少了，我就又放了一点儿，结果现在放得太多了。

   ★ 现在的汤很咸。

8. 你记一下我的号码，有事的话给我打电话，我一会儿就能到这儿。

   ★ 他离这儿很远。

9. 老师，打扰您一下，明天我妈妈来中国，我要去一趟机场，所以我想请一天假，可以吗？

   ★ 他请假是为了接他妈妈。

10. 不管遇到什么事，都不要着急，只要你想好每一步做什么，就没有什么不能解决的问题。

    ★ 所有问题都能解决。

第二部分

一共15个题，每题听一次。

例如：女：该加油了，去机场的路上有加油站吗？

男：有，你放心吧。

问：男的主要是什么意思？

现在开始第11题：

11. 男：您有什么要求，都可以告诉我。

    女：房子不能太小，因为我们家的人比较多；最好离学校近一点儿，这样我的儿子上学更方便。

问：**女的在做什么？**

12. 女：家里没有水果了，你下班的时候买点儿吧。

男：如果按时下班，我就去。如果加班，我就给你打电话。

问：**男的是什么意思？**

13. 男：你想吃什么？

女：你随便点吧，除了牛肉以外，都可以。

问：**女的是什么意思？**

14. 男：咱们家的电视已经用了十年了吧。

女：对啊，周末就去商店看看，买一台新的吧，然后再买一台新空调。

问：**他们周末打算买什么？**

15. 女：明天八点见，别迟到了啊！

男：放心吧，我明天七点半就去。

问：**男的是什么意思？**

16. 女：我不想学跳舞了。

男：为什么？你不是已经学了5年了吗？你也很喜欢跳舞啊。

问：**女的不想做什么？**

17. 男：我昨天看见了一个人，长得特别像你。

女：你看见的应该是我的姐姐，大家都说我们长得很像。

问：**男的看见谁了？**

18. 男：女儿怎么还没睡？

女：她一直在等你，她说想跟你一起玩儿。

问：**女儿现在做什么呢？**

19. 女：昨晚的足球比赛你看了吗？真是太精彩了！

男：对啊，两个队都很厉害，到最后谁也没输，谁也没赢。

问：**根据对话，哪句话是正确的？**

20. 男：你怎么买了绿色的衣服？你不是不喜欢绿色吗？

女：今年流行绿色。

问：**女的为什么买绿色的衣服？**

21. 男：这个红色的药必须饭前一小时吃，这种黄色的药必须饭后一小时吃，记住了吗？

女：您还是写下来吧。

问：**女的是什么意思？**

22. 女：你今天已经去了五次厕所了，你没事吧？用不用去医院？

男：没事儿，我应该是吃了不干净的东西，休息一会儿就行了。

问：**男的觉得自己怎么样？**

23. 男：现在去银行办事真快，也不用排队了。

女：对啊，现在存钱和取钱都可以自己办，节约了很多时间。

问：**现在去银行办事怎么样？**

24. 女：你的汉语水平提高得太快了，有什么好方法吗？我要向你学习学习。

男：我有几个亲戚是中国人，我常常跟他们聊天儿。

问：**男的提高汉语水平的方法是什么？**

25. 女：一张火车票，从上海到北京，2017年8月20日，对吗？

男：对。

问：**女的可能在哪儿工作？**

第三部分

一共20个题，每题听一次。

例如：男：把这个文件复印五份，一会儿拿到会议室发给大家。

女：好的。会议是下午三点吗？
男：改了。三点半，推迟了半个小时。
女：好，602会议室没变吧？
男：对，没变。
问：会议几点开始？

现在开始第26题：

26. 男：暑假的时候准备做什么？
女：没想好呢，你有什么好的建议吗？
男：我们打算去云南旅游，你跟我们一起去吧。
女：太棒了，正好我没去过云南。
问：关于女的，哪个是正确的？

27. 男：你干什么呢？在打游戏吗？
女：我看网店呢，我想买一部新手机。
男：在网上能买手机吗？
女：当然可以，现在在网上什么都能买到。
问：女的想买什么？

28. 男：我的签证明天才能拿回来。
女：可是明天你要去北京，来不及吧。我有时间，我帮你吧。
男：太谢谢你了！等我回来请你吃饭吧。
女：没关系，你也经常帮助我。
问：男的要取什么？

29. 女：您好，李先生，请您后天下午两点来我们公司参加面试。
男：好的，请问公司地址是什么？
女：一会儿我们给您发短信。
男：好的，谢谢。
问：女的通知男的做什么？

30. 女：今天太阳从哪边出来了？你怎么突然想起来送我花了？
男：你自己不知道吗？
女：不知道，你快点儿告诉我。

男：今天是你的生日啊。
问：男的今天为什么送花？

31. 男：妈，你还在李阿姨家啊？什么时候能回来？
女：大概二十分钟就回去了，怎么了？
男：我的钥匙找不到了。
女：那你在门口等我吧。
问：男的怎么了？

32. 女：你怎么了？看起来脸色不好。
男：别提了，昨晚一晚上没睡。
女：为什么？身体不舒服吗？
男：不是，我家的邻居一直唱歌，声音非常大。
问：男的为什么晚上没睡觉？

33. 男：您知道地铁站在哪儿吗？我怎么找不到了呢？
女：看见那个超市了吗？就在超市东边。
男：离这儿远吗？用不用坐公交车？
女：不远，走路五分钟就到了。
问：地铁站在哪儿？

34. 女：这次的会议，对我们公司非常重要，你要好好准备。
男：您放心，我一定会努力的。
女：你一个人太少了，我再安排两个人去帮助你。
男：好的，我们会一起努力的。
问：为什么再安排两个人？

35. 男：大家的东西都带好了吧？我们要出发了。
女：等一下，我得回去一下。
男：怎么了？
女：我的照相机没在包里，可能在酒店，我要回去找一下。
问：女的回去找什么？

第36到37题是根据下面一段话：

阅读有很多好处，首先，它能丰富你的知识，让你找到解决问题的办法；其次，它还会丰富你的情感，使你的生活更精彩。所以，让阅读成为你的习惯吧。

36. 这段话中说到了几个阅读的好处？
37. 这段话最后说让阅读成为什么？

第38到39题是根据下面一段话：

世界上没有两片完全相同的叶子，同样地，世界上也没有两个完全一样的人。所以，在教育学生时，要根据学生的特点选择不同的方法，我想这是最不容易做到的。

38. 教育学生时应该怎么做？
39. 世界上的人都怎么样？

第40到41题是根据下面一段话：

学校的东边有座山，那里很漂亮，离这儿也不远，不用打车，也不用坐公交车，骑自行车半个多小时就到了。我们打算这个周末去爬山，带上吃的、喝的，一定很有意思。

40. 山在学校的哪边？
41. 骑车多长时间能到那儿？

第42到43题是根据下面一段话：

我这次搬家没找朋友帮忙。以前搬家的时候，常常是朋友和亲戚帮我，要麻烦很多人。现在有了搬家公司，只要打个电话，交了钱就可以了，又省力气又省时间，特别方便。

42. 以前谁帮我搬家？
43. 关于搬家公司，哪个是正确的？

第44到45题是根据下面一段话：

茶在中国有几千年的历史，是中国最常见的饮料。最早的时候，茶只是被当做一种药，而不是饮料。后来，随着人们对茶的认识的加深，慢慢开始把它当做饮料，这才慢慢有了中国的茶文化。

44. 在中国，茶最早被当做什么？
45. 这段话主要说什么？

HSK 모의고사 제7회 답안

一. 听力

1. √ 2. × 3. √ 4. √ 5. × 6. × 7. × 8. √ 9. √ 10. ×

11. B 12. C 13. A 14. B 15. C 16. D 17. D 18. C 19. A 20. A

21. C 22. B 23. D 24. C 25. B 26. B 27. A 28. B 29. C 30. A

31. C 32. B 33. A 34. B 35. C 36. A 37. C 38. D 39. B 40. D

41. B 42. B 43. D 44. A 45. C

二. 阅读

46. C 47. E 48. F 49. A 50. B 51. B 52. C 53. A 54. D 55. E

56. ACB 57. CAB 58. CBA 59. BAC 60. CAB

61. BAC 62. ABC 63. ACB 64. BCA 65. ACB

66. B 67. A 68. B 69. A 70. D 71. B 72. C 73. A 74. B 75. D

76. B 77. A 78. B 79. A 80. D 81. C 82. D 83. B 84. D 85. B

三. 书写

86. 这是我第一次看中国电影。

87. 那儿有好吃的东西。

88. 他在旁边不停地说话。

89. 我觉得质量比数量更重要。

90. 我是去年春天结婚的。

91. 把那本书放在桌子上。

92. 我们这次的活动非常成功。

93. 你不是要出去逛街吗?

94. 你能不能翻译一下这段话?

95. 他们看得非常仔细。

96. (모범 답안) 他最近有很多烦恼。

97. (모범 답안) 每天有很多人来这儿参观。

98. (모범 답안) 他猜不出来为什么会这样。

99. (모범 답안) 这条路常常堵车。

100. (모범 답안) 我很喜欢吃烤鸭。

HSK 모의고사 제7회 듣기 대본

第一部分

一共10个题，每题听一次。

例如：我想去办个信用卡，今天下午你有
时间吗？陪我去一趟银行？

★ 他打算下午去银行。

现在我很少看电视，其中一个原因
是，广告太多了，不管什么时间，
也不管什么节目，只要你打开电
视，总能看到那么多的广告，浪费
我的时间。

★ 他喜欢看电视广告。

现在开始第1题：

1. "世界上没有免费的午餐。"这句话是
说，什么东西都要通过努力才能得到。

★ 努力才能得到自己想要的东西。

2. 昨天我做了一个奇怪的梦，但是醒了以
后怎么想也想不起来。

★ 我知道自己做了什么梦。

3. 说出去的话很难收回，因此，生气时不
要随便说话，这时候说的往往都是不好
的话，别人听了会不高兴，事情过去以
后，自己也会后悔。

★ 生气时不要随便说话。

4. 生活的关键就是：只要你努力做了，不
管是赢是输，都一样精彩。

★ 只要努力，输或者赢不太重要。

5. 大部分人都是很容易就原谅了自己，却
不想去原谅别人。

★ 原谅别人很容易。

6. 医生说，睡觉时间太长并不好，有时甚

至会引起头疼，一般睡八个小时就可以
了。

★ 睡觉时间越长越好。

7. 如果想把东西卖出去，就一定要了解顾
客的实际需要。

★ 不了解顾客的需要也能卖出去很多
东西。

8. 商店里打折的时候，我们一定要认真考
虑以后再决定，因为打折时我们买的很
多东西都是没用的。

★ 人们容易在打折时买没用的东西。

9. 我们来得及，现在才9点半，还有一个
多小时飞机才起飞，我们十点以前到机
场就行了。

★ 现在的时间够用。

10. 一个星期内发现这件衣服有任何质量问
题，我们都可以为您换，但是请拿着购
物小票来。

★ 两个星期内都可以换衣服。

第二部分

一共15个题，每题听一次。

例如：女：该加油了，去机场的路上有加
油站吗？

男：有，你放心吧。

问：男的主要是什么意思？

现在开始第11题：

11. 男：卫生间为什么那么脏？这会给客人
留下不好的印象，快点儿去打扫一
下。

女：经理，对不起，我马上就去。

问：关于男的，可以知道什么？

12. 女：你看见我的钥匙了吗？刚才还在这儿呢。

男：不是在你手里吗？

问：关于钥匙，哪个是正确的？

13. 男：有人跟我说，没去过长城就不算来过北京，是真的吗？

女：对啊，正好这个周末我们打算去那儿，你跟我们一起去吧。

问：女的周末打算做什么？

14. 女：你今天为什么迟到了？

男：昨天晚上睡得太晚了，所以早上我完全没听到手机响，起来时已经八点了。

问：男的为什么迟到了？

15. 女：您好，请问这辆车到公园吗？

男：不到。你坐错车了，你应该坐123路公交车。

问：关于女的，可以知道什么？

16. 男：毕业以后，你想做什么？

女：我想当老师，这是我小时候的理想，你想好做什么了吗？

问：女的的理想是什么？

17. 女：你的变化好大啊！不像以前那么粗心了，做事情更认真了。

男：对啊，经过那次失败以后，我就决定改变自己了。

问：关于男的，哪个是正确的？

18. 男：今天怎么打扮得这么漂亮？是不是要去约会？

女：不是，我的朋友结婚，她邀请我去。

问：关于女的，可以知道什么？

19. 女：为什么有这么多人喜欢这个演员？

男：他演了一部有名的电影，因此受到了很多人的欢迎。

问：他们在谈什么？

20. 男：老师，我的文章还需要改吗？

女：首先，文章的内容有点儿乱，其次，有几个句子还有语法问题。

问：老师的意思是什么？

21. 男：明天就是父亲节了，我还没准备好礼物，怎么办呢？

女：别担心，我早就准备好了，是一件衣服，明天送给他就行了。

问：女的准备了什么礼物？

22. 男：请问，今天去北京最早的航班是几点的？

女：不好意思，由于天气的原因，今天所有的航班都不能起飞了。

问：男的今天可以坐飞机去北京吗？

23. 女：你的汉语说得真流利，你来中国多长时间了？

男：已经两年了。我的女朋友是中国人，所以我可以每天练习汉语。

问：关于男的，哪个是错的？

24. 女：我实在太困了，今天就不陪你看比赛了。

男：你去休息吧，明天早上我直接告诉你比赛的结果。

问：女的为什么不看比赛了？

25. 男：您好，我要一张电影票，九点的那场还有票吗？

女：有。您看看，您想要哪个座位？

问：他们可能在哪儿？

第三部分

一共20个题，每题听一次。

例如：男：把这个文件复印五份，一会儿拿到会议室发给大家。

女：好的。会议是下午三点吗？

男：改了。三点半，推迟了半个小时。

女：好，602会议室没变吧？

男：对，没变。

问：会议几点开始？

现在开始第26题：

26. 男：请问，您愿意支持环境保护的活动吗？

女：当然，环境保护对我们每个人都非常重要，我们必须保护我们生活的地球。

男：那么，您觉得我们应该做些什么呢？

女：我们可以做的太多了，比如不乱扔垃圾、节约用电、节约用水。

问：哪句话不是女的说的？

27. 女：您好，我们家的冰箱坏了，您现在能过来吗？

男：不好意思，我正在帮别人修呢，下午去您家行吗？

女：没问题，下午我也在家。

男：好的，请您把地址告诉我吧。

问：关于男的，可以知道什么？

28. 女：随便坐吧，我去给你拿饮料。你喝点儿什么？

男：有什么就给我什么吧。

女：果汁行吗？家里还有几瓶果汁。

男：有咖啡吗？没有咖啡的话，就给我果汁吧。

问：关于男的，可以知道什么？

29. 女：你觉得哪件衣服更适合我？

男：两件都不错，你更喜欢哪件？

女：你每次都这么说！一点儿也不关心我！你好好儿看一下再回答我。

男：那就两件都买吧。

问：女的现在的心情怎么样？

30. 男：听说你们昨天去看表演了，那个表演怎么样？

女：演员们表演得特别精彩，我都不想回来了。

男：那么我今晚也去看看。

女：去吧。你一定不会后悔的。

问：他们俩在谈什么？

31. 女：这是我刚做好的饺子，你尝尝。

男：除了有点儿咸，其他的都很好，很好吃。

女：有点儿咸？我只放了一点儿盐呀。

男：这是你第一次做饺子，做成这样，已经很厉害了。

问：根据对话，哪个是错误的？

32. 男：怎么又要去理发店？上个月刚去过吧？

女：头发长得太快了，没办法。

男：那我陪你去吧，你等我一下。

女：不用了，我跟朋友一起去，我们已经说好了。

问：女的为什么去理发店？

33. 女：你那边太吵了，我听不清楚。

男：我在超市呢，现在能听见了吗？

女：现在没问题了。你回来时顺便买点饼干吧。

男：行。还有要买的吗？我一起买回去。

女：没有了。你早点回来吧。

问：男的现在在哪儿？

34. 男：你的腿怎么了？

女：没事儿，昨天走路时没看路，擦破了一点儿皮。

男：你是不是一边走路一边玩手机了？

女：不是，正好看见一个朋友，就跟朋友打了个招呼。

问：女的的腿为什么破了？

35. 女：我跑不动了，没力气了，你自己跑吧。

　　男：我们先休息一下吧。现在好点儿了吗？

　　女：好多了。你跑得比我还多，怎么不累呢？

　　男：我一有时间就跑步，一周大约跑五次。

　　问：关于男的，可以知道什么？

第36到37题是根据下面一段话：

　　中国人常说"便宜没好货，好货不便宜。"这句话虽然有时候是对的，可是不一定都是这样。比如我们卖衣服，春天来了以后，冬天的衣服就便宜了。要是不快点儿卖出去，又要放半年。

36. 这段话可能是谁说的？
37. 春天到了以后，冬天的衣服怎么样？

第38到39题是根据下面一段话：

　　有的衣服第一次洗的时候会掉颜色，其实，有很多方法可以解决这个问题。最简单的方法就是在水里加一点盐。用盐水来洗衣服，这样以后再洗这件衣服时，也不会掉颜色了。

38. 有些衣服第一次洗时会怎么样？
39. 解决这个问题，可以用什么方法？

第40到41题是根据下面一段话：

　　现在网上银行的作用越来越大。有了它，我们可以在网上买东西，就不需要去商店了。我们的电话费、水费、电费都可以在网上交了。出门的时候，即使忘了带钱包也不用担心，因为我们可以用网上银行直接交钱。

40. 网上银行的作用怎么样？
41. 这段话主要谈什么？

第42到43题是根据下面一段话：

　　十年以前，如果想买火车票，就一定要去火车站。所以每年春节买票的时候，有的人要在火车站排队等几个小时。但是现在不需要这样了，人们可以直接在网上买好票，然后去火车站取就可以了，特别方便。

42. 以前在哪儿买火车票？
43. 现在买火车票怎么样？

第44到45题是根据下面一段话：

　　最近我们正在准备买房子，因为我们明年就结婚了。我的女朋友觉得应该在我的公司附近买，这样我上班比较方便。但是我觉得那儿的房子太贵了，我们没有那么多钱。

44. 他们为什么买房子？
45. 他女朋友想在哪儿买？

一. 听力

1. × 2. √ 3. × 4. √ 5. × 6. √ 7. √ 8. × 9. × 10. ×
11. D 12. C 13. D 14. C 15. A 16. B 17. C 18. A 19. C 20. D
21. A 22. A 23. D 24. B 25. C 26. A 27. D 28. B 29. A 30. D
31. C 32. D 33. A 34. C 35. A 36. B 37. C 38. A 39. B 40. D
41. B 42. B 43. C 44. A 45. C

二. 阅读

46. E 47. A 48. F 49. B 50. C 51. D 52. E 53. C 54. A 55. B
56. ACB 57. BCA 58. BAC 59. ACB 60. ACB
61. BAC 62. ABC 63. CBA 64. BCA 65. CAB
66. B 67. D 68. B 69. A 70. C 71. B 72. D 73. B 74. A 75. B
76. D 77. B 78. A 79. B 80. A 81. D 82. B 83. C 84. B 85. B

三. 书写

86. 我想起了以前的工作经历。

87. 你和家人联系上了吗？

88. 她喜欢听流行音乐。

89. 公司打算让我去美国。

90. 她高兴得跳了起来。

91. 面包被我弟弟吃光了。

92. 那个城市给我留下了很深的印象。

93. 这件红色的衣服多少钱？

94. 他从学校回来了。

95. 我对汉语很感兴趣。

96. (모범 답안) 很多人参加了昨天的活动，所以很热闹。

97. (모범 답안) 每个人都应该尊重老人。

98. (모범 답안) 她今天有约会，所以打扮得非常漂亮。

99. (모범 답안) 这个沙发是昨天买的。

100. (모범 답안) 她最近一直在加班，现在特别困。

第一部分

一共10个题，每题听一次。

例如：我想去办个信用卡，今天下午你有时间吗？陪我去一趟银行？

★ 他打算下午去银行。

现在我很少看电视，其中一个原因是，广告太多了，不管什么时间，也不管什么节目，只要你打开电视，总能看到那么多的广告，浪费我的时间。

★ 他喜欢看电视广告。

现在开始第1题：

1. 听说经理已经回国了，但是今天为什么没来上班？是不是身体不舒服？

★ 经理今天来上班了。

2. 别人送你礼物时，你只需要说谢谢，不应该问价格。

★ 收到礼物时，不应该问价格。

3. 为了保护环境，越来越多的人拒绝使用塑料袋。

★ 没有人使用塑料袋。

4. 他这个人太喜欢开玩笑了，我都不知道他哪句话是真话，哪句话是假话。

★ 我不知道他说的是真话还是假话。

5. 今天的温度太低了，不适合游泳，而且你已经感冒了，我们明天再来吧。

★ 今天可以游泳。

6. 再过两个月就是春天了，到时候学校里的花都会开，什么颜色的都有，漂亮极了。

★ 现在是冬天。

7. 开车时不能看电视，但是可以听广播，司机可以通过广播来了解最新的交通情况。

★ 开车时可以听广播。

8. 我的姐姐很喜欢旅游，国内大部分的地方她都已经玩过了，所以今年她打算出国旅游。

★ 我姐姐今年打算在国内旅游。

9. 我的爸爸是一名警察，他特别希望我能跟他一样成为一名警察，但是我更想当老师。

★ 他爸爸是一名老师。

10. 我住的地方没有电梯，每天都要走到八楼，所以回到家以后，要休息大约十分钟。

★ 我每天坐电梯。

第二部分

一共15个题，每题听一次。

例如：女：该加油了，去机场的路上有加油站吗？

男：有，你放心吧。

问：男的主要是什么意思？

现在开始第11题：

11. 女：你的裤子怎么了？

男：吃东西时不小心弄脏了。

问：男的的裤子怎么了？

12. 男：明天咱们是在北门见面吗？

女：改在南门了，你没看昨天的通知吧？

问：**他们明天在哪儿见面？**

13. 女：医生，我吃了一个星期的药，病也没好，为什么？

男：你不是头疼吗？为什么吃感冒药？你吃的药不对啊。

问：**男的是什么意思？**

14. 女：这个学校离咱们家太远了，孩子上学怎么办？

男：别担心，现在的学校都有自己的公共汽车，很方便。

问：**男的觉得孩子可以怎么上学？**

15. 女：还有多远啊？我走不动了。

男：再坚持一会儿，我们马上就到山的最高点了。

问：**他们在做什么？**

16. 男：你们怎么都在这儿排队？做什么呢？

女：下午有一位著名的教授要来咱们学校，我们正在排队取票。

问：**女的排队做什么？**

17. 男：妈妈，你看见我的那件蓝色衬衫了吗？我今天要穿那件。

女：今天早上我送到洗衣店了，你穿别的衣服吧。

问：**他们在哪儿？**

18. 女：除了签证以外还要带什么？

男：一张照片和填好的报名表，然后交五十块钱就行了。

问：**什么是不需要的？**

19. 女：我想去北京大学，应该在哪站下车呢？

男：方向错了！你刚才应该在对面坐车。

问：**女的怎么了？**

20. 男：你不是跟朋友约好了三点见面吗？现在都两点半了！

女：我们的见面时间推迟了一个小时。

问：**女的要跟朋友什么时候见面？**

21. 男：这么难的词，你怎么知道的？我们上课时也没学过啊。

女：我自己买了一本书，上面有很多有意思的词。

问：**女的怎么知道这个词的？**

22. 女：你把蛋糕放在哪儿了？

男：昨天晚上我突然饿了，所以就把蛋糕吃光了，我再给你买一个吧。

问：**关于蛋糕，可以知道什么？**

23. 男：你们女人每天要照多少次镜子呀？

女：准确的数字我也不知道，因为只要有镜子我们就会照。

问：**他们在谈什么？**

24. 男：你的汉语水平提高得太快了，有什么好方法吗？

女：我有好几个中国朋友，有时间的话我就跟他们一起聊天儿。

问：**女的有什么好方法？**

25. 女：您好，我想寄一份材料到上海，多长时间能到？

男：快的话两天就能到，慢的话需要三天。

问：**材料多长时间能寄到上海？**

第三部分

一共20个题，每题听一次。

例如：男：把这个文件复印五份，一会儿拿到会议室发给大家。

女：好的。会议是下午三点吗？

男：改了。三点半，推迟了半个小时。

女：好，602会议室没变吧？

男：对，没变。

问：会议几点开始？

现在开始第26题：

26.男：您好，我要一张4月26号去北京的火车票。

女：好的，您想要下午的还是上午的？

男：上午的吧。最好是早一点儿的。

女：现在有早上8点的，可以吗？

男：太早了，还有晚一点儿的吗？

问：男的觉得8点的火车怎么样？

27.男：您好！这边请。

女：有窗边的座位吗？

男：对不起，现在没有窗边的座位了。

女：那我们换一家饭店吧。

问：女的是什么意思？

28.女：都一点了，明天再做吧。

男：不行啊，这份表格经理明天就要看。

女：那我不打扰你了。

男：你去休息吧，我也快弄完了，一会儿就能休息了。

问：男的是什么意思？

29.男：一共十一块钱。

女：不好意思，您有零钱吗？

男：我有一块钱的零钱，可以吗？

女：太好了。找您九十。这是您的果汁。

问：男的在做什么？

30.女：李先生，最近水果店的生意怎么样啊？

男：生意不太好，现在不做了。

女：那您现在做什么呢？

男：我开了一家饭店，有机会的话来吃饭吧。

问：男的原来做什么？

31.女：今天有什么事儿吗？穿得这么正式。

男：我朋友今天结婚，他邀请了我。

女：中国朋友吗？

男：对啊，但是他的女朋友是美国人。

问：男的为什么穿得很正式？

32.男：儿子说他看不清黑板了。

女：他坐在教室的最前面。怎么能看不清呢？

男：是不是因为玩电脑的时间太长了？

女：对啊。他在电脑前面一坐就是一天。

问：关于他们的儿子，哪个是错的？

33.女：没想到你除了会跳舞，还会弹钢琴。

男：这些都是小时候学的。

女：一定很辛苦吧，学这么多东西。

男：开始的时候比较累，后来就习惯了。

问：关于男的，可以知道什么？

34.男：中午吃西红柿炒鸡蛋怎么样？很长时间没吃了。

女：可以，可是家里没有鸡蛋了。

男：那我现在去买点儿吧。

女：好的，别买太多了。

问：男的为什么想吃西红柿炒鸡蛋？

35.男：谁的手机响了？

女：不是我的，我的手机今天忘带了。

男：是我的，我的手机昨天换了新的声音。

女：快点儿看看是谁找你吧。

问：谁的手机在响？

第36到37题是根据下面一段话：

狗是很聪明的动物，而且是我们的好朋友。只要稍微花点儿时间教它，它就能学会很多东西。你跟它说话，它好像能听懂一样。当你心情不好的时候，它也能一直陪着你。

36. 关于狗，不正确的是：

37. 当你心情不好时，狗可以做什么？

第38到39题是根据下面一段话：

孔子说过"三人行，必有我师"，生活中也确实是这样的，周围的每一个人都有可能成为你的老师，他们身上的优点就可以成为你学习的内容，同时，你也会成为别人的老师。

38. 你可以学习别人的什么？

39. 这段话主要说什么？

第40到41题是根据下面一段话：

虽然考试已经结束了，但是我一点儿轻松的感觉都没有。这一段时间，是我心情最紧张的时候。每天都希望考试成绩快点出来，同时又很担心成绩。我觉得别的同学也都是这样的心情。

40. 我现在的心情怎么样？

41. 为什么会有这样的心情？

第42到43题是根据下面一段话：

环境能改变一个人的爱好和习惯，教育环境更是这样的。现在的中国，很多父母为了让自己的孩子受到更好的教育，把能想到的办法都试了，比如，从一个城市搬到另一个城市，把家搬到好学校的附近，有的甚至出国陪孩子读书。

42. 父母们为什么搬家？

43. 这段话主要说了什么？

第44到45题是根据下面一段话：

这本小说的作者是一位医生，在这本小说里，他写了很多发生在医院里的故事。通过这本小说，我们对医生这个职业有了更多的了解，很多以前不能理解的事情，看了这本小说以后，也得到了很好的解释。

44. 小说是谁写的？

45. 小说的主要内容是什么？

一. 听力

1. × 2. √ 3. √ 4. × 5. √ 6. × 7. × 8. √ 9. √ 10. ×

11. C 12. D 13. B 14. B 15. C 16. A 17. C 18. C 19. A 20. D

21. B 22. A 23. A 24. D 25. B 26. B 27. A 28. D 29. C 30. D

31. C 32. B 33. D 34. B 35. A 36. B 37. C 38. B 39. A 40. B

41. A 42. D 43. B 44. B 45. D

二. 阅读

46. F 47. C 48. E 49. B 50. A 51. B 52. C 53. A 54. E 55. D

56. BCA   57. ABC   58. BCA   59. BCA   60. CAB

61. CAB   62. BAC   63. CAB   64. ACB   65. ACB

66. C 67. D 68. A 69. A 70. D 71. A 72. D 73. B 74. D 75. B

76. C 77. B 78. A 79. C 80. A 81. C 82. B 83. A 84. D 85. A

三. 书写

86. 我的签证申请通过了。

87. 我们不得不放弃这次机会。

88. 她被认为是最有名的演员。

89. 抽烟对身体没有好处。

90. 我想祝你生日快乐。

91. 误会严重影响了我们的感情。

92. 请把电话号码填在这里。

93. 我五岁的时候去过北京。

94. 今天的饺子做得有点儿咸。

95. 这家公司正在招聘翻译。

96. (모범 답안) 他最近常常出差。

97. (모범 답안) 她把窗户擦得非常干净。

98. (모범 답안) 妈妈经常鼓励我。

99. (모범 답안) 她特别喜欢自己去逛街。

100. (모범 답안) 生意失败了，他特别失望。

第一部分

一共10个题，每题听一次。

例如：我想去办个信用卡，今天下午你有
时间吗？陪我去一趟银行？

★ 他打算下午去银行。

现在我很少看电视，其中一个原因
是，广告太多了，不管什么时间，
也不管什么节目，只要你打开电
视，总能看到那么多的广告，浪费
我的时间。

★ 他喜欢看电视广告。

现在开始第1题：

1. 由于天气的原因，飞机不能起飞了，我
   们不得不改坐火车。

   ★ 我们是坐飞机来的。

2. 她和妹妹一起出去的时候，别人总是不
   知道谁是姐姐，谁是妹妹，因为她们都
   很像妈妈。

   ★ 她和妹妹长得很像。

3. 有超过百分之八十的人表示，现在做的
   工作并不是自己喜欢的，对工资也不满
   意。

   ★ 大部分人不满意自己的工资。

4. 不管在什么样的情况下，她都坚持画
   画，现在她已经成为了一位著名画家。

   ★ 她是一位著名钢琴家。

5. 诚实是很多公司招聘时的一个重要标
   准，所以应聘工作时，一定要注意这一
   点。

   ★ 应聘工作时一定要诚实。

6. 尽管知道抽烟对身体不好，但是他还是
   喜欢用抽烟的方式来放松心情。

   ★ 他不抽烟。

7. 结婚以后我一定对你好，家里的饭我来
   做，衣服我来洗，你就负责逛街和买东
   西。

   ★ 他现在已经结婚了。

8. 这本小说的作者是一位著名的演员，很
   多人都是因为喜欢这个人才买他的书。

   ★ 这本小说是一位演员写的。

9. 我听说今天有大雨，我们改天再去逛街
   吧，明天或者后天都可以。

   ★ 今天不能去逛街了。

10. 以前我对自己没有自信，甚至以为自己
    会放弃，没想到竟然坚持到了现在。

    ★ 他现在已经放弃了。

第二部分

一共15个题，每题听一次。

例如：女：该加油了，去机场的路上有加
        油站吗？

      男：有，你放心吧。

      问：男的主要是什么意思？

现在开始第11题：

11. 男：材料我都已经准备好了，你到底什
        么时候开始做？

    女：别着急，这部电影还有十分钟就结
        束了。

    问：女的在做什么？

12. 男：您好，这是菜单，您先看一下，选好了以后再告诉我就行。

女：好的，谢谢。

问：女的在哪儿？

13. 女：你终于来了，我们都等了半个小时了。

男：对不起，今天路上堵车太严重了。

问：男的为什么道歉？

14. 男：明天是我的生日，我想邀请你来我家，你有时间吗？

女：不好意思，我已经跟朋友约好了。提前祝你生日快乐！

问：女的是什么意思？

15. 男：我保证下次一定做到。

女：那这次怎么办？你今天一个人加班吧，我们先走了。

问：关于男的，可以知道什么？

16. 男：当时你们说，最多三天一定能送到，现在都几天了？

女：真对不起，明天一定送到。

问：男的现在心情怎么样？

17. 女：不好意思，这里禁止停车。

男：你在跟我开玩笑吧？我每天上班都把车停在这里。

问：根据对话，男的怎么上班？

18. 男：请问，卫生间在哪儿？别人告诉我在这里，可是我找不到。

女：这儿是二层，卫生间在楼上。

问：卫生间在几层？

19. 女：对不起，经理，这次都是我的错。

男：同样的错误不能出现第二次，下次好好儿努力吧。

问：关于女的，可以知道什么？

20. 男：老师，我都回答完了，可以出去了吗？

女：不行。写完以后再好好检查一遍，看看有没有写错的。

问：他们在做什么？

21. 男：你怎么了？你看上去有点儿不舒服。

女：昨天一晚上没睡觉，到了早上八点才休息了一会儿。

问：女的为什么不舒服？

22. 男：你平时喜欢听什么音乐？

女：我更喜欢听流行音乐，大部分年轻人都是这样的吧？

问：他们在聊什么？

23. 女：真是太谢谢你了，要不是你的帮助，我肯定搬不动这么大的东西。

男：不用客气。

问：男的帮女的做什么了？

24. 男：你的性格不是挺活泼的吗？怎么一直不说话呢？

女：这里的人我都不认识，有点儿不好意思。

问：女的为什么不说话？

25. 女：路上注意安全，到了上海以后给我打电话。

男：好的，放心吧，你也回去吧。

问：他们最可能在哪儿？

第三部分

一共20个题，每题听一次。

例如：男：把这个文件复印五份，一会儿拿到会议室发给大家。

女：好的。会议是下午三点吗？

男：改了。三点半，推迟了半个小时。

女：好，602会议室没变吧？

男：对，没变。

问：会议几点开始？

现在开始第26题：

26. 女：师傅，您能快点儿开吗？比赛快开始了。
男：比赛是几点的？
女：六点的。但是过了五点五十就不允许观众进场了。
男：还有二十分钟呢，我们十分钟就能到，放心吧，你一定能进场。
问：现在可能是几点？

27. 女：李先生，您成为了今年的最优秀男演员，请说一下您现在的心情吧。
男：我已经不知道应该说什么了。
女：那么您想过自己会得奖吗？
男：没有，真的是做梦也没想到的。
问：女的是做什么工作的？

28. 男：打扰一下，表格我已经填完了，应该给谁呢？
女：放在桌子上就行了。
男：请问多长时间能知道结果呢？
女：如果有消息，我们会通知您的。
问：女的是什么意思？

29. 女：你怎么一直看旁边的人？
男：我在看他们吃什么。
女：为什么看别人吃什么，自己看菜单就行了啊。
男：最大的问题就是我不认识汉字啊。
问：男的是什么意思？

30. 女：你别提醒他，让他自己想。
男：可是儿子已经想了半个小时了。
女：你能每次都帮他吗？
男：我们不帮他的话，谁能帮他？
问：他们是什么关系？

31. 男：你的博士考试准备得怎么样了？
女：不太顺利。

男：为什么？有什么我可以帮你的吗？
女：学习上的事，没人能帮我。
问：女的正在准备什么？

32. 女：你别玩游戏了，过来帮我收拾一下房间。
男：不是已经打扫完了吗？
女：当然没有。还有这么多衣服呢。
男：放在洗衣机里就行了啊。
问：男的正在干什么？

33. 女：经理，不好意思，我今天要请一天假。
男：怎么了？
女：我的女儿发烧了，我必须带她去医院。
男：好的，快点儿去吧。
问：关于女的，可以知道什么？

34. 男：你看见我的钥匙了吗？
女：好好儿想想，你放在哪儿了？
男：刚才还看见了，但是现在不知道放在哪儿了。
女：不是在你手里吗？
问：钥匙在哪儿？

35. 女：你们打算表演什么节目？
男：还没想好呢，你呢？
女：我想跳舞，不过没想好跳什么。
男：你跳舞一定很好看。
问：男的打算表演什么？

第36到37题是根据下面一段话：

火车站里的广播有很多作用，除了可以通知时间，还能帮助我们找人。如果你找不到自己的朋友了，告诉在那儿工作的人，让他们帮你广播一下，这样很快就能找到了。

36. 这段话里，说到了广播的几个作用？

37. 根据这段话，可以让在那儿工作的人帮自己广播什么？

第38到39题是根据下面一段话：

很多人都喜欢晚上洗头发，有的时候又因为太困了，所以头发还没干时，就睡觉了。其实，这样对身体很不好，会引起头疼。因此，最好早上洗头发，或者等到头发干了以后再睡觉。

38. 这段话主要说了洗头发的哪个方面？
39. 晚上洗头发会怎么样？

第40到41题是根据下面一段话：

在中国，南方和北方的气候有很大区别。有的时候，南方已经春暖花开了，北方还在下雪。春天的时候，如果坐火车旅行，一路从南到北，你会看见完全不同的风景。

40. 中国南方和北方的气候怎么样？
41. 什么时候旅行会看见完全不同的风景？

第42到43题是根据下面一段话：

今天我带女儿去打针，到医院以后，她就开始紧张了，但是当医生真的开始给她打针时，尽管她非常害怕，却没有哭，这个时候，我才认识到，女儿真的长大了。

42. 我带女儿去做什么？
43. 为什么觉得女儿长大了？

第44到45题是根据下面一段话：

地球上虽然有百分之七十的地方是海洋，但是这些水都是没办法直接喝的。而且随着经济的发展，用水量越来越大，世界上还有很多地方没有水喝，所以我们每个人都应该节约用水。

44. 海洋里的水怎么样？
45. 根据这段话，我们应该做什么？

一. 听力

1. ✕	2. √	3. ✕	4. √	5. ✕	6. √	7. √	8. ✕	9. ✕	10.√
11.A	12.C	13.B	14.D	15.A	16.C	17.A	18.D	19.B	20.A
21.C	22.A	23.C	24.A	25.B	26.D	27.D	28.A	29.C	30.B
31.D	32.A	33.C	34.D	35.A	36.C	37.B	38.A	39.C	40.B
41.B	42.D	43.B	44.D	45.A					

二. 阅读

46.F	47.A	48.B	49.C	50.E	51.E	52.A	53.D	54.B	55.C
56.CAB		57.BCA		58.BAC		59.BAC		60.ABC	
61.BAC		62.BCA		63.CBA		64.CAB		65.BCA	
66.C	67.B	68.A	69.C	70.B	71.A	72.D	73.D	74.A	75.B
76.A	77.D	78.B	79.C	80.B	81.A	82.C	83.D	84.D	85.A

三. 书写

86. 请你把这些垃圾扔了。

87. 他伤心地坐在沙发上。

88. 你的签证申请完了吗?

89. 这次会议还是由你负责。

90. 她的脾气越来越不好了。

91. 我们可以从这里判断出答案。

92. 那你喜欢什么颜色?

93. 难道你没见过他吗?

94. 他肯定不同意你的意见。
/ 你的意见他肯定不同意。

95. 他被那个女孩拒绝了。

96. (모범 답안) 她在美国很有名。

97. (모범 답안) 妈妈买了很多新鲜的水果。

98. (모범 답안) 打扫街道是一份很辛苦的工作。

99. (모범 답안) 他跑步的速度非常快。

100. (모범 답안) 饭后散步对身体好。

第一部分

一共10个题，每题听一次。

例如： 我想去办个信用卡，今天下午你有时间吗？陪我去一趟银行？

★ 他打算下午去银行。

现在我很少看电视，其中一个原因是，广告太多了，不管什么时间，也不管什么节目，只要你打开电视，总能看到那么多的广告，浪费我的时间。

★ 他喜欢看电视广告。

现在开始第1题：

1. 昨天一直看足球比赛，忘了看天气了，所以今天也没带雨伞。

   ★ 他带雨伞了。

2. 这个世界从来不缺聪明人，缺少的只是认真的人。有很多聪明的人最后都没有成功。

   ★ 世界上有很多聪明人，但是认真的人很少。

3. 我已经给大使馆打电话了，明天就可以去取签证了，但是必须是自己去，不可以找别人帮忙。

   ★ 可以让朋友帮忙取签证。

4. 往前走大约五百米，就能看见银行，对面就是你要找的那家超市。

   ★ 超市在银行的对面。

5. 我给大家介绍一位新朋友，他是前天刚从美国来的，以后要跟我们一起学习汉语。

   ★ 这位新朋友是从英国来的。

6. 感冒的时候最好只吃一种药，几种药一起吃的时候，可能会对身体有不好影响。

   ★ 吃药的时候最好只吃一种。

7. 我们这儿的春天很短，而且常常刮风。只要开始刮风了，就是春天来了，风停了，春天也就结束了。

   ★ 这里的春天常常刮风。

8. 做错事情以后，有的时候道歉有用，但是有的时候道歉也没用，不是所有的人都会原谅你。

   ★ 只要道歉就会得到原谅。

9. 因为大家都积极参加了这次活动，所以这次的活动取得了很好的成绩，我们以后也要继续努力。

   ★ 这次活动不太成功。

10. 为了保护我们的环境，很多地方都已经开始减少对塑料袋的使用，比如超市已经不提供免费的塑料袋了。

   ★ 超市不提供免费的塑料袋。

第二部分

一共15个题，每题听一次。

例如： 女： 该加油了，去机场的路上有加油站吗？

   男： 有，你放心吧。

   问： 男的主要是什么意思？

现在开始第11题：

11. 男： 你将来打算做什么？

   女： 还没想好呢。我妈妈希望我跟她一样，当一个老师。

问：女的以后要做什么？

12. 男：请问，这个工作每个月的工资是多少？

女：每个月工资五千，还有奖金。

问：**男的在干什么？**

13. 女：我觉得结婚以后我的生活水平降低了。

男：怎么可能？我把每个月的工资都给你了。

问：**他们最可能是什么关系？**

14. 女：您看看这件红色的衣服，今年流行这个颜色。

男：流行也没用，我女朋友不喜欢红色。

问：**男的觉得红色的衣服怎么样？**

15. 女：你怎么这么马虎？上次也是这道题做错了。

男：下次一定不会错了。

问：**男的是什么样的人？**

16. 男：您好，我忘了银行卡的密码，该怎么办呢？

女：您带护照了吗？有护照就可以改密码了。

问：**男的怎么了？**

17. 男：结婚这么多年了，我觉得你一点儿也不尊重我，什么事都自己决定。

女：因为这些都是不重要的事，所以我才没跟你商量。

问：**男的觉得女的怎么样？**

18. 女：我的孩子怎么样了？

男：别担心，他已经醒过来了。以后也要注意好好休息。

问：**男的最可能是做什么的？**

19. 女：你能看出来我今天有什么变化吗？

男：变化？你还是提醒我一下吧。

问：男的是什么意思？

20. 女：太感谢您了，还专门过来给我送手机。

男：不客气，否则你这一天都过不好。

问：**女的为什么感谢男的？**

21. 男：外面的天气这么好，咱们出去打乒乓球吧。

女：行啊。我做完这道题以后就去。

问：**他们要去做什么？**

22. 女：这两个照相机不是一样的吗？为什么右边的这么贵？

男：不一样，右边的可以上网，还可以存更多的照片。

问：**关于右边的照相机，哪个是正确的？**

23. 女：你的头发怎么这么长？我们下午一起去理发店吧。

男：太好了，我正好也想去呢。

问：**他们下午要去哪儿？**

24. 女：这次别开车了，到了以后租一辆车吧。

男：我也这么想的。

问：**他们打算做什么？**

25. 男：听说你又开了一家面包店，祝贺你！

女：谢谢。有时间的话来尝尝我做的面包吧。

问：**男的为什么祝贺女的？**

第三部分

一共20个题，每题听一次。

例如：男：把这个文件复印五份，一会儿拿到会议室发给大家。

女：好的。会议是下午三点吗？

男：改了。三点半，推迟了半个小时。

女：好，602会议室没变吧？

男：对，没变。

问：会议几点开始？

现在开始第26题：

26. 女：打扰一下，您知道最近的地铁站在哪儿吗？

男：地铁站？这儿附近没有地铁站。

女：那么有公共汽车站吗？我都找不到路了。

男：一直往前走就是。

问：女的怎么了？

27. 男：你什么时候回来？

女：我今天要加班，可能很晚才能回去。怎么了？

男：我的钥匙好像早上放在家里了。

女：那你现在来我公司吧，我把钥匙给你。

问：男的怎么了？

28. 男：上次的活动是由谁负责的？

女：是我。

男：上次的活动很不错，这次也由你来负责。

女：好的，我努力做得更好。

问：关于上次活动，可以知道什么？

29. 男：明天的会议非常重要，大家一定要准时到公司。

女：好的，会议是八点开始吗？

男：时间变了，改在九点了。

女：地点没变化吧？

男：还是在会议室。

问：关于会议，可以知道什么？

30. 男：你今天怎么这么着急啊？

女：我的丈夫生病了，我要回去照顾他。

男：严重吗？有没有什么我能帮你的？

女：谢谢，不过他的病不严重，我自己就可以了。

问：女的着急做什么？

31. 女：你有正式一点儿的衣服吗？

男：有是有，不过有什么事吗？

女：明天我的一个朋友结婚，我收到邀请了，你也得一起去。

男：好的，明天几点出发？

问：根据对话，他们明天要去做什么？

32. 男：最近有什么好的电影吗？

女：我看了好几部电影，但是没什么值得看的。

男：我还准备明天专门去看电影呢。

女：别去了，在家看书吧。

问：女的觉得最近的电影怎么样？

33. 女：你能把昨天上课的重点内容告诉我吗？

男：当然可以。你昨天为什么没来上课？

女：早上起来头疼得厉害，就没来学校。

男：现在好点儿了吗？

问：他们最有可能在哪儿？

34. 女：你的女儿都已经长得这么高了！

男：这不是我的女儿，是我姐姐的女儿。

女：不好意思，我还以为是你的女儿呢。

男：没关系。我的女儿今年才五岁，没有这么高，跟我妻子一起去玩了。

问：关于男的的女儿，可以知道什么？

35. 女：昨天预习得怎么样？

男：别提了，一点儿也没看懂。

女：怎么可能，对你来说，都是最容易的东西啊，你是不是看错书了？

男：天哪！这真的不是我的书。

问：男的是什么意思？

第36到37题是根据下面一段话：

科学家发现，经常看绿色的东西对眼睛很好，尤其是绿色植物，可以让眼睛放松。长时间使用电脑或者看书以后，应该停下来看看周围绿色的植物，在这段时间里眼睛可以得到很好的休息。

36. 眼睛累了以后，应该做什么？

37. 这段话主要想告诉我们什么？

第38到39题是根据下面一段话：

不知道你有没有遇到这样的情况，给别人打电话时，这个人的电话一直占线。后来问他时，当时他却并没有打电话，这可能就是因为放电话时没有放好，把电话重新放一下就好了。

38. 没打电话却占线，是因为什么？

39. 如果有人说你的电话一直占线，应该怎么做？

第40到41题是根据下面一段话：

大学毕业以后，很多学生选择继续读硕士，但是，并不是所有人都是因为喜欢而读书的。其中的一部分人是因为找不到喜欢的工作，才决定接着上学。不过这样的人，即使读了硕士，作用也不大。

40. 根据这段话，有的人为什么读硕士？

41. 这样的人，读了硕士以后怎么样？

第42到43题是根据下面一段话：

我最近感冒了，由于吃了很多药，现在嘴里尝不出任何味道，吃什么东西都是一样的。朋友们都喜欢跟我开玩笑，给我喝特别苦或者特别酸的东西，然后告诉我是甜的，我就很开心地喝了。

42. 关于说话的人，哪个是对的？

43. 为了跟她开玩笑，朋友们可能给她喝什么？

第44到45题是根据下面一段话：

水是我们身体里面非常重要的一部分，我们应该一天分多次喝水，每次喝合适的量，而不是等到身体有"渴"的感觉时才喝，因为这时你的身体已经是非常缺水的情况了，这对于我们的身体是非常不好的。但是需要注意的是，喝得太多也是不行的。

44. 根据这段话，哪个是正确的？

45. 我们应该怎么喝水？

HSK 모의고사 제11회 답안

一. 听力

1. ×	2. ×	3. √	4. √	5. ×	6. ×	7. √	8. ×	9. √	10. √
11. B	12. A	13. B	14. C	15. B	16. D	17. A	18. C	19. D	20. B
21. B	22. A	23. A	24. D	25. B	26. A	27. C	28. D	29. C	30. A
31. A	32. C	33. B	34. A	35. D	36. D	37. A	38. B	39. D	40. D
41. B	42. C	43. D	44. A	45. C					

二. 阅读

46. F	47. C	48. B	49. A	50. E	51. A	52. C	53. D	54. B	55. E
56. BAC		57. CBA		58. ACB		59. CBA		60. BAC	
61. ABC		62. BAC		63. ACB		64. ABC		65. ACB	
66. B	67. C	68. C	69. C	70. A	71. B	72. A	73. D	74. D	75. C
76. A	77. C	78. C	79. A	80. B	81. D	82. C	83. A	84. D	85. A

三. 书写

86. 我们很早就向他们道歉了。

87. 那个音乐节目很受欢迎。

88. 这个电话来得真及时！

89. 这个文章全部都翻译完了。

90. 每个人都希望获得别人的尊重。

91. 火车上不提供免费的饮料。

92. 她把一件新衬衫弄脏了。

93. 蓝天是鸟儿和白云的家。

94. 那幅画已经被人买走了。

95. 我姐姐学唱歌快两年了。

96. (모범 답안) 火车要出发了。

97. (모범 답안) 小女孩在闻花香。

98. (모범 답안) 他每天都坚持跑步。

99. (모범 답안) 他的工作是打字。

100. (모범 답안) 她们举手回答问题。

第一部分

一共10个题，每题听一次。

例如：我想去办个信用卡，今天下午你有
时间吗？陪我去一趟银行？

★ 他打算下午去银行。

现在我很少看电视，其中一个原因
是，广告太多了，不管什么时间，
也不管什么节目，只要你打开电
视，总能看到那么多的广告，浪费
我的时间。

★ 他喜欢看电视广告。

现在开始第1题：

1. 爱情是生活的阳光，但不应该成为生活
的全部，生活里还有很多重要的事情。

★ 爱情是生活中最重要的事情。

2. 我认真考虑了一个晚上，再打电话和父
母商量过后，还是决定不去留学，打算
留在北京发展。

★ 他决定离开北京。

3. 做任何事情都需要有计划，有了计划，
我们做起事情来才会更容易。

★ 有了计划，做事会更容易。

4. 幸福其实很简单，周末有时间在家，喝
杯咖啡，坐在椅子上看看书，听听音
乐，就很幸福。

★ 幸福是件很简单的事情。

5. 大家请注意，请您带好自己的行李，准
备好车票，现在开始准备进站。

★ 飞机马上要起飞了。

6. 我觉得秋天是去香山旅游的最好季节，

因为这时候天气不冷也不热，很凉快，
而且山上的树叶都红了，漂亮极了。

★ 秋天不适合去香山。

7. 别担心，我叔叔是大学老师，这个问题
他应该可以提供一些比较专业的意见，
我帮你问问，有消息我就告诉你。

★ 他叔叔是大学老师。

8. 教授，您借我的那本书，我还剩最后一
章没看完，我这个周五前还给您怎么
样？

★ 那本书他已经读完了。

9. 昨天我在报纸上看见一家公司在招聘翻
译，要硕士，给出的条件还不错，你要
不要去试一试？

★ 那家公司在招聘。

10. 我拿的东西不多，你家住在五层，我可
以不坐电梯，就当锻炼身体了。

★ 他不愿意坐电梯。

第二部分

一共15个题，每题听一次。

例如：女：该加油了，去机场的路上有加
油站吗？

男：有，你放心吧。

问：男的主要是什么意思？

现在开始第11题：

11. 男：从这儿到宾馆远吗？咱们怎么走？

女：坐公共汽车大概得一个多小时，这
会儿肯定堵车，我们还是坐地铁
吧。

问：**女的是什么意思？**

12. 女：这个汤味道怎么样？你尝一下。
    男：我尝了，味道一般，是没放盐吧？
    问：**他们在谈什么？**

13. 男：我不想参加骑自行车比赛了。
    女：为什么？你不是很喜欢骑自行车吗？而且还骑得那么好。
    问：**男的不想做什么？**

14. 女：主任，打扰您一下，我明天要去医院，我想请一天假可以吗？
    男：当然可以，怎么了？身体不舒服？
    问：**女的请假要做什么？**

15. 男：你羽毛球打得真不错，有时间教教我啊。
    女：没问题。我每周六都会来体育馆，到时候你来找我就行了。
    问：**关于女的，哪一项正确？**

16. 女：明天早上八点半在东门集合，别迟到啊！
    男：放心吧，我一定准时到。
    问：**女的提醒男的什么？**

17. 男：经理，表格我做好了，您看看有什么问题没有。
    女：刚才忘和你说了，里边还要再加上"金额"两个字。
    问：**女的要求怎么做？**

18. 女：明天中午我们一起出去吃饭吧，我请客。
    男：啊？抱歉，明天我和别人约好了要去火车站送朋友，不知道中午能不能回来。
    问：**男的明天要去哪儿？**

19. 男：真可惜，这个球差一点儿就踢进了。
    女：没关系，还剩一分钟呢，也许会有想不到的事情发生。

问：**根据对话，哪个是正确的？**

20. 女：现在流行这个样子，我也去剪一个，你看怎么样？
    男：可以啊，而且我觉得你什么样的头发都好看。
    问：**男的是什么意思？**

21. 男：校长，您找我？
    女：是，我这儿有一份材料，麻烦你替我跑一趟，给刘医生送过去。
    问：**这份材料要送给谁？**

22. 女：桌子很长时间没擦了，太脏了。
    男：你别管了，先好好休息吧，明天上午我来擦。
    问：**根据对话，哪个是正确的？**

23. 男：喂，我的火车晚点了，我大概要中午一点才能到北京。
    女：没关系，我去车站接你。
    问：**关于男的，可以知道什么？**

24. 女：怎么现在才回来？又堵车了？
    男：不是，今天要下班的时候，公司来了个急活，但是很快干完了，只是晚了一小会儿。
    问：**男的为什么回来晚了？**

25. 女：哥，这么多照片，都是你这次旅游时照的？
    男：不全是，有些是以前工作时候照的，我打算整理一下。
    问：**关于这些照片，哪个是正确的？**

第三部分

一共20个题，每题听一次。

例如：男：把这个文件复印五份，一会儿拿到会议室发给大家。
      女：好的。会议是下午三点吗？

男：改了。三点半，推迟了半个小时。
女：好，602会议室没变吧？
男：对，没变。
问：会议几点开始？

现在开始第26题：

26. 女：咱们家这个冰箱太旧了。
男：是，制冷效果不太好了。
女：那咱们星期六去商店里看看，买一台新的。
男：可以。
问：他们打算干什么？

27. 男：你论文写得怎么样了？
女：挺顺利的，已经快写完了。
男：太好了！祝贺你！什么时候毕业？
女：七月九号。
问：关于女的，可以知道什么？

28. 女：快放寒假了，你有什么安排？
男：我打算去海南玩儿。
女：海南？那儿冬天不冷！你做了个不错的决定！
男：是啊，暂时离开冬天一段时间。
问：女的觉得海南怎么样？

29. 男：这个灯好像坏了。
女：是吗？那你能修吗？
男：我试试吧。
女：一定要修好，这是咱们结婚时买的。
问：这两个人最有可能是什么关系？

30. 女：我们在这儿租一个店开饭店怎么样？
男：我刚才也在考虑，周围大楼里有很多公司，但没几家饭店。
女：但是房租不便宜。
男：咱们先研究一下，然后再决定到底要不要租。
问：女的觉得这儿怎么样？

31. 男：这段话确实有意思，你在哪里看到的？
女：有一个网站，里面有很多好的文章。
男：你把网站的地址发给我，我也去看看。
女：好的。
问：那段话是在哪儿看到的？

32. 女：你怎么会选择学京剧呢？
男：小时候，奶奶差不多每个月都带我去看一次京剧。
女：感觉一般年轻人都不怎么喜欢京剧。
男：小时候奶奶会一边看一边给我讲里边的故事，让我学了很多知识。
问：关于男的，可以知道什么？

33. 男：我刚看电视上说今天有大雨，咱们改天再去爬山吧。
女：好啊，那明天怎么样？
男：明天恐怕也不行，明天是我妈妈的生日。
女：没关系，那我们再约时间。
问：他们为什么今天不去爬山了？

34. 女：你看见我的手表了吗？
男：没有，是不是忘在宾馆的洗手间了？
女：不会，肯定没忘在宾馆，我印象里上车的时候还戴着呢。
男：那看看在不在你包里，不会丢在出租车上吧？
问：女的在找什么？

35. 男：你怎么了？
女：医院本来说下午能出结果，但到现在还没有给我打电话。
男：那就等一等好了，也许一会儿就有消息了。
女：但是我现在就想知道结果。
问：女的现在心情怎么样？

第36到37题是根据下面一段话：

两个女人在聊天儿，一个问："你儿子还好吧？"另一个说："他很辛苦，一个人在外留学，什么事情都得自己干。""那女儿呢？""她生活得很好。"女人笑了："她找了个好丈夫，家里的事都由她先生做。"

36. 那个女人为什么觉得儿子很辛苦？
37. 关于女儿，可以知道什么？

第38到39题是根据下面一段话：

不要总是想着去改变你身边的人，要学会去适应别人。要知道，我们没有办法让别人为我们改变。我们只能把自己做好。改变一个人很困难，但是改变自己还是能做到的。

38. 如果我们不能适应别人，我们要怎么做？
39. 根据这段话，我们应该怎么办？

第40到41题是根据下面一段话：

有的人总是想把事情做到最好，这是对的。不过，如果要做超出自己能力的事情，最好还是考虑一下，自己是否能够完成。有时候不需要事事都做到最好。我们做任何事情，都要想想自己能不能完成。

40. 有些事情自己完成不了，该怎么办？
41. 这段话主要想告诉我们什么？

第42到43题是根据下面一段话：

周末有时间，陪陪家人，是一件很幸福的事情。平时忙于工作，在周末就要好好和家人在一起。工作是永远也干不完的，我们需要学会安排工作，不能让工作成为我们生活的全部。

42. 说话人觉得什么事情很幸福？

43. 这段话主要想告诉我们什么？

第44到45题是根据下面一段话：

人的一生中会遇到很多事情，无论你感到高兴还是难过，都只能由自己去经历，任何人都没办法帮助你。自己的生活过得好与不好，也只有自己知道，不用听别人的，只要自己感觉快乐就行了。

44. 关于人生，可以知道什么？
45. 这段话主要想告诉我们什么？

一. 听力

1. √	2. ×	3. √	4. ×	5. ×	6. ×	7. √	8. √	9. √	10. ×
11. D	12. B	13. C	14. A	15. A	16. B	17. C	18. B	19. C	20. C
21. D	22. D	23. B	24. A	25. C	26. C	27. D	28. D	29. A	30. D
31. B	32. B	33. B	34. C	35. A	36. A	37. D	38. B	39. C	40. A
41. D	42. B	43. D	44. C	45. C					

二. 阅读

46. B	47. F	48. A	49. C	50. E	51. D	52. B	53. E	54. C	55. A
56. CBA		57. CBA		58. BAC		59. CAB		60. BCA	
61. BAC		62. CBA		63. BAC		64. BCA		65. CBA	
66. C	67. B	68. C	69. C	70. A	71. B	72. B	73. A	74. B	75. B
76. D	77. C	78. D	79. B	80. D	81. D	82. D	83. C	84. D	85. B

三. 书写

86. 杯子里的水快满了。

87. 学校门口不允许停车。

88. 我们难道不应该去那里吗?

89. 你能把银行卡密码改了吗?

90. 今年的人数比去年多了两倍。

91. 老虎这种动物被称为"森林之王"。

92. 第二排中间的那个座位有人吗?

93. 这篇文章的作者是著名的历史教授。

94. 朋友之间应该互相信任。

95. 跟你中国朋友介绍一下韩国的天气。

96. (모범 답안) 工作进行得很顺利。

97. (모범 답안) 尝一尝我新买的红酒吧。

98. (모범 답안) 他因为感冒不能上班了。

99. (모범 답안) 你想出国一定要办签证。

100. (모범 답안) 她很喜欢给别人照相。

第一部分

一共10个题，每题听一次。

例如：我想去办个信用卡，今天下午你有时间吗？陪我去一趟银行？

★ 他打算下午去银行。

现在我很少看电视，其中一个原因是，广告太多了，不管什么时间，也不管什么节目，只要你打开电视，总能看到那么多的广告，浪费我的时间。

★ 他喜欢看电视广告。

现在开始第1题：

1. 今天天气真好，雨停了，太阳出来了，虽然在刮风，但是一点儿也不冷，非常适合去爬山。

★ 今天是晴天。

2. 房间已经收拾完了，就差擦窗户了。正好你来了，帮我擦吧。

★ 窗户已经擦干净了。

3. 这个地方太小，不能坐太多的人，恐怕得换个大一点儿的，你一会儿去问问有没有其他合适的地方。

★ 他想找个合适的地方。

4. 那家饭店好是好，但是离这儿太远了，我们还要赶时间，直接去机场吃吧。

★ 机场的饭好吃。

5. 知道你喜欢吃这家的蛋糕，你妈妈专门坐了很远的车给你买的。

★ 妈妈专门给我做了蛋糕。

6. 打扫卫生的时候，我发现了很多以前买的东西，一次也没用。扔了吧，觉得可惜；留着吧，估计也用不到。我以后再也不乱买东西了。

★ 他决定再也不买东西了。

7. 你能告诉我王老师的手机号吗？我有事情要找她，但是现在我的手机没有她的号码了。

★ 他要联系王老师。

8. 我们长大的过程，就是经历一件又一件事情，解决一个又一个问题，在失败中慢慢成长，在成长中积累经验。

★ 成长能够积累经验。

9. 世界上没有两个长得完全一样的人，即使是兄弟姐妹，样子也会有很小的不同，仔细看都能找出不一样的地方。

★ 没有样子完全相同的两个人。

10. 别以为做错了事道个歉，说句对不起就行了。因为得到别人的原谅很容易，可是让别人重新相信自己却不容易。

★ 让别人重新相信自己很容易。

第二部分

一共15个题，每题听一次。

例如：女：该加油了，去机场的路上有加油站吗？

男：有，你放心吧。

问：男的主要是什么意思？

现在开始第11题：

11. 男：今天阳光这么好，我们一起去打乒乓球吧。

女：行，我收拾完厨房就去。

问：**他们一会儿去做什么？**

12. 女：真是太谢谢你了，还专门跑一趟把照片送过来。

男：不客气，我出来修相机经过这里，就顺便送来了。

问：**关于男的，哪个是正确的？**

13. 女：今天的汤盐没放太多，味道不太好。

男：是吗？我喝着很好啊，很不错。

问：**男的是什么意思？**

14. 女：我想把桌子换个地方，你别玩手机了，过来帮我抬一下。

男：好的，我马上就来。

问：**男的正在干什么？**

15. 男：你这么着急去哪儿啊？我刚才叫你两次，你都没听到。

女：我去上课，出来晚了，要迟到了。

问：**女的为什么很着急？**

16. 女：你的考试都结束了吗？

男：快了，就差现代汉语的考试了，不和你说了，我要去复习了。

问：**关于男的，可以知道什么？**

17. 男：我们店的衬衫和裤子现在都在打折，您看有什么需要的？

女：这条裤子有其他颜色吗？

问：**男的最可能是做什么的？**

18. 女：这个行李箱真不错，大小合适，拿着方便。你在哪儿买的？

男：就在学校对面的商店。

问：**商店在哪儿？**

19. 女：爸，你下班了吗？我今天加班晚点回家。

男：好的，我把饭做好，你回来自己热热吃吧。

问：**女的怎么了？**

20. 女：这两个照相机样子差不多，右边这个怎么这么贵？

男：右边这款是新出的，所以比较贵。

问：**关于右边的照相机，可以知道什么？**

21. 男：喂，姐，我找到你要的材料了，给你寄过去吗？

女：你还是发传真吧，我现在就要。

问：**男的找到什么了？**

22. 女：听说你暑假要去旅游？

男：是，我本来想一放假就走，但现在怕是要推迟了，老师让我找一些文章。

问：**男的是什么意思？**

23. 男：孩子是不是生病了？怎么看上去不太好。

女：我猜可能是天气变凉了，就感冒了，还有点儿发烧，我给他吃点药吧。

问：**孩子怎么了？**

24. 女：这次的表演活动，还是你来负责。我会再安排两个同学帮助你。

男：好的，老师。

问：**关于表演，可以知道什么？**

25. 男：我带的钱不够，你能不能先借我点儿钱，我明天还你。

女：没问题。您要多少？

问：**男的在做什么？**

第三部分

一共20个题，每题听一次。

例如：男：把这个文件复印五份，一会儿拿到会议室发给大家。

女：好的。会议是下午三点吗？
男：改了。三点半，推迟了半个小时。
女：好，602会议室没变吧？
男：对，没变。
问：会议几点开始？

现在开始第26题：

26. 女：上次给你的文章你翻译完了吗？
男：没有。
女：怎么还没完？是有什么困难吗？
男：我最近有点累，所以翻译得有点慢。
问：男的是什么意思？

27. 女：你读的什么专业？
男：体育。
女：那你将来想当一名运动员？
男：不一定，我还是比较喜欢在学校工作，可以的话，我想留在学校当老师。
问：男的学的哪个专业？

28. 女：哥，今天的考试怎么样？
男：还行，前边的题有点难，后面的慢慢好了。答得还是比较顺利的。
女：那什么时候可以知道结果？
男：考完试的第三天。
问：关于男的，哪个是正确的？

29. 男：你知道附近哪儿有公共洗手间吗？
女：离这儿不远就有一家，走着去就行。
男：怎么走？你给我指一下路吧。
女：出了南门向左走大约五百米，就能看到一个白色的房子。
问：男的最可能要做什么？

30. 男：你怎么脸色这么不好，生病了吗？
女：刚到这里，还有些不适应这里的环境，有点儿感冒咳嗽。
男：去看医生了吗？

女：还没，我想下午请个假去医院看看。
问：根据对话，女的怎么了？

31. 男：怎么忽然想起买蛋糕了？
女：明天是我奶奶的生日，奶奶特别爱吃甜的。
男：还买别的了吗？
女：当然，我还给她买花儿了。
问：谁要过生日？

32. 女：先生，能打扰您几分钟吗？
男：什么事？
女：您购买的这款电视机，有个顾客调查，您能帮我填个表格吗？
男：可以，是关于什么方面的调查？
问：女的请男的做什么？

33. 男：你给办公室打电话了吗？
女：打了，上午打的。
男：他们怎么说？能让别人去拿吗？
女：不行，他们说钱必须你自己去拿。
问：女的上午往哪儿打电话了？

34. 女：师傅，麻烦您开快点儿，我上班要迟到了。
男：您几点上班？
女：八点二十。
男：放心，我从小路走，不会堵车。
问：男的最可能是做什么的？

35. 男：你在做什么呢？
女：我上网呢，我想找个新工作。
男：你现在的工作工资太低了。
女：是啊，就是离家近，上班方便。
问：女的现在的工作怎么样？

第36到37题是根据下面一段话：

一、二年级的学生上课普遍好动、坐不住，不能认真听课。所以老师在教这个年龄段的孩子时，一定要想办法吸引他们的注意力，引起他们的兴趣，只有让他们觉得内容有意思，他们才会愿意学，才肯努力地学。

36. 低年级的儿童上课有什么特点？
37. 怎样才能让他们愿意学习？

第38到39题是根据下面一段话：

我最近总是休息不好，医生说我是因为压力大，经常睡得太晚，晚上还吃了太多不健康的东西。他告诉我要注意休息时间，放松心情，太晚就不要吃东西了。

38. 说话人为什么休息不好？
39. 医生认为该怎么做？

第40到41题是根据下面一段话：

每个人都要学习怎样花钱。一定要根据实际收入情况来做计划，使每一分钱都花在该花的地方。就算赚钱再多，也要学会节约，不应该想怎么花就怎么花。

40. 说话人认为人应该学会什么？
41. 这段话主要谈什么？

第42到43题是根据下面一段话：

在一个地方有一位老人，可以治好各种病。有一天，一个少了一条腿的男人想知道怎么能找到老人。路人问他是不是准备去求老人帮他重新长出一条腿？男人说："我不是想重新长出一条腿，而是希望他告诉我，在我没有了一条腿后，怎么能把以后的时间走完。"

42. 老人最有可能是做什么的？
43. 这个男人想要求什么？

第44到45题是根据下面一段话：

《杜拉拉升职记》这部小说讲了杜拉拉从一个普通的公司职员，经过自己的努力，变为公司领导的故事。由于杜拉拉不仅聪明还特别努力，她得到了很好的机会，负责公司几次活动的举办，不仅获得了工作上的发展，还得到了爱情。

44. 杜拉拉是个什么样的女孩？
45. 杜拉拉得到了什么机会？

一. 听力

1. × 2. √ 3. × 4. × 5. × 6. × 7. √ 8. × 9. √ 10. √

11. A 12. B 13. B 14. A 15. C 16. A 17. C 18. B 19. D 20. D

21. C 22. D 23. C 24. C 25. B 26. D 27. A 28. C 29. D 30. B

31. C 32. A 33. A 34. B 35. B 36. B 37. B 38. B 39. D 40. A

41. D 42. C 43. C 44. A 45. A

二. 阅读

46. C 47. F 48. A 49. B 50. E 51. D 52. E 53. B 54. A 55. C

56. CAB 57. BAC 58. BAC 59. BAC 60. CAB

61. ABC 62. ACB 63. ACB 64. ACB 65. BCA

66. B 67. C 68. B 69. B 70. B 71. B 72. D 73. B 74. D 75. D

76. B 77. A 78. C 79. B 80. C 81. B 82. A 83. D 84. B 85. A

三. 书写

86. 我女儿的性格比较活泼。

87. 那个瓶子被猫打破了。

88. 他准备和谁去看电影?

89. 我找人来修理那块坏了的表。

90. 是她邀请我一块儿去听音乐会的。 / 她邀请我一块儿去是听音乐会的。

91. 请把这些材料按照时间顺序排好。

92. 他肯定不会同意你的看法。 / 你的看法他肯定不会同意。

93. 能把那本杂志拿给我吗?

94. 您乘坐的航班马上就要起飞了。

95. 这是寄往首尔的一封信。

96. (모범 답안) 孩子很喜欢生日蛋糕。

97. (모범 답안) 她准备去洗衣服。

98. (모범 답안) 我买了一双新拖鞋。

99. (모범 답안) 孩子已经学会自己穿鞋了。

100. (모범 답안) 生病的时候需要吃药。

第一部分

一共10个题，每题听一次。

例如：我想去办个信用卡，今天下午你有
时间吗？陪我去一趟银行？

★ 他打算下午去银行。

现在我很少看电视，其中一个原因
是，广告太多了，不管什么时间，
也不管什么节目，只要你打开电
视，总能看到那么多的广告，浪费
我的时间。

★ 他喜欢看电视广告。

现在开始第1题：

1. 我母亲是一名医生，她希望我长大后能
跟她一样，也做一名医生，但是我对医
生不太感兴趣，我更愿意当一名律师。

★ 我以后想成为医生。

2. 小李，你把这份材料整理好之后，复印
10份发给大家，顺便通知大家明天要加
班。

★ 他们明天要加班。

3. 人的一生不可能事事都顺利。生活中有
的人在失败面前很勇敢，找到失败的原
因，走上成功；而有的人却在失败面前
低下了头，一直失败着。

★ 人会一直成功。

4. 虽然考试八点半才开始，但是过了八点
十五就不允许考生进场了，我们还是早
点儿出发吧。

★ 考试已经结束了。

5. 我是北方人，刚到南方时，非常不适应
那里的气候，觉得空气太潮湿。不过，
住了几年后，也慢慢适应了。

★ 他还没有适应南方的气候。

6. 我早就听说写这条新闻的记者很有名，
昨天在杂志上看到一篇关于她的报道，
才知道她竟然是一位大学生，没想到她
那么年轻，真让人羡慕。

★ 那位记者刚大学毕业。

7. 不好意思，我把电话号码写错了，您再
给我一张单子，我想重新填一遍。

★ 电话号码填错了。

8. 小明，你来帮帮我。我的铅笔掉到桌子
后面了，拿不出来了。你来帮我抬一下
桌子吧。

★ 铅笔掉沙发下面了。

9. 最近这几年中国音乐很受大家欢迎，能
看出来人们对中国有了更多的了解。

★ 人们很喜欢中国音乐。

10. 我们只有付出，才能有回报，什么事情
都不做，就一定不会成功。

★ 要想成功就得付出。

第二部分

一共15个题，每题听一次。

例如：女：该加油了，去机场的路上有加
油站吗？

男：有，你放心吧。

问：男的主要是什么意思？

现在开始第11题：

11. 男：李小姐，我们什么时候去电影院？

女：明天早上七点半在宾馆门口见面。现在咱们回房间休息。

问：他们明天上午要去哪儿？

12. 女：对面那条街上新开了一家蛋糕店，听说做得很不错。

男：是吗？正好明天我朋友生日，我想买生日蛋糕，那明天下班后我去那儿看看。

问：男的明天下班后要去做什么？

13. 男：我记得你以前很爱晚上喝咖啡，最近怎么不喝了？

女：我觉得我需要好好休息，喝咖啡会影响我睡觉。

问：女的不喝咖啡为了什么？

14. 男：今天天气有点儿阴，我们去海洋馆吧！

女：好吧，不能去爬山了，但是去海洋馆过周末也不错。

问：他们原来准备去哪儿？

15. 男：你昨天怎么没来上学，生病了？

女：我前几天鼻子一直不太舒服，所以昨天和老师请了个假，去看医生了。

问：女的昨天为什么没去上学？

16. 女：你觉得这个主意怎么样？

男：确实不错，可以试一试。

问：男的觉得这个主意怎么样？

17. 女：你试试这个蓝色的毛巾，质量很好。

男：我也觉得这个颜色更适合我，用起来也舒服。

问：女的是什么意思？

18. 男：都11点了，快睡吧。

女：不行啊，爸爸，我的作业还没做完呢。

问：他们是什么关系？

19. 男：护士，请问王医生的办公室在哪儿？

女：在五层，电梯对面的第一个房间。

问：男的要找谁？

20. 女：你要的那篇文章我已经帮你找到了，怎么给你？

男：我给你地址，你给我发电子邮件吧。

问：男的希望女的怎么做？

21. 男：演出是晚上7点，你等一会再走也来得及，先把饭吃完。

女：不了，我在路上随便买点儿吃的就行。

问：关于女的，可以知道什么？

22. 女：上午那场篮球比赛你看了吗？

男：看了，非常精彩。

问：关于那场比赛，可以知道什么？

23. 男：果汁喝完了，家里还有吗？

女：有，我上午刚买的，已经放到冰箱里了。

问：男的想要什么？

24. 男：真对不起，怎么样？你的手没事吧？

女：没关系，就是擦破了一点儿皮。

问：女的怎么了？

25. 男：前面那条路太堵了，有可能走不了。

女：那就停在这个路口吧，师傅，一共多少钱？

问：男的最可能是做什么的？

一共20个题，每题听一次。

例如：男：把这个文件复印五份，一会儿

拿到会议室发给大家。

女：好的。会议是下午三点吗？

男：改了。三点半，推迟了半个小时。

女：好，602会议室没变吧？

男：对，没变。

问：会议几点开始？

现在开始第26题：

26. 女：你看见我的作业了吗？

男：没看见，不在你包里？

女：不在，我找了好几遍了。刚刚上课的时候还有，这会儿就找不到了。

男：别找了，你肯定是忘在教室了。

问：作业可能在哪儿？

27. 男：你想买什么样的房子？

女：最好可以便宜一点儿，周围环境要安静。

男：这样的话，有可能离公司远。

女：稍微远一点儿，我能接受，我一般自己开车，比较快。

问：女的想找什么样的房子？

28. 男：你的汉语说得真流利。

女：谢谢，我非常喜欢中国，有很多中国朋友，所以专门来学中文。

男：原来是这样，那你学了多久了？

女：快两年了。

问：女的来中国做什么？

29. 男：抱歉，调查的结果还没有出来，有消息我们会马上联系你的。

女：那大概什么时候能出结果？

男：最晚下个星期一。

女：好的，我知道了，谢谢！

问：根据对话，哪个是正确的？

30. 女：我没力气了，游不动了。

男：那我们休息一下，上去吃点东西。

女：好。真让你说对了，游泳我比不上你。

男：那是当然，我每个周末都来游泳。

问：关于女的，可以知道什么？

31. 女：今天的西红柿怎么卖？

男：两块五一斤。早上才送来的，特别新鲜。

女：那我买两斤吧。

男：好的，一共5块钱。

问：西红柿多少钱一斤？

32. 女：家人一直给我打电话，可是正开着会呢！

男：你出去接吧，也许有什么着急的事呢。

女：那我去一下，马上就回来。

男：好的。

问：女的正在做什么？

33. 男：喂，你在哪儿？我敲了半天门，怎么没人在家？

女：我陪孩子在外边学画画儿呢，你不是说飞机晚点了，今天不回来吗？

男：我坐别人车回来的。我没带钥匙，你们什么时候回来？

女：马上就下课了，你再等一会儿。

问：关于男的，哪个是正确的？

34. 女：打扰一下，请问您是王老师吗？

男：对，你是……

女：您好，我是李教授的学生，他让我过来取会议总结。

男：你先坐着等一下，我马上就整理完了。

女：好的。

问：女的找王老师做什么？

35. 男：你孩子是不是快上小学了？

女：对，已经上小学一年级了。

男：在哪儿上学？

女：在他爷爷奶奶家那边。

问：关于女的，可以知道什么？

第36到37题是根据下面一段话：

很多人问我，我才来中国一年，怎么把中文说得这么流利？我平时喜欢交一些中国朋友，经常和他们聊天儿、吃饭。每当遇到不认识的词语，我会马上查词典，然后写在本子上，平时有空儿就拿出来复习一下。慢慢地，我的听说读写能力就得到了很大的提高。

36. 关于说话的人，哪个是正确的？
37. 遇到不认识的词，说话人马上会怎么办？

第38到39题是根据下面一段话：

有些人接受不了别人的批评，这是不对的。我们要想知道自己的缺点是什么，就需要别人的批评。我们应该把那些敢说真话的人当作"镜子"，这样才能发现自己的缺点。

38. 怎样才能发现自己的缺点？
39. 说话人认为什么样的人适合当"镜子"？

第40到41题是根据下面一段话：

这个地方，每年会有很多人来旅游，尤其是寒暑假时期，人最多。为了人们能旅游顺利，保证大家的安全，也方便我们管理，我们会分时间对每天的参观人数进行限制。

40. 什么时候参观人数较多？
41. 为什么要限制参观人数？

第42到43题是根据下面一段话：

上学的时候，我花钱都很随便，但毕业之后开始工作，我变得懂事多了，慢慢学着管理自己的钱，提醒自己要学会节约。

42. 关于在学校的时候，可以知道什么？
43. 工作后有什么变化？

第44到45题是根据下面一段话：

我昨天和同事去逛街，看到我一直想要的一款手表正在打折。我激动地对同事说："就是它，终于被我找到了！"我马上就问售货员："这款手表怎么卖？"这时，旁边一个帅哥很有礼貌地对我说："你喜欢这款手表？"我说："是"，他笑着说："可是我已经买了。"

44. 看到那款手表，说话人心情怎么样？
45. 关于那款手表，可以知道什么？

一. 听力

1. ×	2. ×	3. √	4. ×	5. √	6. √	7. √	8. √	9. √	10. ×
11. A	12. D	13. A	14. C	15. D	16. A	17. C	18. C	19. B	20. B
21. B	22. C	23. C	24. B	25. A	26. B	27. C	28. A	29. C	30. D
31. D	32. C	33. C	34. B	35. B	36. A	37. C	38. B	39. A	40. C
41. A	42. A	43. C	44. C	45. C					

二. 阅读

46. E	47. A	48. C	49. B	50. F	51. E	52. C	53. A	54. B	55. D
56. BCA		57. ACB		58. ACB		59. BAC		60. CAB	
61. ACB		62. BAC		63. CAB		64. ACB		65. CBA	
66. B	67. A	68. B	69. A	70. C	71. D	72. B	73. B	74. B	75. C
76. C	77. B	78. D	79. C	80. A	81. C	82. A	83. D	84. D	85. C

三. 书写

86. 昨天买的西红柿有点儿酸。

87. 长江一共经过11个省市。

88. 他在中国生活过一段时间。

89. 我已经把材料整理好了。

90. 你怎么能随便破坏环境呢?

91. 她画的画挂在这里真是好看极了!

92. 王教授的签证办得非常顺利。

93. 经常被鼓励的孩子往往更有信心。

94. 李校长让我通知大家下午两点见面。

95. 你们公司的传真号码是多少?

96. (모범 답안) 你穿这件会很漂亮。

97. (모범 답안) 请按下你的银行卡密码。

98. (모범 답안) 抽烟对身体不好。

99. (모범 답안) 中午吃的面条很好吃。

100. (모범 답안) 他们在体育场踢足球。

HSK 모의고사 제14회 듣기 대본

第一部分

一共10个题，每题听一次。

例如：我想去办个信用卡，今天下午你有时间吗？陪我去一趟银行？

★ 他打算下午去银行。

现在我很少看电视，其中一个原因是，广告太多了，不管什么时间，也不管什么节目，只要你打开电视，总能看到那么多的广告，浪费我的时间。

★ 他喜欢看电视广告。

现在开始第1题：

1. 春天到了，公园里开满了各种颜色的花，白的、红的、黄的，漂亮极了。

★ 现在是冬季。

2. 我都尝过了，除了饺子稍微有点儿咸，其他的都还不错，你第一次就能做成这样，已经很厉害了。

★ 饺子没放盐。

3. 在昨天的羽毛球男子双人比赛中，小刘和小张最后赢得了比赛。赛后他们激动地抱在了一起，场上的观众也都向他们表示祝贺。

★ 小刘和小张赢了。

4. 只要他这次考试的成绩都合格，就可以进入最好的班学习。他学习一直这么努力，我估计他没问题，你不用担心。

★ 他已经通过了考试。

5. 来我们这儿看房的顾客一般都喜欢这个带花园的房子。另外，房子周围的环境也是他们考虑的重要方面。

★ 带花园的房子比较受欢迎。

6. 这部小说是他五年前写的，当时他还只是一个普通的作家，不像现在这么有名，这么受欢迎。

★ 他五年前没什么名儿。

7. 现在中国制造的产品越来越多，使用的范围也越来越广。产品样子好看，主要是质量好。

★ 中国制造的产品质量好。

8. 有乐观性格的人能交到很多朋友，因为和他在一起人们会感到很开心。

★ 乐观的人容易交到朋友。

9. 大学毕业后，她去了大公司，短短几年，就去了很多国家。同学都很羡慕她。

★ 她去过很多国家。

10. 我是前天来北京的，一直没去过长城，想借这次机会去爬一下，但公司事情多，怕不能去成。

★ 这是他第二次爬长城。

第二部分

一共15个题，每题听一次。

例如：女：该加油了，去机场的路上有加油站吗？

男：有，你放心吧。

问：男的主要是什么意思？

现在开始第11题：

11. 男：喂，你在哪儿呢？怎么这么乱？

女：我现在在超市，你说话我听不太清楚，过会儿我再跟你联系吧。

问：**女的现在在哪儿？**

12. 女：你饿不饿？饿的话先吃点儿饼干吧。

男：现在不敢吃了，医生让我以后少吃甜食。

问：**男的为什么不吃饼干？**

13. 男：你困了就先去睡一会儿吧，有事我会叫醒你的。

女：好的，我实在受不了了，先去睡会儿。

问：**女的怎么了？**

14. 女：请问，您知道公园的入口在哪儿吗？

男：这条路直走，大约再有两百米，你就能看到了。

问：**根据对话，可以知道什么？**

15. 女：你不是和同事约了下午两点见面吗？再不出发就来不及了。

男：他今天有事，我们改到明天下午了。

问：**男的是什么意思？**

16. 女：我的行李箱怎么不见了？钱、信用卡和护照都在里面呢。

男：你先别着急，仔细回忆一下，你最后把它放在哪儿了？

问：**女的现在心情怎么样？**

17. 男：打扰一下，请问是您家的空调坏了吗？

女：对，快请进，您给看一下还能不能修好。

问：**男的来做什么？**

18. 女：这个词真的是这个意思？不会是你猜的吧？

男：当然不是，我查过词典，上面就是这么写的。

问：**男的是怎么知道词的意思的？**

19. 男：现在报名考试的人有多少了？

女：已经有八千多人了，还有半个月，估计最后总数会超过一万。

问：**他们在谈什么？**

20. 女：小李，我昨天说的那些材料你送走了吗？

男：还没有，我还没有检查。

问：**男的为什么没送材料？**

21. 男：这个灯不太亮了，这样看书对眼睛不好。

女：确实是这样，我明天就去换个新的灯。

问：**男的觉得这个灯怎么样？**

22. 男：你怎么脸色越来越难看了？去看医生了吗？

女：还没有，我准备一会儿先去和经理请假，再去医院。

问：**女的准备先干什么？**

23. 女：这个箱子太沉了，您能帮我拿吗？

男：辛苦你了，我们一起来搬吧。

问：**女的是什么意思？**

24. 女：我想把女儿的画挂在这里。

男：这个主意不错，我来帮你。

问：**女的打算做什么？**

25. 男：你们班新来的马丁汉语怎么样？

女：没的说，有什么问题你尽管问他。

问：**关于马丁，你知道什么？**

第三部分

一共20个题，每题听一次。

例如：男：把这个文件复印五份，一会儿拿到会议室发给大家。

女：好的。会议是下午三点吗？

男：改了。三点半，推迟了半个小时。

女：好，602会议室没变吧？

男：对，没变。

问：会议几点开始？

现在开始第26题：

26. 女：你女儿毕业了吧？

男：是，毕业差不多两年了。

女：现在在哪儿上班啊？

男：在我家附近的学校当老师。

问：关于他女儿，可以知道什么？

27. 男：呀，你的手怎么了？

女：收拾厨房的时候，不小心受伤了。

男：等一下，我给你包起来。

女：好的。

问：女的怎么了？

28. 女：师傅，这附近有工商银行吗？

男：你不是要去大使馆吗？

女：我突然想起来得先去趟银行。

男：没问题，前面路口处就有一家。

问：关于女的，哪个是正确的？

29. 女：先生，给您，您的房间在302。

男：谢谢，请问附近有咖啡馆吗？

女：有一家，您出门向左大约走200米就能看到。

男：好的，谢谢你。

问：他们现在最可能在哪儿？

30. 女：你对我们国家的文化有多少了解？

男：我喜欢吃中国的美食、喜欢中国武术，还特别喜欢中国书法。

女：你还喜欢书法啊？

男：你不相信吗？我不仅喜欢，还学过呢。

问：关于男的，哪个是不正确的？

31. 女：刘先生，您给我们发来的那篇文章很精彩，您之前写过新闻吗？

男：我之前当过记者，发表过一些关于亚洲音乐节的新闻。

女：好的，那我们周五再联系您。

男：好的，再见。

问：根据对话，可以知道什么？

32. 女：你会游泳吗？

男：当然会，我家住在长江边，我小时候经常去游泳的。

女：真的？那会不会很危险？

男：当然不会，我从小就习惯了。

问：女的认为什么危险？

33. 男：你今天打扮得真漂亮，有约会啊？

女：不是，是我接到了面试通知，所以打扮了一下。

男：那真不错，你紧张吗？

女：不紧张，我已经面试过好几次了。

问：女的今天为什么要打扮？

34. 女：你的衬衫太旧了！

男：是啊，穿了很多年了。

女：我正好要去逛街，再帮你买一件新的吧。

男：好的。

问：那件衬衫怎么了？

35. 男：我的东西已经收拾好了，准备出发了。

女：好的，我再拿些吃的就行了。

男：少带点儿，别带太多。

女：我知道，就拿了两瓶水、两包饼干。

问：男的希望女的怎么样？

第36到37题是根据下面一段话：

儿子在学校踢足球碰到了头，流了很

多血，儿子大哭。医生为了让儿子不那么紧张，伸出一根手指笑着问："小朋友，这是几？""1"儿子回答。医生又伸出三根手指问："这是几？"儿子看了看医生，然后很认真地对我说："爸爸，我们需要换一个医生了。"

36. 医生为什么问小男孩儿问题？
37. 小男孩儿是什么意思？

第38到39题是根据下面一段话：

今天早上上学的时候，我看见同学王明明走在前边，就想跑过去打招呼。于是，我就一边跑一边叫他名字，可是他一直没回头。我只好加快速度，等到了他身边，才发现原来我认错人了。

38. 说话人一开始想做什么？
39. 说话人怎么了？

第40到41题是根据下面一段话：

中国人喝酒的时候特别喜欢干杯，来表达高兴。我一直不明白原因，有一次我的朋友给我讲了我一个很有趣的故事，喝酒的时候，人们的眼睛能看到美酒，鼻子能闻到酒香，嘴巴还能尝到味道，这时耳朵不高兴了。所以当我们喝酒的时候，杯子碰在一起发出了好听的声音，耳朵就开心了。

40. 中国人在喝酒的时候怎么样？
41. 人们为什么干杯？

第42到43题是根据下面一段话：

有时候麻烦不一定是坏事，人们认为写字麻烦，于是出现了打字机；人们认为走路麻烦，就出现各种车；人们觉得用手洗衣服太慢了，就出现了洗衣机。因此，正是因为这些麻烦的出现，才让我们的生活更加方便。

42. 根据这段话，为什么出现打字机？
43. 这段话告诉我们什么？

第44到45题是根据下面一段话：

首先，律师是我最喜欢的职业，我从小就想当一名律师；其次，我大学和研究生学的都是法律专业，符合招聘的要求；第三，我有丰富的工作经验，而且做事细心，比较有责任心。因此，我觉得我完全有能力做好这份工作，希望可以给我一个机会，谢谢。

44. 关于说话的人，哪个是正确的？
45. 说话人最可能在做什么？

新 HSK 모의고사 제15회 답안

一. 听力

1. ×	2. ×	3. √	4. ×	5. √	6. ×	7. √	8. √	9. √	10.×
11.D	12.B	13.C	14.D	15.B	16.B	17.B	18.A	19.D	20.B
21.A	22.B	23.C	24.A	25.C	26.C	27.B	28.A	29.A	30.B
31.B	32.C	33.C	34.D	35.D	36.C	37.C	38.A	39.B	40.A
41.B	42.A	43.D	44.B	45.D					

二. 阅读

46.C	47.A	48.F	49.B	50.E	51.D	52.C	53.A	54.E	55.B
56.BAC		57.ABC		58.ACB		59.BCA		60.ACB	
61.CBA		62.BAC		63.CBA		64.ACB		65.ACB	
66.B	67.D	68.B	69.D	70.A	71.A	72.D	73.A	74.D	75.C
76.B	77.C	78.B	79.B	80.B	81.C	82.A	83.D	84.C	85.D

三. 书写

86. 你怎么又去了一次？

87. 老师记错了这个学生的名字。
/ 这个学生的名字老师记错了。

88. 我当时的心情特别难过。

89. 经理把这个月的奖金给了我。

90. 你下楼时能不能把垃圾袋扔了？

91. 我和哥哥的性格是很不一样的。

92. 我们会一直为你加油。

93. 校长请张教授做这个工作。
/ 张教授请校长做这个工作。

94. 他不得不重新安排计划。

95. 他的前面开来了一辆车。

96. (모범 답안) 他唱歌唱得很好。

97. (모범 답안) 我和我爱人周末去超市购物。

98. (모범 답안) 他正在打扫房间。

99. (모범 답안) 这只小猫特别可爱。

100. (모범 답안) 阅读是一种好习惯。

第一部分

一共10个题，每题听一次。

例如：我想去办个信用卡，今天下午你有
时间吗？陪我去一趟银行？
★ 他打算下午去银行。

现在我很少看电视，其中一个原因
是，广告太多了，不管什么时间，
也不管什么节目，只要你打开电
视，总能看到那么多的广告，浪费
我的时间。
★ 他喜欢看电视广告。

现在开始第1题：

1. 天气越来越凉了，树上的叶子也慢慢变
黄，风一吹，地上就会有一层厚厚的树
叶，果然是秋天到了。
★ 现在是夏天。

2. 对不起，女士，这种蛋糕已经卖完了，
您可以试一试我们的这种饼干。
★ 女的要买饼干。

3. 经历过那次考试失败后，他改变了许
多，不再像以前那么粗心了，老师说他
现在做事特别认真。
★ 他做事比过去仔细多了。

4. 昨天一天都很忙，晚上公司还加班，我
就忘记和你见面的事情了。
★ 他按时去见面了。

5. 大家好，前方到站是长江站。长江站是
换乘车站，换乘车站乘客较多，请下车
的乘客提前做好准备。
★ 长江站还没到。

6. 您好，很抱歉地通知您，由于天气原
因，您乘坐的CZ731航班推迟起飞。
★ 飞机起飞了。

7. 很多人不吃早饭就上学或者上班，长时
间这样健康会受到影响。
★ 不吃早饭影响健康。

8. 我觉得这件衬衫穿着很好看，而且还在
打折，帮我包上吧。
★ 他对这件衣服很满意。

9. 上午的面试，小李给经理留下了很好的
印象：诚实、活泼、有礼貌、有能力。
几乎没有什么缺点。
★ 经理发现了小李的很多优点。

10. 这些材料你还得拿回去仔细改改，主要
是内容有点儿乱，有些地方说得不够清
楚，另外，有几个句子翻译得也有问
题。
★ 那篇文章写得很精彩。

第二部分

一共15个题，每题听一次。

例如：女：该加油了，去机场的路上有加
油站吗？
男：有，你放心吧。
问：男的主要是什么意思？

现在开始第11题：

11. 女：好香啊！爸爸，你做的什么菜？我
尝尝。
男：你还没洗手，去拿筷子。
问：女的觉得菜怎么样？

12. 女：这次活动你办得不错，总结由你来写，一定要写得精彩点儿。

男：好，我回去就把材料整理一下，星期五之前把总结发给您。

问：**关于男的，可以知道什么？**

13. 男：我上午发的电子邮件收到了吧？

女：没收到，我的电脑坏了，正准备拿去修理。

问：**女的怎么了？**

14. 女：这部电影很浪漫，也很感人。

男：你们女生就喜欢看这种爱情电影。

问：**他们在讨论什么？**

15. 女：已经两点了，你怎么还不睡觉？

男：球赛马上结束了，我想知道比赛结果。

问：**男的为什么还不睡？**

16. 女：咱们办公室的空调好了？可真凉快！

男：是呀，昨天来人修的。

问：**根据对话，可以知道什么？**

17. 女：哥，这个盒子里面是什么？

男：是王阿姨带回来的糖，她从北京旅游回来了。

问：**那盒糖是谁送的？**

18. 女：怎么样？能把我和后面的图书馆都照进去吗？

男：没问题，你再稍微往右边站一点儿就行了。

问：**他们在做什么？**

19. 男：明天是父亲节，你给爸爸买礼物了吗？

女：我早就准备好了，我给他买了一个手机。

问：**女的准备了什么礼物？**

20. 女：你把车停在哪儿了，离这儿远吗？

男：有点儿远，在一个电影院附近，楼下的车位已经满了。

问：**男的把车停在哪儿了？**

21. 女：新婚快乐！祝两位生活幸福，白头到老！

男：谢谢！也希望早点听到你结婚的消息。干杯！

问：**关于女的，可以知道什么？**

22. 女：下班了，一起去打乒乓球吧！

男：好的，你等我几分钟，我把这几份材料整理出来，马上就好。

问：**男的正在做什么？**

23. 男：小李的手机总是打不通，他换电话号码了吗？

女：是的，他出差的时候把手机丢了，我给您他的新号码。

问：**根据对话，可以知道什么？**

24. 女：你这次出差要走好几天，记得多拿几件衣服。

男：东西太多了，我得换一个大一点的行李箱。

问：**女的提醒男的什么？**

25. 男：就差一点儿就能赢了，真替他感到可惜。

女：他已经很努力了，无论结果怎么样，我们都应该为他加油。

问：**女的是什么意思？**

第三部分

一共20个题，每题听一次。

例如：男：把这个文件复印五份，一会儿拿到会议室发给大家。

女：好的。会议是下午三点吗？

男：改了。三点半，推迟了半个小时。

女：好，602会议室没变吧？
男：对，没变。
问：会议几点开始？

现在开始第26题：

26. 女：听说你出国留学的奖学金申请成功
了？祝贺你呀！
男：谢谢。
女：还是读法律吗？
男：对，研究方向是国际法。
问：男的准备读哪个专业？

27. 男：你好，请问今天飞往北京的最早的
航班是几点？
女：七点零五，已经起飞了。
男：下一班是什么时候？还有票吗？
女：下一班是十一点半，还是打折机
票。
男：太好了，我要一张。
问：关于男的，可以知道什么？

28. 女：中午包饺子怎么样？
男：可以，不过家里好像没有面了。
女：没关系，我们现在去超市买。
男：好的。
问：他们中午想吃什么？

29. 男：放暑假有什么打算？
女：我想和妹妹去旅行。
男：旅行？我建议你去丽江，我以前去
过那儿，那儿风景很美。
女：是吗？
问：男的认为丽江怎么样？

30. 男：这几篇文章有点儿复杂，我总觉得
翻译得不够好。
女：别着急，慢慢来，多读几次就好
了。
男：谢谢您，我再试试。
女：加油！我相信你能做好。
问：男的为什么很着急？

31. 男：你好，我想买十点二十那场的电影
票，两张。
女：好的，您选一下座位吧，电脑上这
些蓝色的都可以选。
男：我要中间的，第7排，8号和9号。
女：好的，先生，一共58元。
问：他们最可能在哪儿？

32. 男：没想到你钢琴弹得这么好，学很多
年了吧？
女：我从六岁开始学习弹钢琴，一直到
现在。
男：一开始学琴的时候很苦吧？
女：是，一开始很难，但经常弹，后来
慢慢就好了。
问：关于女的，可以知道什么？

33. 男：你认识的人有在医院工作的吗？
女：我正好有个朋友是医生，怎么了？
男：我想读研究生，但我以前学的不是
这个专业，所以想先了解一下。
女：那我帮你问一下他什么时候有时
间。
问：男的想读哪个专业？

34. 女：帮我看看，我穿哪条裙子合适？
男：两条都不错。你要去做什么？
女：今晚公司有活动，所有人都必须参
加。
男：那穿这条吧，黑色的正式一些。
问：关于女的，可以知道什么？

35. 男：你果然在这儿，电话怎么一直打不
通？
女：可能是手机没电了，你找我什么
事？
男：大家在房间商量演出节目的事情
呢，就差你了。
女：对不起，我忘了。
问：男的找女的做什么？

第36到37题是根据下面一段话：

一位母亲正在教育自己的孩子。母亲说：“别养成坏习惯，记住，今天能完成的事情一定不要留到明天做。”孩子听了高兴地说：“妈妈，快把刚才没吃完的蛋糕拿出来，我现在就把它吃光！”

36. 那位母亲正在做什么？
37. 关于孩子，可以知道什么？

第38到39题是根据下面一段话：

大部分人认为有了钱，就能过自己想要的生活，想买什么就买什么，觉得钱比什么都重要。但我觉得，有些东西是钱买不来的，比如时间，时间是无价的，过去了就回不来了；还有健康，多少钱都换不来健康的身体。

38. 大部分人是怎么想的？
39. 这段话主要谈什么？

第40到41题是根据下面一段话：

小王原来是位演员，但一直不怎么有名。后来在朋友的鼓励下，她开始试着写小说，没想到她的小说很受欢迎，很多人通过小说认识了她，她也因此成了人们眼中的名人。

40. 朋友鼓励小王做什么？
41. 小王后来怎么了？

第42到43题是根据下面一段话：

乒乓球是中国人很喜欢的一项体育运动，因球与桌面相撞时发出的声音而得名。在赛场看乒乓球比赛时，尤其是运动员发球的时候，观众都要安静，不能大声讲话或随便走动。

42. 乒乓球根据什么而得名？

43. 根据这段话，在赛场看比赛时不能做什么？

第44到45题是根据下面一段话：

找工作的人可以多在网上看招聘信息，很多公司会在网上提供工作的机会。最重要的是在网上你可以根据你的条件和要求，很快速地找到适合你，让自己满意的工作。

44. 哪种人要看招聘信息？
45. 关于网上找工作，可以知道什么？

HSK（四级）答题卡

汉语水平考试　　HSK　　答题卡

注意　　请用2B铅笔这样写：■

一、听力

1. [✓] [✗]
2. [✓] [✗]
3. [✓] [✗]
4. [✓] [✗]
5. [✓] [✗]

6. [✓] [✗]
7. [✓] [✗]
8. [✓] [✗]
9. [✓] [✗]
10. [✓] [✗]

11. [A] [B] [C] [D]
12. [A] [B] [C] [D]
13. [A] [B] [C] [D]
14. [A] [B] [C] [D]
15. [A] [B] [C] [D]

16. [A] [B] [C] [D]
17. [A] [B] [C] [D]
18. [A] [B] [C] [D]
19. [A] [B] [C] [D]
20. [A] [B] [C] [D]

21. [A] [B] [C] [D]
22. [A] [B] [C] [D]
23. [A] [B] [C] [D]
24. [A] [B] [C] [D]
25. [A] [B] [C] [D]

26. [A] [B] [C] [D]
27. [A] [B] [C] [D]
28. [A] [B] [C] [D]
29. [A] [B] [C] [D]
30. [A] [B] [C] [D]

31. [A] [B] [C] [D]
32. [A] [B] [C] [D]
33. [A] [B] [C] [D]
34. [A] [B] [C] [D]
35. [A] [B] [C] [D]

36. [A] [B] [C] [D]
37. [A] [B] [C] [D]
38. [A] [B] [C] [D]
39. [A] [B] [C] [D]
40. [A] [B] [C] [D]

41. [A] [B] [C] [D]
42. [A] [B] [C] [D]
43. [A] [B] [C] [D]
44. [A] [B] [C] [D]
45. [A] [B] [C] [D]

二、阅读

46. [A] [B] [C] [D] [E] [F]
47. [A] [B] [C] [D] [E] [F]
48. [A] [B] [C] [D] [E] [F]
49. [A] [B] [C] [D] [E] [F]
50. [A] [B] [C] [D] [E] [F]

51. [A] [B] [C] [D] [E] [F]
52. [A] [B] [C] [D] [E] [F]
53. [A] [B] [C] [D] [E] [F]
54. [A] [B] [C] [D] [E] [F]
55. [A] [B] [C] [D] [E] [F]

56. —
57. —
58. —
59. —
60. —
61. —
62. —
63. —
64. —
65. —

66. [A] [B] [C] [D]
67. [A] [B] [C] [D]
68. [A] [B] [C] [D]
69. [A] [B] [C] [D]
70. [A] [B] [C] [D]

71. [A] [B] [C] [D]
72. [A] [B] [C] [D]
73. [A] [B] [C] [D]
74. [A] [B] [C] [D]
75. [A] [B] [C] [D]

76. [A] [B] [C] [D]
77. [A] [B] [C] [D]
78. [A] [B] [C] [D]
79. [A] [B] [C] [D]
80. [A] [B] [C] [D]

81. [A] [B] [C] [D]
82. [A] [B] [C] [D]
83. [A] [B] [C] [D]
84. [A] [B] [C] [D]
85. [A] [B] [C] [D]

三、书写

86.

87.

88.

89.

90.

91.

92.

93.

94.

95.

96.

97.

98.

99.

100.

HSK（四级）答题卡

汉 语 水 平 考 试　　H S K　　答 题 卡

■　　　　　　　　　　　　　　　　　　　　　　　　　　　　　　　　　　　　　■

─ 请填写考生信息 ─

按照考试证件上的姓名填写：

| 姓名 | |

如果有中文姓名，请填写：

| 中文姓名 | |

考生序号	[0] [1] [2] [3] [4] [5] [6] [7] [8] [9]
	[0] [1] [2] [3] [4] [5] [6] [7] [8] [9]
	[0] [1] [2] [3] [4] [5] [6] [7] [8] [9]
	[0] [1] [2] [3] [4] [5] [6] [7] [8] [9]
	[0] [1] [2] [3] [4] [5] [6] [7] [8] [9]

─ 请填写考点信息 ─

考点代码	[0] [1] [2] [3] [4] [5] [6] [7] [8] [9]
	[0] [1] [2] [3] [4] [5] [6] [7] [8] [9]
	[0] [1] [2] [3] [4] [5] [6] [7] [8] [9]
	[0] [1] [2] [3] [4] [5] [6] [7] [8] [9]
	[0] [1] [2] [3] [4] [5] [6] [7] [8] [9]
	[0] [1] [2] [3] [4] [5] [6] [7] [8] [9]

国籍	[0] [1] [2] [3] [4] [5] [6] [7] [8] [9]
	[0] [1] [2] [3] [4] [5] [6] [7] [8] [9]
	[0] [1] [2] [3] [4] [5] [6] [7] [8] [9]

| 年龄 | [0] [1] [2] [3] [4] [5] [6] [7] [8] [9] |
| | [0] [1] [2] [3] [4] [5] [6] [7] [8] [9] |

| 性别 | 男 [1]　　　女 [2] |

注意　　请用2B铅笔这样写：　■

一、听力

1. [✓] [✗]　　6. [✓] [✗]　　11. [A] [B] [C] [D]　　16. [A] [B] [C] [D]　　21. [A] [B] [C] [D]
2. [✓] [✗]　　7. [✓] [✗]　　12. [A] [B] [C] [D]　　17. [A] [B] [C] [D]　　22. [A] [B] [C] [D]
3. [✓] [✗]　　8. [✓] [✗]　　13. [A] [B] [C] [D]　　18. [A] [B] [C] [D]　　23. [A] [B] [C] [D]
4. [✓] [✗]　　9. [✓] [✗]　　14. [A] [B] [C] [D]　　19. [A] [B] [C] [D]　　24. [A] [B] [C] [D]
5. [✓] [✗]　　10. [✓] [✗]　　15. [A] [B] [C] [D]　　20. [A] [B] [C] [D]　　25. [A] [B] [C] [D]

26. [A] [B] [C] [D]　　31. [A] [B] [C] [D]　　36. [A] [B] [C] [D]　　41. [A] [B] [C] [D]
27. [A] [B] [C] [D]　　32. [A] [B] [C] [D]　　37. [A] [B] [C] [D]　　42. [A] [B] [C] [D]
28. [A] [B] [C] [D]　　33. [A] [B] [C] [D]　　38. [A] [B] [C] [D]　　43. [A] [B] [C] [D]
29. [A] [B] [C] [D]　　34. [A] [B] [C] [D]　　39. [A] [B] [C] [D]　　44. [A] [B] [C] [D]
30. [A] [B] [C] [D]　　35. [A] [B] [C] [D]　　40. [A] [B] [C] [D]　　45. [A] [B] [C] [D]

二、阅读

46. [A] [B] [C] [D] [E] [F]　　51. [A] [B] [C] [D] [E] [F]
47. [A] [B] [C] [D] [E] [F]　　52. [A] [B] [C] [D] [E] [F]
48. [A] [B] [C] [D] [E] [F]　　53. [A] [B] [C] [D] [E] [F]
49. [A] [B] [C] [D] [E] [F]　　54. [A] [B] [C] [D] [E] [F]
50. [A] [B] [C] [D] [E] [F]　　55. [A] [B] [C] [D] [E] [F]

56. ____　　58. ____　　60. ____　　62. ____　　64. ____

57. ____　　59. ____　　61. ____　　63. ____　　65. ____

66. [A] [B] [C] [D]　　71. [A] [B] [C] [D]　　76. [A] [B] [C] [D]　　81. [A] [B] [C] [D]
67. [A] [B] [C] [D]　　72. [A] [B] [C] [D]　　77. [A] [B] [C] [D]　　82. [A] [B] [C] [D]
68. [A] [B] [C] [D]　　73. [A] [B] [C] [D]　　78. [A] [B] [C] [D]　　83. [A] [B] [C] [D]
69. [A] [B] [C] [D]　　74. [A] [B] [C] [D]　　79. [A] [B] [C] [D]　　84. [A] [B] [C] [D]
70. [A] [B] [C] [D]　　75. [A] [B] [C] [D]　　80. [A] [B] [C] [D]　　85. [A] [B] [C] [D]

■　　　　　　　　　　　　　　　　　　　　　　　　　　　　→

三、书写

86.

87.

88.

89.

90.

91.

92.

93.

94.

95.

96.

97.

98.

99.

100.

HSK（四级）答题卡

──请填写考生信息──　　　　　　　　　　　　──请填写考点信息──

按照考试证件上的姓名填写：

| 姓名 | |

如果有中文姓名，请填写：

| 中文姓名 | |

考点代码

[0] [1] [2] [3] [4] [5] [6] [7] [8] [9]
[0] [1] [2] [3] [4] [5] [6] [7] [8] [9]
[0] [1] [2] [3] [4] [5] [6] [7] [8] [9]
[0] [1] [2] [3] [4] [5] [6] [7] [8] [9]
[0] [1] [2] [3] [4] [5] [6] [7] [8] [9]
[0] [1] [2] [3] [4] [5] [6] [7] [8] [9]
[0] [1] [2] [3] [4] [5] [6] [7] [8] [9]

考生序号

[0] [1] [2] [3] [4] [5] [6] [7] [8] [9]
[0] [1] [2] [3] [4] [5] [6] [7] [8] [9]
[0] [1] [2] [3] [4] [5] [6] [7] [8] [9]
[0] [1] [2] [3] [4] [5] [6] [7] [8] [9]
[0] [1] [2] [3] [4] [5] [6] [7] [8] [9]

国籍

[0] [1] [2] [3] [4] [5] [6] [7] [8] [9]
[0] [1] [2] [3] [4] [5] [6] [7] [8] [9]
[0] [1] [2] [3] [4] [5] [6] [7] [8] [9]

年龄

[0] [1] [2] [3] [4] [5] [6] [7] [8] [9]
[0] [1] [2] [3] [4] [5] [6] [7] [8] [9]

性别　　男 [1]　　　女 [2]

注意　请用2B铅笔这样写：■

一、听力

1. [✓] [✗]
2. [✓] [✗]
3. [✓] [✗]
4. [✓] [✗]
5. [✓] [✗]

6. [✓] [✗]
7. [✓] [✗]
8. [✓] [✗]
9. [✓] [✗]
10. [✓] [✗]

11. [A] [B] [C] [D]
12. [A] [B] [C] [D]
13. [A] [B] [C] [D]
14. [A] [B] [C] [D]
15. [A] [B] [C] [D]

16. [A] [B] [C] [D]
17. [A] [B] [C] [D]
18. [A] [B] [C] [D]
19. [A] [B] [C] [D]
20. [A] [B] [C] [D]

21. [A] [B] [C] [D]
22. [A] [B] [C] [D]
23. [A] [B] [C] [D]
24. [A] [B] [C] [D]
25. [A] [B] [C] [D]

26. [A] [B] [C] [D]
27. [A] [B] [C] [D]
28. [A] [B] [C] [D]
29. [A] [B] [C] [D]
30. [A] [B] [C] [D]

31. [A] [B] [C] [D]
32. [A] [B] [C] [D]
33. [A] [B] [C] [D]
34. [A] [B] [C] [D]
35. [A] [B] [C] [D]

36. [A] [B] [C] [D]
37. [A] [B] [C] [D]
38. [A] [B] [C] [D]
39. [A] [B] [C] [D]
40. [A] [B] [C] [D]

41. [A] [B] [C] [D]
42. [A] [B] [C] [D]
43. [A] [B] [C] [D]
44. [A] [B] [C] [D]
45. [A] [B] [C] [D]

二、阅读

46. [A] [B] [C] [D] [E] [F]
47. [A] [B] [C] [D] [E] [F]
48. [A] [B] [C] [D] [E] [F]
49. [A] [B] [C] [D] [E] [F]
50. [A] [B] [C] [D] [E] [F]

51. [A] [B] [C] [D] [E] [F]
52. [A] [B] [C] [D] [E] [F]
53. [A] [B] [C] [D] [E] [F]
54. [A] [B] [C] [D] [E] [F]
55. [A] [B] [C] [D] [E] [F]

56. ——
57. ——

58. ——
59. ——

60. ——
61. ——

62. ——
63. ——

64. ——
65. ——

66. [A] [B] [C] [D]
67. [A] [B] [C] [D]
68. [A] [B] [C] [D]
69. [A] [B] [C] [D]
70. [A] [B] [C] [D]

71. [A] [B] [C] [D]
72. [A] [B] [C] [D]
73. [A] [B] [C] [D]
74. [A] [B] [C] [D]
75. [A] [B] [C] [D]

76. [A] [B] [C] [D]
77. [A] [B] [C] [D]
78. [A] [B] [C] [D]
79. [A] [B] [C] [D]
80. [A] [B] [C] [D]

81. [A] [B] [C] [D]
82. [A] [B] [C] [D]
83. [A] [B] [C] [D]
84. [A] [B] [C] [D]
85. [A] [B] [C] [D]

三、书写

86.

87.

88.

89.

90.

91.

92.

93.

94.

95.

96.

97.

98.

99.

100.

HSK（四级）答题卡

汉语水平考试　　HSK　　答题卡

一、听力

1. [✓] [✗]
2. [✓] [✗]
3. [✓] [✗]
4. [✓] [✗]
5. [✓] [✗]

6. [✓] [✗]
7. [✓] [✗]
8. [✓] [✗]
9. [✓] [✗]
10. [✓] [✗]

11. [A] [B] [C] [D]
12. [A] [B] [C] [D]
13. [A] [B] [C] [D]
14. [A] [B] [C] [D]
15. [A] [B] [C] [D]

16. [A] [B] [C] [D]
17. [A] [B] [C] [D]
18. [A] [B] [C] [D]
19. [A] [B] [C] [D]
20. [A] [B] [C] [D]

21. [A] [B] [C] [D]
22. [A] [B] [C] [D]
23. [A] [B] [C] [D]
24. [A] [B] [C] [D]
25. [A] [B] [C] [D]

26. [A] [B] [C] [D]
27. [A] [B] [C] [D]
28. [A] [B] [C] [D]
29. [A] [B] [C] [D]
30. [A] [B] [C] [D]

31. [A] [B] [C] [D]
32. [A] [B] [C] [D]
33. [A] [B] [C] [D]
34. [A] [B] [C] [D]
35. [A] [B] [C] [D]

36. [A] [B] [C] [D]
37. [A] [B] [C] [D]
38. [A] [B] [C] [D]
39. [A] [B] [C] [D]
40. [A] [B] [C] [D]

41. [A] [B] [C] [D]
42. [A] [B] [C] [D]
43. [A] [B] [C] [D]
44. [A] [B] [C] [D]
45. [A] [B] [C] [D]

二、阅读

46. [A] [B] [C] [D] [E] [F]
47. [A] [B] [C] [D] [E] [F]
48. [A] [B] [C] [D] [E] [F]
49. [A] [B] [C] [D] [E] [F]
50. [A] [B] [C] [D] [E] [F]

51. [A] [B] [C] [D] [E] [F]
52. [A] [B] [C] [D] [E] [F]
53. [A] [B] [C] [D] [E] [F]
54. [A] [B] [C] [D] [E] [F]
55. [A] [B] [C] [D] [E] [F]

56. ——
57. ——
58. ——
59. ——
60. ——
61. ——
62. ——
63. ——
64. ——
65. ——

66. [A] [B] [C] [D]
67. [A] [B] [C] [D]
68. [A] [B] [C] [D]
69. [A] [B] [C] [D]
70. [A] [B] [C] [D]

71. [A] [B] [C] [D]
72. [A] [B] [C] [D]
73. [A] [B] [C] [D]
74. [A] [B] [C] [D]
75. [A] [B] [C] [D]

76. [A] [B] [C] [D]
77. [A] [B] [C] [D]
78. [A] [B] [C] [D]
79. [A] [B] [C] [D]
80. [A] [B] [C] [D]

81. [A] [B] [C] [D]
82. [A] [B] [C] [D]
83. [A] [B] [C] [D]
84. [A] [B] [C] [D]
85. [A] [B] [C] [D]

三、书写

86. _____ —

87. _____ —

88. _____ —

89. _____ —

90. _____ —

91. _____ —

92. _____ —

93. _____ —

94. _____ —

95. _____ —

96. _____ —

97. _____ —

98. _____ —

99. _____ —

100. _____ —

HSK（四级）答题卡

汉语水平考试　　HSK　　答题卡

—— 请填写考生信息 ——

按照考试证件上的姓名填写：

姓名	

如果有中文姓名，请填写：

中文姓名	

考生序号	[0] [1] [2] [3] [4] [5] [6] [7] [8] [9]
	[0] [1] [2] [3] [4] [5] [6] [7] [8] [9]
	[0] [1] [2] [3] [4] [5] [6] [7] [8] [9]
	[0] [1] [2] [3] [4] [5] [6] [7] [8] [9]
	[0] [1] [2] [3] [4] [5] [6] [7] [8] [9]

—— 请填写考点信息 ——

考点代码	[0] [1] [2] [3] [4] [5] [6] [7] [8] [9]
	[0] [1] [2] [3] [4] [5] [6] [7] [8] [9]
	[0] [1] [2] [3] [4] [5] [6] [7] [8] [9]
	[0] [1] [2] [3] [4] [5] [6] [7] [8] [9]
	[0] [1] [2] [3] [4] [5] [6] [7] [8] [9]
	[0] [1] [2] [3] [4] [5] [6] [7] [8] [9]

国籍	[0] [1] [2] [3] [4] [5] [6] [7] [8] [9]
	[0] [1] [2] [3] [4] [5] [6] [7] [8] [9]

年龄	[0] [1] [2] [3] [4] [5] [6] [7] [8] [9]
	[0] [1] [2] [3] [4] [5] [6] [7] [8] [9]

性别	男 [1]　　　　女 [2]

注意　请用2B铅笔这样写：■

一、听力

1. [✓] [✗]
2. [✓] [✗]
3. [✓] [✗]
4. [✓] [✗]
5. [✓] [✗]

6. [✓] [✗]
7. [✓] [✗]
8. [✓] [✗]
9. [✓] [✗]
10. [✓] [✗]

11. [A] [B] [C] [D]
12. [A] [B] [C] [D]
13. [A] [B] [C] [D]
14. [A] [B] [C] [D]
15. [A] [B] [C] [D]

16. [A] [B] [C] [D]
17. [A] [B] [C] [D]
18. [A] [B] [C] [D]
19. [A] [B] [C] [D]
20. [A] [B] [C] [D]

21. [A] [B] [C] [D]
22. [A] [B] [C] [D]
23. [A] [B] [C] [D]
24. [A] [B] [C] [D]
25. [A] [B] [C] [D]

26. [A] [B] [C] [D]
27. [A] [B] [C] [D]
28. [A] [B] [C] [D]
29. [A] [B] [C] [D]
30. [A] [B] [C] [D]

31. [A] [B] [C] [D]
32. [A] [B] [C] [D]
33. [A] [B] [C] [D]
34. [A] [B] [C] [D]
35. [A] [B] [C] [D]

36. [A] [B] [C] [D]
37. [A] [B] [C] [D]
38. [A] [B] [C] [D]
39. [A] [B] [C] [D]
40. [A] [B] [C] [D]

41. [A] [B] [C] [D]
42. [A] [B] [C] [D]
43. [A] [B] [C] [D]
44. [A] [B] [C] [D]
45. [A] [B] [C] [D]

二、阅读

46. [A] [B] [C] [D] [E] [F]
47. [A] [B] [C] [D] [E] [F]
48. [A] [B] [C] [D] [E] [F]
49. [A] [B] [C] [D] [E] [F]
50. [A] [B] [C] [D] [E] [F]

51. [A] [B] [C] [D] [E] [F]
52. [A] [B] [C] [D] [E] [F]
53. [A] [B] [C] [D] [E] [F]
54. [A] [B] [C] [D] [E] [F]
55. [A] [B] [C] [D] [E] [F]

56. ——
57. ——
58. ——
59. ——
60. ——
61. ——
62. ——
63. ——
64. ——
65. ——

66. [A] [B] [C] [D]
67. [A] [B] [C] [D]
68. [A] [B] [C] [D]
69. [A] [B] [C] [D]
70. [A] [B] [C] [D]

71. [A] [B] [C] [D]
72. [A] [B] [C] [D]
73. [A] [B] [C] [D]
74. [A] [B] [C] [D]
75. [A] [B] [C] [D]

76. [A] [B] [C] [D]
77. [A] [B] [C] [D]
78. [A] [B] [C] [D]
79. [A] [B] [C] [D]
80. [A] [B] [C] [D]

81. [A] [B] [C] [D]
82. [A] [B] [C] [D]
83. [A] [B] [C] [D]
84. [A] [B] [C] [D]
85. [A] [B] [C] [D]

三、书写

86. ⸻

87. ⸻

88. ⸻

89. ⸻

90. ⸻

91. ⸻

92. ⸻

93. ⸻

94. ⸻

95. ⸻

96. ⸻

97. ⸻

98. ⸻

99. ⸻

100. ⸻

HSK（四级）答题卡

86. _____ —

87. _____ —

88. _____ —

89. _____ —

90. _____ —

91. _____ —

92. _____ —

93. _____ —

94. _____ —

95. _____ —

96. _____ —

97. _____ —

98. _____ —

99. _____ —

100. _____ —

HSK（四级）答题卡

汉语水平考试　　H S K　　答题卡

―― 请填写考生信息 ――

按照考试证件上的姓名填写：

姓名	

如果有中文姓名，请填写：

中文姓名	

考生序号

[0] [1] [2] [3] [4] [5] [6] [7] [8] [9]
[0] [1] [2] [3] [4] [5] [6] [7] [8] [9]
[0] [1] [2] [3] [4] [5] [6] [7] [8] [9]
[0] [1] [2] [3] [4] [5] [6] [7] [8] [9]
[0] [1] [2] [3] [4] [5] [6] [7] [8] [9]

―― 请填写考点信息 ――

考点代码

[0] [1] [2] [3] [4] [5] [6] [7] [8] [9]
[0] [1] [2] [3] [4] [5] [6] [7] [8] [9]
[0] [1] [2] [3] [4] [5] [6] [7] [8] [9]
[0] [1] [2] [3] [4] [5] [6] [7] [8] [9]
[0] [1] [2] [3] [4] [5] [6] [7] [8] [9]
[0] [1] [2] [3] [4] [5] [6] [7] [8] [9]
[0] [1] [2] [3] [4] [5] [6] [7] [8] [9]

国籍

[0] [1] [2] [3] [4] [5] [6] [7] [8] [9]
[0] [1] [2] [3] [4] [5] [6] [7] [8] [9]
[0] [1] [2] [3] [4] [5] [6] [7] [8] [9]

年龄

[0] [1] [2] [3] [4] [5] [6] [7] [8] [9]
[0] [1] [2] [3] [4] [5] [6] [7] [8] [9]

性别　　男 [1]　　女 [2]

注意　请用2B铅笔这样写：■

一、听力

1. [✓] [✗]
2. [✓] [✗]
3. [✓] [✗]
4. [✓] [✗]
5. [✓] [✗]

6. [✓] [✗]
7. [✓] [✗]
8. [✓] [✗]
9. [✓] [✗]
10. [✓] [✗]

11. [A] [B] [C] [D]
12. [A] [B] [C] [D]
13. [A] [B] [C] [D]
14. [A] [B] [C] [D]
15. [A] [B] [C] [D]

16. [A] [B] [C] [D]
17. [A] [B] [C] [D]
18. [A] [B] [C] [D]
19. [A] [B] [C] [D]
20. [A] [B] [C] [D]

21. [A] [B] [C] [D]
22. [A] [B] [C] [D]
23. [A] [B] [C] [D]
24. [A] [B] [C] [D]
25. [A] [B] [C] [D]

26. [A] [B] [C] [D]
27. [A] [B] [C] [D]
28. [A] [B] [C] [D]
29. [A] [B] [C] [D]
30. [A] [B] [C] [D]

31. [A] [B] [C] [D]
32. [A] [B] [C] [D]
33. [A] [B] [C] [D]
34. [A] [B] [C] [D]
35. [A] [B] [C] [D]

36. [A] [B] [C] [D]
37. [A] [B] [C] [D]
38. [A] [B] [C] [D]
39. [A] [B] [C] [D]
40. [A] [B] [C] [D]

41. [A] [B] [C] [D]
42. [A] [B] [C] [D]
43. [A] [B] [C] [D]
44. [A] [B] [C] [D]
45. [A] [B] [C] [D]

二、阅读

46. [A] [B] [C] [D] [E] [F]
47. [A] [B] [C] [D] [E] [F]
48. [A] [B] [C] [D] [E] [F]
49. [A] [B] [C] [D] [E] [F]
50. [A] [B] [C] [D] [E] [F]

51. [A] [B] [C] [D] [E] [F]
52. [A] [B] [C] [D] [E] [F]
53. [A] [B] [C] [D] [E] [F]
54. [A] [B] [C] [D] [E] [F]
55. [A] [B] [C] [D] [E] [F]

56. ____
57. ____

58. ____
59. ____

60. ____
61. ____

62. ____
63. ____

64. ____
65. ____

66. [A] [B] [C] [D]
67. [A] [B] [C] [D]
68. [A] [B] [C] [D]
69. [A] [B] [C] [D]
70. [A] [B] [C] [D]

71. [A] [B] [C] [D]
72. [A] [B] [C] [D]
73. [A] [B] [C] [D]
74. [A] [B] [C] [D]
75. [A] [B] [C] [D]

76. [A] [B] [C] [D]
77. [A] [B] [C] [D]
78. [A] [B] [C] [D]
79. [A] [B] [C] [D]
80. [A] [B] [C] [D]

81. [A] [B] [C] [D]
82. [A] [B] [C] [D]
83. [A] [B] [C] [D]
84. [A] [B] [C] [D]
85. [A] [B] [C] [D]

三、书写

86.

87.

88.

89.

90.

91.

92.

93.

94.

95.

96.

97.

98.

99.

100.

HSK（四级）答题卡

汉语水平考试　　HSK　　答题卡

───── 请填写考生信息 ─────

按照考试证件上的姓名填写：

姓名

如果有中文姓名，请填写：

中文姓名

考生序号		[0] [1] [2] [3] [4] [5] [6] [7] [8] [9]
		[0] [1] [2] [3] [4] [5] [6] [7] [8] [9]
		[0] [1] [2] [3] [4] [5] [6] [7] [8] [9]
		[0] [1] [2] [3] [4] [5] [6] [7] [8] [9]
		[0] [1] [2] [3] [4] [5] [6] [7] [8] [9]

───── 请填写考点信息 ─────

考点代码	[0] [1] [2] [3] [4] [5] [6] [7] [8] [9]
	[0] [1] [2] [3] [4] [5] [6] [7] [8] [9]
	[0] [1] [2] [3] [4] [5] [6] [7] [8] [9]
	[0] [1] [2] [3] [4] [5] [6] [7] [8] [9]
	[0] [1] [2] [3] [4] [5] [6] [7] [8] [9]
	[0] [1] [2] [3] [4] [5] [6] [7] [8] [9]
	[0] [1] [2] [3] [4] [5] [6] [7] [8] [9]

国籍	[0] [1] [2] [3] [4] [5] [6] [7] [8] [9]
	[0] [1] [2] [3] [4] [5] [6] [7] [8] [9]
	[0] [1] [2] [3] [4] [5] [6] [7] [8] [9]

年龄	[0] [1] [2] [3] [4] [5] [6] [7] [8] [9]
	[0] [1] [2] [3] [4] [5] [6] [7] [8] [9]

性别	男 [1]　　　　女 [2]

注意　　请用2B铅笔这样写：■

一、听力

1. [✓] [✗]
2. [✓] [✗]
3. [✓] [✗]
4. [✓] [✗]
5. [✓] [✗]

6. [✓] [✗]
7. [✓] [✗]
8. [✓] [✗]
9. [✓] [✗]
10. [✓] [✗]

11. [A] [B] [C] [D]
12. [A] [B] [C] [D]
13. [A] [B] [C] [D]
14. [A] [B] [C] [D]
15. [A] [B] [C] [D]

16. [A] [B] [C] [D]
17. [A] [B] [C] [D]
18. [A] [B] [C] [D]
19. [A] [B] [C] [D]
20. [A] [B] [C] [D]

21. [A] [B] [C] [D]
22. [A] [B] [C] [D]
23. [A] [B] [C] [D]
24. [A] [B] [C] [D]
25. [A] [B] [C] [D]

26. [A] [B] [C] [D]
27. [A] [B] [C] [D]
28. [A] [B] [C] [D]
29. [A] [B] [C] [D]
30. [A] [B] [C] [D]

31. [A] [B] [C] [D]
32. [A] [B] [C] [D]
33. [A] [B] [C] [D]
34. [A] [B] [C] [D]
35. [A] [B] [C] [D]

36. [A] [B] [C] [D]
37. [A] [B] [C] [D]
38. [A] [B] [C] [D]
39. [A] [B] [C] [D]
40. [A] [B] [C] [D]

41. [A] [B] [C] [D]
42. [A] [B] [C] [D]
43. [A] [B] [C] [D]
44. [A] [B] [C] [D]
45. [A] [B] [C] [D]

二、阅读

46. [A] [B] [C] [D] [E] [F]
47. [A] [B] [C] [D] [E] [F]
48. [A] [B] [C] [D] [E] [F]
49. [A] [B] [C] [D] [E] [F]
50. [A] [B] [C] [D] [E] [F]

51. [A] [B] [C] [D] [E] [F]
52. [A] [B] [C] [D] [E] [F]
53. [A] [B] [C] [D] [E] [F]
54. [A] [B] [C] [D] [E] [F]
55. [A] [B] [C] [D] [E] [F]

56. ___
57. ___
58. ___
59. ___
60. ___
61. ___
62. ___
63. ___
64. ___
65. ___

66. [A] [B] [C] [D]
67. [A] [B] [C] [D]
68. [A] [B] [C] [D]
69. [A] [B] [C] [D]
70. [A] [B] [C] [D]

71. [A] [B] [C] [D]
72. [A] [B] [C] [D]
73. [A] [B] [C] [D]
74. [A] [B] [C] [D]
75. [A] [B] [C] [D]

76. [A] [B] [C] [D]
77. [A] [B] [C] [D]
78. [A] [B] [C] [D]
79. [A] [B] [C] [D]
80. [A] [B] [C] [D]

81. [A] [B] [C] [D]
82. [A] [B] [C] [D]
83. [A] [B] [C] [D]
84. [A] [B] [C] [D]
85. [A] [B] [C] [D]

三、书写

86.

87.

88.

89.

90.

91.

92.

93.

94.

95.

96.

97.

98.

99.

100.

HSK（四级）答题卡

■   汉 语 水 平 考 试   H S K   答 题 卡   ■

一、听力

1. [✓] [✗]
2. [✓] [✗]
3. [✓] [✗]
4. [✓] [✗]
5. [✓] [✗]

6. [✓] [✗]
7. [✓] [✗]
8. [✓] [✗]
9. [✓] [✗]
10. [✓] [✗]

11. [A] [B] [C] [D]
12. [A] [B] [C] [D]
13. [A] [B] [C] [D]
14. [A] [B] [C] [D]
15. [A] [B] [C] [D]

16. [A] [B] [C] [D]
17. [A] [B] [C] [D]
18. [A] [B] [C] [D]
19. [A] [B] [C] [D]
20. [A] [B] [C] [D]

21. [A] [B] [C] [D]
22. [A] [B] [C] [D]
23. [A] [B] [C] [D]
24. [A] [B] [C] [D]
25. [A] [B] [C] [D]

26. [A] [B] [C] [D]
27. [A] [B] [C] [D]
28. [A] [B] [C] [D]
29. [A] [B] [C] [D]
30. [A] [B] [C] [D]

31. [A] [B] [C] [D]
32. [A] [B] [C] [D]
33. [A] [B] [C] [D]
34. [A] [B] [C] [D]
35. [A] [B] [C] [D]

36. [A] [B] [C] [D]
37. [A] [B] [C] [D]
38. [A] [B] [C] [D]
39. [A] [B] [C] [D]
40. [A] [B] [C] [D]

41. [A] [B] [C] [D]
42. [A] [B] [C] [D]
43. [A] [B] [C] [D]
44. [A] [B] [C] [D]
45. [A] [B] [C] [D]

二、阅读

46. [A] [B] [C] [D] [E] [F]
47. [A] [B] [C] [D] [E] [F]
48. [A] [B] [C] [D] [E] [F]
49. [A] [B] [C] [D] [E] [F]
50. [A] [B] [C] [D] [E] [F]

51. [A] [B] [C] [D] [E] [F]
52. [A] [B] [C] [D] [E] [F]
53. [A] [B] [C] [D] [E] [F]
54. [A] [B] [C] [D] [E] [F]
55. [A] [B] [C] [D] [E] [F]

56. ——   58. ——   60. ——   62. ——   64. ——

57. ——   59. ——   61. ——   63. ——   65. ——

66. [A] [B] [C] [D]
67. [A] [B] [C] [D]
68. [A] [B] [C] [D]
69. [A] [B] [C] [D]
70. [A] [B] [C] [D]

71. [A] [B] [C] [D]
72. [A] [B] [C] [D]
73. [A] [B] [C] [D]
74. [A] [B] [C] [D]
75. [A] [B] [C] [D]

76. [A] [B] [C] [D]
77. [A] [B] [C] [D]
78. [A] [B] [C] [D]
79. [A] [B] [C] [D]
80. [A] [B] [C] [D]

81. [A] [B] [C] [D]
82. [A] [B] [C] [D]
83. [A] [B] [C] [D]
84. [A] [B] [C] [D]
85. [A] [B] [C] [D]

三、书写

86. _____

87. _____

88. _____

89. _____

90. _____

91. _____

92. _____

93. _____

94. _____

95. _____

96. _____

97. _____

98. _____

99. _____

100. _____

HSK（四级）答题卡

汉 语 水 平 考 试　　H S K　　答 题 卡

■　　　　　　　　　　　　　　　　　　　　　　　　　　　　　　■

一、听力

1. [✓] [✗]　　6. [✓] [✗]　　11. [A] [B] [C] [D]　　16. [A] [B] [C] [D]　　21. [A] [B] [C] [D]
2. [✓] [✗]　　7. [✓] [✗]　　12. [A] [B] [C] [D]　　17. [A] [B] [C] [D]　　22. [A] [B] [C] [D]
3. [✓] [✗]　　8. [✓] [✗]　　13. [A] [B] [C] [D]　　18. [A] [B] [C] [D]　　23. [A] [B] [C] [D]
4. [✓] [✗]　　9. [✓] [✗]　　14. [A] [B] [C] [D]　　19. [A] [B] [C] [D]　　24. [A] [B] [C] [D]
5. [✓] [✗]　　10. [✓] [✗]　　15. [A] [B] [C] [D]　　20. [A] [B] [C] [D]　　25. [A] [B] [C] [D]

26. [A] [B] [C] [D]　　31. [A] [B] [C] [D]　　36. [A] [B] [C] [D]　　41. [A] [B] [C] [D]
27. [A] [B] [C] [D]　　32. [A] [B] [C] [D]　　37. [A] [B] [C] [D]　　42. [A] [B] [C] [D]
28. [A] [B] [C] [D]　　33. [A] [B] [C] [D]　　38. [A] [B] [C] [D]　　43. [A] [B] [C] [D]
29. [A] [B] [C] [D]　　34. [A] [B] [C] [D]　　39. [A] [B] [C] [D]　　44. [A] [B] [C] [D]
30. [A] [B] [C] [D]　　35. [A] [B] [C] [D]　　40. [A] [B] [C] [D]　　45. [A] [B] [C] [D]

二、阅读

46. [A] [B] [C] [D] [E] [F]　　51. [A] [B] [C] [D] [E] [F]
47. [A] [B] [C] [D] [E] [F]　　52. [A] [B] [C] [D] [E] [F]
48. [A] [B] [C] [D] [E] [F]　　53. [A] [B] [C] [D] [E] [F]
49. [A] [B] [C] [D] [E] [F]　　54. [A] [B] [C] [D] [E] [F]
50. [A] [B] [C] [D] [E] [F]　　55. [A] [B] [C] [D] [E] [F]

56. ＿＿＿　　58. ＿＿＿　　60. ＿＿＿　　62. ＿＿＿　　64. ＿＿＿

57. ＿＿＿　　59. ＿＿＿　　61. ＿＿＿　　63. ＿＿＿　　65. ＿＿＿

66. [A] [B] [C] [D]　　71. [A] [B] [C] [D]　　76. [A] [B] [C] [D]　　81. [A] [B] [C] [D]
67. [A] [B] [C] [D]　　72. [A] [B] [C] [D]　　77. [A] [B] [C] [D]　　82. [A] [B] [C] [D]
68. [A] [B] [C] [D]　　73. [A] [B] [C] [D]　　78. [A] [B] [C] [D]　　83. [A] [B] [C] [D]
69. [A] [B] [C] [D]　　74. [A] [B] [C] [D]　　79. [A] [B] [C] [D]　　84. [A] [B] [C] [D]
70. [A] [B] [C] [D]　　75. [A] [B] [C] [D]　　80. [A] [B] [C] [D]　　85. [A] [B] [C] [D]

■　　　　　　　　　　　　　　　　　　　　　　　　　　　　　　→

三、书写

86. ＿

87. ＿

88. ＿

89. ＿

90. ＿

91. ＿

92. ＿

93. ＿

94. ＿

95. ＿

96. ＿

97. ＿

98. ＿

99. ＿

100. ＿

HSK（四级）答题卡

汉 语 水 平 考 试　　HSK　答 题 卡

■　　　　　　　　　　　　　　　　　　　　　　　　　■

── 请填写考生信息 ──　　　　　　── 请填写考点信息 ──

按照考试证件上的姓名填写：

姓名	

如果有中文姓名，请填写：

中文姓名	

考生序号	[0] [1] [2] [3] [4] [5] [6] [7] [8] [9]
	[0] [1] [2] [3] [4] [5] [6] [7] [8] [9]
	[0] [1] [2] [3] [4] [5] [6] [7] [8] [9]
	[0] [1] [2] [3] [4] [5] [6] [7] [8] [9]
	[0] [1] [2] [3] [4] [5] [6] [7] [8] [9]

考点代码	[0] [1] [2] [3] [4] [5] [6] [7] [8] [9]
	[0] [1] [2] [3] [4] [5] [6] [7] [8] [9]
	[0] [1] [2] [3] [4] [5] [6] [7] [8] [9]
	[0] [1] [2] [3] [4] [5] [6] [7] [8] [9]
	[0] [1] [2] [3] [4] [5] [6] [7] [8] [9]
	[0] [1] [2] [3] [4] [5] [6] [7] [8] [9]
	[0] [1] [2] [3] [4] [5] [6] [7] [8] [9]

国籍	[0] [1] [2] [3] [4] [5] [6] [7] [8] [9]
	[0] [1] [2] [3] [4] [5] [6] [7] [8] [9]
	[0] [1] [2] [3] [4] [5] [6] [7] [8] [9]

年龄	[0] [1] [2] [3] [4] [5] [6] [7] [8] [9]
	[0] [1] [2] [3] [4] [5] [6] [7] [8] [9]

性别	男 [1]　　　女 [2]

注意	请用2B铅笔这样写：■

一、听力

1. [✓] [✗]　　6. [✓] [✗]　　11. [A] [B] [C] [D]　　16. [A] [B] [C] [D]　　21. [A] [B] [C] [D]
2. [✓] [✗]　　7. [✓] [✗]　　12. [A] [B] [C] [D]　　17. [A] [B] [C] [D]　　22. [A] [B] [C] [D]
3. [✓] [✗]　　8. [✓] [✗]　　13. [A] [B] [C] [D]　　18. [A] [B] [C] [D]　　23. [A] [B] [C] [D]
4. [✓] [✗]　　9. [✓] [✗]　　14. [A] [B] [C] [D]　　19. [A] [B] [C] [D]　　24. [A] [B] [C] [D]
5. [✓] [✗]　　10. [✓] [✗]　　15. [A] [B] [C] [D]　　20. [A] [B] [C] [D]　　25. [A] [B] [C] [D]

26. [A] [B] [C] [D]　　31. [A] [B] [C] [D]　　36. [A] [B] [C] [D]　　41. [A] [B] [C] [D]
27. [A] [B] [C] [D]　　32. [A] [B] [C] [D]　　37. [A] [B] [C] [D]　　42. [A] [B] [C] [D]
28. [A] [B] [C] [D]　　33. [A] [B] [C] [D]　　38. [A] [B] [C] [D]　　43. [A] [B] [C] [D]
29. [A] [B] [C] [D]　　34. [A] [B] [C] [D]　　39. [A] [B] [C] [D]　　44. [A] [B] [C] [D]
30. [A] [B] [C] [D]　　35. [A] [B] [C] [D]　　40. [A] [B] [C] [D]　　45. [A] [B] [C] [D]

二、阅读

46. [A] [B] [C] [D] [E] [F]　　51. [A] [B] [C] [D] [E] [F]
47. [A] [B] [C] [D] [E] [F]　　52. [A] [B] [C] [D] [E] [F]
48. [A] [B] [C] [D] [E] [F]　　53. [A] [B] [C] [D] [E] [F]
49. [A] [B] [C] [D] [E] [F]　　54. [A] [B] [C] [D] [E] [F]
50. [A] [B] [C] [D] [E] [F]　　55. [A] [B] [C] [D] [E] [F]

56. ____　58. ____　60. ____　62. ____　64. ____

57. ____　59. ____　61. ____　63. ____　65. ____

66. [A] [B] [C] [D]　　71. [A] [B] [C] [D]　　76. [A] [B] [C] [D]　　81. [A] [B] [C] [D]
67. [A] [B] [C] [D]　　72. [A] [B] [C] [D]　　77. [A] [B] [C] [D]　　82. [A] [B] [C] [D]
68. [A] [B] [C] [D]　　73. [A] [B] [C] [D]　　78. [A] [B] [C] [D]　　83. [A] [B] [C] [D]
69. [A] [B] [C] [D]　　74. [A] [B] [C] [D]　　79. [A] [B] [C] [D]　　84. [A] [B] [C] [D]
70. [A] [B] [C] [D]　　75. [A] [B] [C] [D]　　80. [A] [B] [C] [D]　　85. [A] [B] [C] [D]

■　　　　　　　　　　　　　　　　　　　　　　　　　→

三、书写

86.

87.

88.

89.

90.

91.

92.

93.

94.

95.

96.

97.

98.

99.

100.

HSK（四级）答题卡

汉 语 水 平 考 试　　 H S K 　答 题 卡

■

按照考试证件上的姓名填写：

姓名

如果有中文姓名，请填写：

中文姓名

考生序号

| [0] [1] [2] [3] [4] [5] [6] [7] [8] [9] |
| [0] [1] [2] [3] [4] [5] [6] [7] [8] [9] |
| [0] [1] [2] [3] [4] [5] [6] [7] [8] [9] |
| [0] [1] [2] [3] [4] [5] [6] [7] [8] [9] |

考点代码

| [0] [1] [2] [3] [4] [5] [6] [7] [8] [9] |
| [0] [1] [2] [3] [4] [5] [6] [7] [8] [9] |
| [0] [1] [2] [3] [4] [5] [6] [7] [8] [9] |
| [0] [1] [2] [3] [4] [5] [6] [7] [8] [9] |
| [0] [1] [2] [3] [4] [5] [6] [7] [8] [9] |
| [0] [1] [2] [3] [4] [5] [6] [7] [8] [9] |
| [0] [1] [2] [3] [4] [5] [6] [7] [8] [9] |

国籍

| [0] [1] [2] [3] [4] [5] [6] [7] [8] [9] |
| [0] [1] [2] [3] [4] [5] [6] [7] [8] [9] |
| [0] [1] [2] [3] [4] [5] [6] [7] [8] [9] |

年龄

| [0] [1] [2] [3] [4] [5] [6] [7] [8] [9] |
| [0] [1] [2] [3] [4] [5] [6] [7] [8] [9] |

性别　　　男 [1]　　　女 [2]

注意　　请用2B铅笔这样写：■

一、听力

1. [✓] [✗]
2. [✓] [✗]
3. [✓] [✗]
4. [✓] [✗]
5. [✓] [✗]

6. [✓] [✗]
7. [✓] [✗]
8. [✓] [✗]
9. [✓] [✗]
10. [✓] [✗]

11. [A] [B] [C] [D]
12. [A] [B] [C] [D]
13. [A] [B] [C] [D]
14. [A] [B] [C] [D]
15. [A] [B] [C] [D]

16. [A] [B] [C] [D]
17. [A] [B] [C] [D]
18. [A] [B] [C] [D]
19. [A] [B] [C] [D]
20. [A] [B] [C] [D]

21. [A] [B] [C] [D]
22. [A] [B] [C] [D]
23. [A] [B] [C] [D]
24. [A] [B] [C] [D]
25. [A] [B] [C] [D]

26. [A] [B] [C] [D]
27. [A] [B] [C] [D]
28. [A] [B] [C] [D]
29. [A] [B] [C] [D]
30. [A] [B] [C] [D]

31. [A] [B] [C] [D]
32. [A] [B] [C] [D]
33. [A] [B] [C] [D]
34. [A] [B] [C] [D]
35. [A] [B] [C] [D]

36. [A] [B] [C] [D]
37. [A] [B] [C] [D]
38. [A] [B] [C] [D]
39. [A] [B] [C] [D]
40. [A] [B] [C] [D]

41. [A] [B] [C] [D]
42. [A] [B] [C] [D]
43. [A] [B] [C] [D]
44. [A] [B] [C] [D]
45. [A] [B] [C] [D]

二、阅读

46. [A] [B] [C] [D] [E] [F]
47. [A] [B] [C] [D] [E] [F]
48. [A] [B] [C] [D] [E] [F]
49. [A] [B] [C] [D] [E] [F]
50. [A] [B] [C] [D] [E] [F]

51. [A] [B] [C] [D] [E] [F]
52. [A] [B] [C] [D] [E] [F]
53. [A] [B] [C] [D] [E] [F]
54. [A] [B] [C] [D] [E] [F]
55. [A] [B] [C] [D] [E] [F]

56. ——　58. ——　60. ——　62. ——　64. ——

57. ——　59. ——　61. ——　63. ——　65. ——

66. [A] [B] [C] [D]
67. [A] [B] [C] [D]
68. [A] [B] [C] [D]
69. [A] [B] [C] [D]
70. [A] [B] [C] [D]

71. [A] [B] [C] [D]
72. [A] [B] [C] [D]
73. [A] [B] [C] [D]
74. [A] [B] [C] [D]
75. [A] [B] [C] [D]

76. [A] [B] [C] [D]
77. [A] [B] [C] [D]
78. [A] [B] [C] [D]
79. [A] [B] [C] [D]
80. [A] [B] [C] [D]

81. [A] [B] [C] [D]
82. [A] [B] [C] [D]
83. [A] [B] [C] [D]
84. [A] [B] [C] [D]
85. [A] [B] [C] [D]

三、书写

86. _____

87. _____

88. _____

89. _____

90. _____

91. _____

92. _____

93. _____

94. _____

95. _____

96. _____

97. _____

98. _____

99. _____

100. _____

HSK（四级）答题卡

汉语水平考试　HSK　答题卡

■ ━━ 请填写考生信息 ━━ 　　　　　　　 ━━ 请填写考点信息 ━━ ■

按照考试证件上的姓名填写：

姓名	

如果有中文姓名，请填写：

中文姓名	

考生序号

[0] [1] [2] [3] [4] [5] [6] [7] [8] [9]
[0] [1] [2] [3] [4] [5] [6] [7] [8] [9]
[0] [1] [2] [3] [4] [5] [6] [7] [8] [9]
[0] [1] [2] [3] [4] [5] [6] [7] [8] [9]
[0] [1] [2] [3] [4] [5] [6] [7] [8] [9]

考点代码

[0] [1] [2] [3] [4] [5] [6] [7] [8] [9]
[0] [1] [2] [3] [4] [5] [6] [7] [8] [9]
[0] [1] [2] [3] [4] [5] [6] [7] [8] [9]
[0] [1] [2] [3] [4] [5] [6] [7] [8] [9]
[0] [1] [2] [3] [4] [5] [6] [7] [8] [9]
[0] [1] [2] [3] [4] [5] [6] [7] [8] [9]
[0] [1] [2] [3] [4] [5] [6] [7] [8] [9]

国籍

[0] [1] [2] [3] [4] [5] [6] [7] [8] [9]
[0] [1] [2] [3] [4] [5] [6] [7] [8] [9]
[0] [1] [2] [3] [4] [5] [6] [7] [8] [9]

年龄

[0] [1] [2] [3] [4] [5] [6] [7] [8] [9]
[0] [1] [2] [3] [4] [5] [6] [7] [8] [9]

性别　　男 [1]　　女 [2]

注意	请用2B铅笔这样写：■

一、听力

1. [✓] [✕]　　6. [✓] [✕]　　11. [A] [B] [C] [D]　　16. [A] [B] [C] [D]　　21. [A] [B] [C] [D]
2. [✓] [✕]　　7. [✓] [✕]　　12. [A] [B] [C] [D]　　17. [A] [B] [C] [D]　　22. [A] [B] [C] [D]
3. [✓] [✕]　　8. [✓] [✕]　　13. [A] [B] [C] [D]　　18. [A] [B] [C] [D]　　23. [A] [B] [C] [D]
4. [✓] [✕]　　9. [✓] [✕]　　14. [A] [B] [C] [D]　　19. [A] [B] [C] [D]　　24. [A] [B] [C] [D]
5. [✓] [✕]　　10. [✓] [✕]　　15. [A] [B] [C] [D]　　20. [A] [B] [C] [D]　　25. [A] [B] [C] [D]

26. [A] [B] [C] [D]　　31. [A] [B] [C] [D]　　36. [A] [B] [C] [D]　　41. [A] [B] [C] [D]
27. [A] [B] [C] [D]　　32. [A] [B] [C] [D]　　37. [A] [B] [C] [D]　　42. [A] [B] [C] [D]
28. [A] [B] [C] [D]　　33. [A] [B] [C] [D]　　38. [A] [B] [C] [D]　　43. [A] [B] [C] [D]
29. [A] [B] [C] [D]　　34. [A] [B] [C] [D]　　39. [A] [B] [C] [D]　　44. [A] [B] [C] [D]
30. [A] [B] [C] [D]　　35. [A] [B] [C] [D]　　40. [A] [B] [C] [D]　　45. [A] [B] [C] [D]

二、阅读

46. [A] [B] [C] [D] [E] [F]　　51. [A] [B] [C] [D] [E] [F]
47. [A] [B] [C] [D] [E] [F]　　52. [A] [B] [C] [D] [E] [F]
48. [A] [B] [C] [D] [E] [F]　　53. [A] [B] [C] [D] [E] [F]
49. [A] [B] [C] [D] [E] [F]　　54. [A] [B] [C] [D] [E] [F]
50. [A] [B] [C] [D] [E] [F]　　55. [A] [B] [C] [D] [E] [F]

56. ——　　58. ——　　60. ——　　62. ——　　64. ——

57. ——　　59. ——　　61. ——　　63. ——　　65. ——

66. [A] [B] [C] [D]　　71. [A] [B] [C] [D]　　76. [A] [B] [C] [D]　　81. [A] [B] [C] [D]
67. [A] [B] [C] [D]　　72. [A] [B] [C] [D]　　77. [A] [B] [C] [D]　　82. [A] [B] [C] [D]
68. [A] [B] [C] [D]　　73. [A] [B] [C] [D]　　78. [A] [B] [C] [D]　　83. [A] [B] [C] [D]
69. [A] [B] [C] [D]　　74. [A] [B] [C] [D]　　79. [A] [B] [C] [D]　　84. [A] [B] [C] [D]
70. [A] [B] [C] [D]　　75. [A] [B] [C] [D]　　80. [A] [B] [C] [D]　　85. [A] [B] [C] [D]

三、书写

86. _____ —

87. _____ —

88. _____ —

89. _____ —

90. _____ —

91. _____ —

92. _____ —

93. _____ —

94. _____ —

95. _____ —

96. _____ —

97. _____ —

98. _____ —

99. _____ —

100. _____ —

HSK (四级) 答题卡

■ 汉 语 水 平 考 试　　H S K　　答 题 卡 ■

―― 请填写考生信息 ――

按照考试证件上的姓名填写:

| 姓名 | |

如果有中文姓名, 请填写:

| 中文姓名 | |

考生序号	[0] [1] [2] [3] [4] [5] [6] [7] [8] [9]
	[0] [1] [2] [3] [4] [5] [6] [7] [8] [9]
	[0] [1] [2] [3] [4] [5] [6] [7] [8] [9]
	[0] [1] [2] [3] [4] [5] [6] [7] [8] [9]

―― 请填写考点信息 ――

考点代码	[0] [1] [2] [3] [4] [5] [6] [7] [8] [9]
	[0] [1] [2] [3] [4] [5] [6] [7] [8] [9]
	[0] [1] [2] [3] [4] [5] [6] [7] [8] [9]
	[0] [1] [2] [3] [4] [5] [6] [7] [8] [9]
	[0] [1] [2] [3] [4] [5] [6] [7] [8] [9]
	[0] [1] [2] [3] [4] [5] [6] [7] [8] [9]
	[0] [1] [2] [3] [4] [5] [6] [7] [8] [9]

国籍	[0] [1] [2] [3] [4] [5] [6] [7] [8] [9]
	[0] [1] [2] [3] [4] [5] [6] [7] [8] [9]
	[0] [1] [2] [3] [4] [5] [6] [7] [8] [9]

| 年龄 | [0] [1] [2] [3] [4] [5] [6] [7] [8] [9] |
| | [0] [1] [2] [3] [4] [5] [6] [7] [8] [9] |

| 性别 | 男 [1]　　　女 [2] |

| 注意 | 请用2B铅笔这样写: ■ |

一、听力

1. [✓] [✗]
2. [✓] [✗]
3. [✓] [✗]
4. [✓] [✗]
5. [✓] [✗]

6. [✓] [✗]
7. [✓] [✗]
8. [✓] [✗]
9. [✓] [✗]
10. [✓] [✗]

11. [A] [B] [C] [D]
12. [A] [B] [C] [D]
13. [A] [B] [C] [D]
14. [A] [B] [C] [D]
15. [A] [B] [C] [D]

16. [A] [B] [C] [D]
17. [A] [B] [C] [D]
18. [A] [B] [C] [D]
19. [A] [B] [C] [D]
20. [A] [B] [C] [D]

21. [A] [B] [C] [D]
22. [A] [B] [C] [D]
23. [A] [B] [C] [D]
24. [A] [B] [C] [D]
25. [A] [B] [C] [D]

26. [A] [B] [C] [D]
27. [A] [B] [C] [D]
28. [A] [B] [C] [D]
29. [A] [B] [C] [D]
30. [A] [B] [C] [D]

31. [A] [B] [C] [D]
32. [A] [B] [C] [D]
33. [A] [B] [C] [D]
34. [A] [B] [C] [D]
35. [A] [B] [C] [D]

36. [A] [B] [C] [D]
37. [A] [B] [C] [D]
38. [A] [B] [C] [D]
39. [A] [B] [C] [D]
40. [A] [B] [C] [D]

41. [A] [B] [C] [D]
42. [A] [B] [C] [D]
43. [A] [B] [C] [D]
44. [A] [B] [C] [D]
45. [A] [B] [C] [D]

二、阅读

46. [A] [B] [C] [D] [E] [F]
47. [A] [B] [C] [D] [E] [F]
48. [A] [B] [C] [D] [E] [F]
49. [A] [B] [C] [D] [E] [F]
50. [A] [B] [C] [D] [E] [F]

51. [A] [B] [C] [D] [E] [F]
52. [A] [B] [C] [D] [E] [F]
53. [A] [B] [C] [D] [E] [F]
54. [A] [B] [C] [D] [E] [F]
55. [A] [B] [C] [D] [E] [F]

56. ——
57. ——
58. ——
59. ——
60. ——
61. ——
62. ——
63. ——
64. ——
65. ——

66. [A] [B] [C] [D]
67. [A] [B] [C] [D]
68. [A] [B] [C] [D]
69. [A] [B] [C] [D]
70. [A] [B] [C] [D]

71. [A] [B] [C] [D]
72. [A] [B] [C] [D]
73. [A] [B] [C] [D]
74. [A] [B] [C] [D]
75. [A] [B] [C] [D]

76. [A] [B] [C] [D]
77. [A] [B] [C] [D]
78. [A] [B] [C] [D]
79. [A] [B] [C] [D]
80. [A] [B] [C] [D]

81. [A] [B] [C] [D]
82. [A] [B] [C] [D]
83. [A] [B] [C] [D]
84. [A] [B] [C] [D]
85. [A] [B] [C] [D]

三、书写

86.

87.

88.

89.

90.

91.

92.

93.

94.

95.

96.

97.

98.

99.

100.

HSK (四级) 答题卡

■ 汉 语 水 平 考 试　　H S K　　答 题 卡 ■

一、听力

1. [✓] [✗]
2. [✓] [✗]
3. [✓] [✗]
4. [✓] [✗]
5. [✓] [✗]

6. [✓] [✗]
7. [✓] [✗]
8. [✓] [✗]
9. [✓] [✗]
10. [✓] [✗]

11. [A] [B] [C] [D]
12. [A] [B] [C] [D]
13. [A] [B] [C] [D]
14. [A] [B] [C] [D]
15. [A] [B] [C] [D]

16. [A] [B] [C] [D]
17. [A] [B] [C] [D]
18. [A] [B] [C] [D]
19. [A] [B] [C] [D]
20. [A] [B] [C] [D]

21. [A] [B] [C] [D]
22. [A] [B] [C] [D]
23. [A] [B] [C] [D]
24. [A] [B] [C] [D]
25. [A] [B] [C] [D]

26. [A] [B] [C] [D]
27. [A] [B] [C] [D]
28. [A] [B] [C] [D]
29. [A] [B] [C] [D]
30. [A] [B] [C] [D]

31. [A] [B] [C] [D]
32. [A] [B] [C] [D]
33. [A] [B] [C] [D]
34. [A] [B] [C] [D]
35. [A] [B] [C] [D]

36. [A] [B] [C] [D]
37. [A] [B] [C] [D]
38. [A] [B] [C] [D]
39. [A] [B] [C] [D]
40. [A] [B] [C] [D]

41. [A] [B] [C] [D]
42. [A] [B] [C] [D]
43. [A] [B] [C] [D]
44. [A] [B] [C] [D]
45. [A] [B] [C] [D]

二、阅读

46. [A] [B] [C] [D] [E] [F]
47. [A] [B] [C] [D] [E] [F]
48. [A] [B] [C] [D] [E] [F]
49. [A] [B] [C] [D] [E] [F]
50. [A] [B] [C] [D] [E] [F]

51. [A] [B] [C] [D] [E] [F]
52. [A] [B] [C] [D] [E] [F]
53. [A] [B] [C] [D] [E] [F]
54. [A] [B] [C] [D] [E] [F]
55. [A] [B] [C] [D] [E] [F]

56. ____
57. ____
58. ____
59. ____
60. ____
61. ____
62. ____
63. ____
64. ____
65. ____

66. [A] [B] [C] [D]
67. [A] [B] [C] [D]
68. [A] [B] [C] [D]
69. [A] [B] [C] [D]
70. [A] [B] [C] [D]

71. [A] [B] [C] [D]
72. [A] [B] [C] [D]
73. [A] [B] [C] [D]
74. [A] [B] [C] [D]
75. [A] [B] [C] [D]

76. [A] [B] [C] [D]
77. [A] [B] [C] [D]
78. [A] [B] [C] [D]
79. [A] [B] [C] [D]
80. [A] [B] [C] [D]

81. [A] [B] [C] [D]
82. [A] [B] [C] [D]
83. [A] [B] [C] [D]
84. [A] [B] [C] [D]
85. [A] [B] [C] [D]

三、书写

86. ＿

87. ＿

88. ＿

89. ＿

90. ＿

91. ＿

92. ＿

93. ＿

94. ＿

95. ＿

96. ＿

97. ＿

98. ＿

99. ＿

100. ＿

MEMO

MEMO

HSK
기출모의문제집

문제 풀이만으로
한 번에 합격하는 비법!

★ 국내 최초, 각 급수별 최다 문제 수록!
  문제 풀이만으로 중국어 원리까지 이해되는 획기적 구성의 문제들

★ HSK 시험 요강과 기출문제를 완벽하게 분석!
  新HSK 기출문제를 8년간 완벽하게 분석하여 반영한 문제들

★ 다년간의 연구와 강의 경험을 자랑하는 집필진!
  실제 기출문제 집필진이 엄선한 적중률 높은 문제들

★ 실제 시험과 똑같은 구성의 모의고사 총 15회분!
  기본서 필요 없이 문제만 풀어도 중국어 원리가 이해되는 문제들

★ 1탄 시리즈 10만 부 판매의 집필진이 새로운 문제 흐름 반영!
  新HSK 모의고사 시리즈로 이미 검증된 집필진의 새로운 문제들